U0857536

中国文化四季

马新 主编

货殖列传

中国传统商贸文化

谭景玉 齐廉允 著

山东大学出版社

山东省中华优秀传统文化传承发展工程重点项目
中华优秀传统文化传承书系

课题组负责人

马　新

课题组成员

（以姓氏笔画为序）

马丽娅	王文清	王玉喜	王红莲
王思萍	巩宝平	刘娅萍	齐廉允
李仲信	李沈阳	吴　欣	宋述林
陈树淑	陈新岗	张　森	金洪霞
赵建民	贾艳红	徐思民	郭　浩
郭海燕	董莉莉	韩仲秋	谭景玉

總序

中国传统文化是中国历史发展中物质文化与精神文化的结晶，也是人类文明史上唯一没有中断的独具特色的文化体系，是中国历史带给当今中国与世界的文化遗产。

早在遥远的旧石器时代，我们的先民为了生存，打制着各式各样的石器，也击打出最初的文化的火花。随着新石器时代的到来，以农业生产为前提的农业文明发生了，我们的先民筚路蓝缕，耕耘着文明的处女地，孕育着中国文化的萌芽，绚烂多姿的彩陶文化与精致绝伦的玉石文化是这一时代的文化地标，原始宗教与信仰、语言、审美及创世神话也纷纷出现。

进入文明的门槛后，先民们开始了艰辛的文化积淀。商周时代的礼乐文明与青铜文化代表了这一时代的杰出成就，甲骨文与金文则成为这一时代的文化符号。至春秋战国，中国文化史上的“寒武纪大爆发”开始了，无论是物质文化，还是精神文化，都进入一个创造和迸发的时代：这一时代，出现了“百家争鸣”，从孔子、老子、墨子到孙子、孟子、庄子等贤哲，无一不在纵横捭阖，挥斥方遒，发散出理性的光芒。这一时代，出现了《诗经》《楚辞》，还出现了《左传》与《国语》以及不可胜数的人文经典。这一时代，又是科学与技术的辉煌时代，铁器与牛耕技术的出现，奠定了此后 2000 多年中国农耕文明的基础；扁鹊的医术与《黄帝内经》的理论，成为中医药文化的基石；墨子、鲁班、甘德 、石申，启迪了我们的科学探索，民间无数的工匠们在纺织织造、建筑交通以及各种手工工艺上都进行了卓越的创造。春秋战国时代既是中国文化的启蒙时代，也是中国文化的奠基时代。

随着秦汉时代的到来，海内为一，中国文化进入凝炼时代，形成了大一统的文化特色。这一时代，不仅有了大规模的驰道、长城以及宫殿的兴建，还有了统一的度量衡与文字；这一时代，不仅牛耕技术继续向全国推进，还有了精耕细作技术，使其成为中国农耕文化的首要特征;这一时代，不仅有“独尊儒术”与经学的繁荣，也有汉大赋的飞扬与汉乐府的古朴；这一时代，商品贸易“周流天下”，工商政策与商业理论富有特色，全社会在衣、食、住、行方面的水平明显提高。生活的精致化与生活水平的不断提高，使得 20 世纪的权威史学家汤因比也动了想去中国汉代生活的念头。

魏晋南北朝与隋唐时代，是中国文化史上的交融与繁荣时代，周边游牧民族文化的涌入，西部世界的宗教文化及其他各种文化的东来，使这一时代形成了空前的中西文化碰撞与冲击。在此后到隋唐时代的融合发展中，实现了文化的大繁荣。道教虽产生于汉代，但其发展与传播则是在魏晋南北朝与隋唐时代；佛教也是在汉代传入，它的发展与繁荣同样是在魏晋南北朝与隋唐时代。这一时代，玄学与禅宗是思想史上的两大硕果，书法、绘画、雕塑以及音乐、舞蹈方面，更是群星闪耀，唐诗的地位在文学史上是无可替代的，唐三彩的艺术魅力同样穿越千古。这一时期的农耕文化、工商文化以及其他各文化形态也都取得了长足的发展，特别是中外文化交流之活跃、之丰富，使中国文化与外部世界的文化产生了有力互动，隋唐长安城是当时世界文明的中心所在。

宋元明清时代是中国文化的扩展时代。随着文明的进步与文化手段的变化，随着市民社会的兴起与社会结构的变化，面向民间、面向市民与普通民众的文化形态迅速扩展。宋明理学的主旨是给民众套上牢牢的精神枷锁，但是与汉代经学相比，它也是儒学民间化的一种体现。从宋词到元曲，从“三言二拍”到话本小说，再到戏剧的兴起和四大文学名著的问世，无不体现着这一特色。这一时代，既有明末清初试图开启民智的三大启蒙思想家，又有直接面向社会生产与社会生活的《天工开物》《本草纲目》以及《农政全书》。这一时代，中国文化在积淀着中国文明丰厚底蕴的同时，也在准备着自己的转身，准备着与新文化的拥抱。

从中国文化的发展可以看出，其历史之悠久、内容之丰富、价值之巨大，可谓蔚为大观，令人叹服。在新的历史时期，把握与了解这些渐行渐远的文化宝藏，并将其传承给青年一代，是摆在我们面前的世纪难题。

自 20 世纪 80 年代以来，学术界与文化界一直在孜孜不倦地去破解与完成这一难题，为此付出了艰辛的努力，推出了一批又一批面向青少年群体的“中国传统文化”类读物或教材，可谓琳琅满目，数目繁多。毋庸置疑，文化学者们的这些努力，对于研究与普及中国传统文化发挥了重要作用。但是，若作为当今面向青少年群体的普及性著作还有若干不适应之处。比如，有的著作篇幅过大，往往动辄四五十万字甚至上百万字；有的著作理论性偏强，在理论性与知识性的结合上还不够；还有的著作对有关知识点的叙述不够均衡，轻重不一。更为重要的是，随着社会主义核心价值体系建设的推进，尤其是习近平总书记所提出的对中国传统文化的“四个讲清楚”，对中国传统文化的研究和普及提出了更高的要求。为此，我们组织了 10 余所高校的相关研究人员，共同编写了这套适合当代青少年阅读的中国传统文化读物——《中国文化四季》，旨在为青少年提供一套富有时代特色的中国传统文化专题知识图书。

在编写过程中，我们深刻地感受到中国传统文化源远流长、博大精深，是中国文明 5000 年进程的辉煌结晶——既有筚路蓝缕的春耕，又有勤勤恳恳的夏耘；既有金色灿然的秋获，又有条理升华的冬藏。所以，我们以“中国文化四季”

作为总领，旨在体现5000年文明进展中最具代表性的精华篇章。在专题确定与内容安排上，也着重体现中国文化在春耕、夏耘、秋获、冬藏各个演进环节上的标志性成就。整套丛书由16册组成，包括：

《精耕细作：中国传统农耕文化》

《货殖列传：中国传统商贸文化》

《大匠良造：中国传统匠作文化》

《巧夺天工：中国传统工艺文化》

《衣冠楚楚：中国传统服饰文化》

《五味杂陈：中国传统饮食文化》

《雕梁画栋：中国传统建筑文化》

《周流天下：中国传统交通文化》

《人文荟萃：中国传统文学》

《神逸妙能：中国传统艺术》

《南腔北调：中国传统戏曲》

《兼容并包：中国传统信仰》

《天人之际：中国传统思想》

《格物致知：中国传统科技》

《传道授业：中国传统教育》

《止戈为武：中国传统兵学》

我们希望通过各专题的介绍，使读者既可以有选择地了解中国传统文化的有关知识，又可以全面地把握传统文化的基本构成。

为适应青少年的阅读需求，我们吸取了以往此类图书的优点，尽量避免其缺陷与不足。在全书的内容设计上，打破了传统的章节子目式的编排方式，每章之下设置专题，以分类叙述各门类知识；在写作时，尽量避免以往一些读物的“高深”与“生冷”现象，以叙述性文字为主，做到通俗、易懂、生动;另外，各册都精心配备了一些与各章内容相对应的中国传统文化图片等，做到了图文并茂。

需要说明的是，这套丛书作为“中华优秀传统文化传承书系”被纳入山东省“中华优秀传统文化传承发展工程”重点项目，得到中共山东省委宣传部和有关专家的大力支持与指导 。为不负重托，我和 20 余位中青年学者共同合作，以对中国传统文化的挚爱为基点，精心施工，孜孜不倦，以打造一套中国传统文化的精品作为出发点和最终目的。全书首先由我提出编写主旨、编写体例与专题划分；各专题作者拟出编写大纲后，我对各册大纲进行修订、调整，把握各专题相关内容的平衡与交叉，以更好地体现中国传统文化的四季风情；然后交给各专题作者分头撰写初稿；初稿提交后，由我统一审稿、统稿、定稿，并补充与调整书内插图。这套丛书若能蒙读者朋友错爱，起到应有的作用，功在各位作者；若有缺失与不足之处，我当然不辞其咎。

我们由衷地希望通过全体作者的努力，使本书不再只是枯燥乏味的知识叙述，而是青少年真正的学习伙伴，让中国优秀传统文化能够浸润到每一个青少年的心灵深处。

马 新

2017 年 3 月于山大高阁书斋

再版前言

《中国文化四季》第一版于 2017 年 10 月问世，已有近两年时光。令人欣慰的是，该丛书出版后产生了较大的社会影响，达到了预期目标，受到广大读者和学界同仁的欢迎和好评。2018 年 1 月 23 日，《人民日报》以《用中国话语体系解读传统文化》为题刊发评论文章，指出："作者既借鉴学术界现有学科范式与研究理论，又不简单套用，而是立足于中国传统文化的实际，构建适于中国传统文化本体的学科范式。"《经济日报》等十余种报刊对该书也给予高度评价。2017 年 12 月 13 日，新华网发出消息并评论道："中国传统文化是历史延传下来的思想文化、制度规范、风俗习惯、宗教艺术乃至思维方式、行为方式的总和。其历史之悠久、内容之丰富、价值之巨大，可谓蔚为大观，世人叹服。如何全面地呈现中国传统文化的特色与基本构成，则需要从不同维度、不同层面去展现中国传统文化的表现方式和物化形态。《中国文化四季》的每一册都深入浅出地展现了中国传统文化的一个方面，总体上又形成了一个基本完整的文化体系。"人民网、央视新闻移动网、国家新闻出版广电总局门户网站、中国社会科学网、中国文化传媒网、搜狐网、新浪网、澎湃网、腾讯网等各大网站均发布消息、给予好评。

该丛书出版后，还入选“改革开放40周年40种优秀鲁版图书”，获得山东省第三十三届社会科学优秀成果一等奖、山东省图书馆第三届“奎虚奖优秀图书奖”，还忝列“十八大以来山东省社会科学优秀成果奖精品展”。

我们深知，这些褒扬绝不仅仅是对我们和该丛书的肯定，更重要的是体现了广大读者对中华优秀传统文化的厚爱，体现了中华优秀传统文化的巨大魅力，这也是我们继续努力的最大动力。为适应更多读者的需求，为使这套丛书百尺竿头，更进一步，在丛书再版之际，我们对全书进行了全面修订，从内容介绍到词意表达，都作了认真核校与完善。不敢奢求名山事业，唯愿我们所弘扬的中华优秀传统文化光耀千秋，泽被当代。谨以此致敬我们的时代，致敬中华人民共和国70华诞！

马　新

2019年9月于山东大学

目録

第三章　商人组织

第四章　市场类型

第五章　商业交通

第六章　商业政策

第七章　货币与度量衡

第八章　经营方式

第九章　经营策略

第十章　商人信仰

概述

中国传统商业的发展多有起伏波折，可分为四个阶段。从原始交换产生，历经商、西周、春秋时期的发展，传统商业到战国时进入了第一个兴盛期，并一直延续至西汉时期。它在发展的初始阶段就达到了很高的水平，出现了一批卓有成就的大商人。这些商人在商业实践中总结出的经营策略被后世商人奉为圭臬，其中一些人还成为后世商人的典范，“陶朱事业，端木生涯”就是最好的证明。这一时期还产生了中国古代的工商业控制理论——轻重论，奠定了后世工商业政策的理论基础，影响很大。东汉时传统商业开始由盛转衰，魏晋南北朝时期陷入了严重衰退的局面。

隋唐时期的统一为商业发展提供了良好的条件。从唐中期开始，传统商业复兴，到宋代迎来了其第二个兴盛期。这一时期，全民经商局面的出现使商人队伍不断壮大，商业行会的增加反映了商人的组织性不断增强；坊市制转化为街市制，草市镇和城市日益繁荣，中外贸易兴盛，再加上夜市的出现，表明了商业经营在空间和时间上的重大突破；长途贩运的繁荣推动了区域市场的形成；市场上的主要商品从原来以奢侈品为主转变为以铁器、食盐、茶叶、棉花、布匹、粮食、日用百货等生产、生活资料为主，商品构成的这一变化反映了商业发展水平的提高；商业信用进步颇大，从飞钱、便换到纸币的产生体现了商业流通手段的巨大进步；轻重论进一步发展，尤其是间接专卖理论被成功地运用到了商业实践中，产生了重要影响。需要指出的是，这一时期商业的兴盛仅限于两宋统治区域，辽、金、西夏控制的广大北方地区的商业则严重衰退。

经历了元代及明前期的恢复以后，从明中后期到清前期，传统商业进入了其第三个兴盛期。这一时期，商品流通量有了突飞猛进的增长，大宗商品远距离贸易有很大发展，边疆与内地的贸易往来非常紧密，国内统一市场形成；商业资本空前活跃，并向产业资本转化；商人队伍进一步壮大，出现了众多逐利天下的商帮，商人的组织性有很大提高，会馆、公所等发挥着重要作用；贵金属白银在流通中的作用日益提高，钱庄、票号等传统金融机构及经营手段有很

大进步；商业经营策略更加成熟，并得到了系统总结，各地都出现了一些记录经营经验的商业书；思想界对商业的作用和商人的地位有了新的认识。

鸦片战争以后，西方经济势力大举侵入中国，对中国原有的经济秩序产生了巨大影响。中国失去了独立自主的商业贸易权，沿海、沿边和内陆地区有100多个商埠对外开放，进出口贸易畸形发展，市场上充斥着各色洋货；出现了新的买办商人，原来的商人群体组织转变为新式工商社团商会；新式企业和新式金融机构银行、证券市场等开始发挥重要作用；重商和商战思想影响不断扩大。总之，近代商业在形态、制度及思想观念等方面都发生了深刻变化，是中国社会走向近代化的重要内容。

传统商贸文化是中国传统文化的重要组成部分，受到中国传统经济结构、政治体制、意识形态和地理环境等要素的制约，呈现出鲜明的特点。

第一，受传统经济结构的制约，中国商贸文化的发展长期笼罩在“抑商”或“抑末”之说的阴影下。

中国传统经济结构是典型的农业主导型经济，从春秋战国时期开始，已有人把农业视为“本”，把商业视为“末”，主张重本抑末。与重本抑末密切相关的是略具社会等级意义的“四民论”。“四民”即士、农、工、商。这一对社会职业群体的划分，最早见于《管子·小匡》。秦朝建立后，把重本抑末作为重要国策推向全国，并为后世所继承。不少王朝在开国时对此都有明令宣示。汉初规定商人不能穿丝绸，不可乘车，并重收其税以困辱之。高后时规定市井之子孙不得仕宦为吏。唐初称商贾为“贱类”“杂类”，规定商贾不得入仕做官，不能与士人比肩而立，同坐而食；商贾必须穿黑色衣服，且不得乘马。贞观元年（627年），诏令五品以上官不得入市。宋代明文规定“工商杂类”等九类人不得与士平等交往，不准进入官学。明开国之初，仿汉制颁行贱商法令，农民之家许穿细纱绢布，商贾之家只许穿布。清雍正时还不断降旨申明“四民论”

和重农抑商之策不可变易。[①]

虽然历代不断有政治家、思想家、学者认识到商业和商人对社会的重要作用，抑商之策更多的是基于社会稳定和政治统治而制定，并非真正禁止商业，压抑商人的诸多法令也没有得到真正落实，商人阶层可凭借其强大的经济实力冲破这些抑制与困辱，但是在传统社会的话语系统中，一旦涉及商业和商人，许多人还是以本末观念为基础展开论述，使传统商贸文化的发展长期笼罩在“抑商”或“抑末”之说的阴影下，不仅阻碍了商业及商业文化的繁荣，也压制了商人群体的壮大及其作用的发挥。这一状况直到近代振兴民族工商业以救国的思潮和实践大兴以后方才有所改变。

第二，中国传统商贸文化的演进受到国家政权的强力干预和调控。

中国传统社会长期实行高度中央集权的君主专制体制，国家政权是主宰和引导社会的核心力量。商贸文化的演进也不例外，受到国家政权的强力干预和调控，呈现出强烈的政治色彩。

传统商业的发展历程中充满了国家的控制、干预、管理和调节。历代王朝的工商食官制、坊市制、“山泽之禁”、茶马法、禁榷制度、皇商制、牙行制、货币制度、禁海令、商税制度等都对商贸文化产生了巨大影响，原因在于这些政策、制度多是基于财政和社会稳定的目的而制定的，而非为了推动商业的发展。传统商业在2000多年前曾达到过相当高的发展水平，此后又不断有所发展，在商品流通领域出现过诸多商帮，亦有遍及全国的钱庄、票号等金融组织，但其发展始终未能突破传统体制，未能发生质的变化，原因可能很多，但国家政策肯定是不容忽视的根本因素。[②]

传统商贸文化中有漫长的“官商”传统。首先是历代政府直接参与商业经

---

① 参见李达嘉:《从抑商到重商: 思想与政策的考察》,《中研院近代史研究所集刊》第82期，2013年。

② 参见朱荫贵:《研究传统市场 重视国家干预》,《中国经济史研究》1995年第2期。

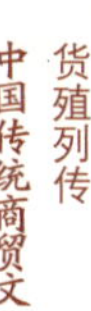

营。官府运用其雄厚的资本囤积居奇，从而以绝对优势超越一切民间工商业者；实行禁榷制度，凭借特权牟取重利；广设关卡，重课关税，严格限制私营工商业的发展。其次是每个朝代几乎都有大量官僚以个人身份直接参与工商业经营，凭借特权牟利。“朝廷用汝便是钱。”[①]南宋官员的这句话赤裸裸地道出了有权便有钱的事实。再次是不少朝代都有大量特权商人，如西汉以后的盐商等专卖商和明清两代的皇商等。

由于传统中国历来缺乏保护商人利益和商业运行的法律制度，商人的活动处处受到官府的制约，其敬官畏官、依赖于官的现象非常严重，以致传统商人将“借着衙门中势力”作为重要的经营策略。商人要创造有利于自己的最佳发展环境，尤其是想避免税吏恶霸的纠缠讹诈，就离不开官府的庇佑，就不得不依附官府、巴结官员，具体方式包括和官员攀亲交友、与官员合伙经商、贿赂官员等。一些商人还通过捐纳得到若干官衔，借以提高自己的地位，既可防止经商时遭受欺压，也便于同官员交往。明清时期盛极一时的徽商和晋商在这一方面都很突出。

第三，中国传统商贸文化深受儒家经济伦理的影响。

“义利之辨”是儒家经济伦理的基本问题，南宋朱熹称之为“儒者第一义”[②]。从先秦时期开始，孔子等就提出了“义以生利”和“以义制利”的思想，明确表达了道德追求对物质利益的生成与制约作用，成为后世儒家义利观的核心内容。自西汉“罢黜百家，独尊儒术”后，儒家思想在2000多年的传统社会中居于主导地位，儒家的义利观也成为人们念念不忘的处世原则。这不可避免地影响到商人的理念和价值观。具体表现为：商业经营理念上的“见利思义”，即要求人们在个人利益面前首先要考虑这一利益是否符合社会公众的道德准则，

① （宋）俞文豹：《吹剑录外集》，《知不足斋丛书》本。

② （宋）朱熹：《晦庵先生朱文公文集》卷二四《与延平李先生书》，《四部丛刊》本。

在商业实践领域实际上就是对商业精神价值的体认，是商人要遵循的商业经营理念；商业行为准则上的“取之有义”，即通常所说的“君子爱财，取之有道”，主张人的取利行为应以符合“义”或“道”为标准，即要符合商业行为的基本法则和道德规范，要光明正大地赚钱，不发不义之财，这是商业经营行为的准则；商业经营效果上的“先义后利”，要求商人在考虑商业利益时，要有长远目标，以民众利益为上，不能“见利忘义”，只注重眼前利益，目光短浅，甚至为此而走上欺诈和坑蒙拐骗的末路；商业价值评判上的“重义轻利”，使人们往往对那些重义轻利者给予热情的赞颂，对不择手段逐利者给予无情的嘲讽和批评。[①]

从一定意义上说，“儒商”在传统社会中已成为良商的同义语，宋代以后大量士人投身商海更强化了这一认识。明清时期，由于人口迅速增长及教育的普及，儒生数量剧增，但国家所提供的科举名额却增加无几，读书人获取功名的难度大大提高，迫使大量儒士弃儒经商。儒士成为当时商人的重要来源。这些商人出身儒士的背景使之在经营中处处以儒家伦理来规范自己的行为，力求做到贾服儒行，将儒道与贾道相结合。这不仅有助于商业经营策略的发展，也有助于商业文化的进步，如儒士出身的商人在经营中大多能妥善处理义和利的关系，坚守诚信不欺和公平交易等。直到今天，成为“儒商”仍是许多企业家孜孜不倦的追求。

第四，中国传统商贸文化既有鲜明的地域色彩，也表现出明显的一致性。

中国疆域辽阔，各区域的自然地理条件、资源状况、历史文化传统、风俗习惯等都有所差异，再加上传统社会中交通、通信条件的限制，导致了各区域商人在经营项目、活动范围、经营风格、精神世界和价值理念等方面有自己的特点，从而使中国传统商贸文化具有鲜明的地域色彩。一般认为，广东商人敢于冒险，活泼刚毅，敏于商机，笃于乡谊，看重乡邦精神；山西商人相对谨慎

① 参见吕庆华：《先秦儒家“义利观”及其商业伦理价值》，《东南学术》1999 年第 3 期。

保守、朴实勤俭，但缜密细致，经营方式足可称道；宁波、绍兴商人特别是宁波商人，生活俭约，颇具开拓精神（如经营新式金融业和充当买办）和团结精神，冒险精神不如广东商人，却能稳扎稳打；徽州商人、山西商人平时较为节俭，均不脱商人通常的刻剥纤啬习性，且与官府的关系最为紧密；陕西商帮吃苦耐劳堪称第一；福建商人富于冒险；山东商人勤朴为长；广东商人、宁波商人和洞庭商人热衷洋务，多买办。①

中国商贸文化虽地域特色鲜明，但一致性同样不容忽视。各地商帮大多从中国传统文化特别是儒家伦理中汲取经商营养，立足中国本土和传统，崇奉中国的经商鼻祖和历代著名商人，重视商业经营，经营意识浓厚，商人伦理突出。在经商实践中，他们普遍采用家族宗族组合的经营活动方式，通过血缘、地缘甚至业缘有机结合的形式，构筑起庞大复杂的商业网络。长期的经营活动，使各地商帮形成了共同信奉的为商准则和经营理念。他们大多注重职业教育，强调积累从业经验，传授专业知识，无论是行商还是坐贾，在培养学徒中均总结出一系列经验结晶，代代相传。②

本书基于以上认识，通盘考虑中国传统商贸文化的发展历程，从商人类别、地域商人、商人组织、市场类型、商业交通、商业政策、货币与度量衡、商业经营方式与策略、商人信仰等 10 个方面选择有特色、比较重要的 93 个事项，试图系统展示传统商贸文化的主要内容和成就。部分子目内容或相互关联，或相互补充，将其联系起来阅读，或可更好地理解传统商贸文化。

---

① 参见范金民：《明清商人商帮与地方文化》，陈支平主编：《货殖——商业与市场研究》第 4 辑，黄山书社 2008 年版，第 185 ～ 191 页。

② 参见范金民：《横看成岭侧成峰——明清地域商帮的共性》，上海社会科学院历史研究所《传统中国研究集刊》编辑委员会编：《传统中国研究集刊》第 12、13 合辑，上海社会科学院出版社 2015 年版，第 146 ～ 181 页。

第一章 商人类别

商人就是从事商品买卖的人。一般认为这一名称源起于商部落或商朝人擅长经商的事实。古代习惯“商贾”并称，“行曰商，坐曰贾”，“商”“贾”“商贾”就成了称呼商人时使用频率最高的词汇。

传统社会中对商人有多种多样的称谓。它们或蕴含着对商人这一职业的态度、认识或期待，或表达了对商人某一特征的概括。“良贾”“诚贾”“廉贾”等褒称，蕴含着对商人在经营中坚守商业伦理的期待和赞许；“奸商”“贪贾”“贾竖”“市侩”“市井之徒”“末民”等贬称，则意味着对不遵守商业伦理者的指斥和对商人群体的蔑视。称具有垄断特权的牙商为“榷会”，称经纪人为“度市”，称行商为“估客”，称酒店、茶坊中的侍应者为“酒博士”或“茶博士”，称徽州商人为“朝奉”，称沿街叫卖者为“循箫”，这些都是文人雅士对各色商人的雅称；称买卖房屋的中间人为“摇头”，称经纪人为“掮客”，称富商为“大腹贾”，称土地买卖者为“地鳖子”，称卖假货者为“白日贼”，称在店铺中为顾客跑腿服务者为“闲汉”或“闲人”，则多少都带有贬抑的色彩。至于“贩夫”“商旅”“商贩”“摊贩”“小贩”“豪商”“豪贾”“富商大贾”“货郎”“店小二”“店家”等称谓则是人们对各类商人的俗称；“胡商”“蕃商”“洋商”“舶商”“海商”等是因其从事中外贸易而产生的名称；“盐户”“灶户”“畦户”“亭户”“纲商”“引商”“边商”“内商”“水商”“场商”“窝商”等都是因不同时期的盐法产生的对盐业从业者的称呼；“牙婆”“女侩”“牙嫂”“卖婆”“贩妇”等则是因从业者的性别而产生的称呼。

商人称谓如此纷繁复杂，很大程度上是由人们按不同标准对商人进行类别划分造成的。常见的分类标准有如下几种：

第一，以经营活动的方式为标准，可分为行商和坐贾。后来，随着商业的发展，又出现了包买商和牙商等。同样是由于商业的进步，这几类商人的界限逐渐呈现出模糊的趋势。

第二，以经营商品的类别为标准，可划分出各种行业的商人，如粮商、盐商、木材商、茶商、珠宝商、药材商等。唐代以前，市场的管理办法之一是把同一

类商品的贩卖者集中在市内的同一行列，不同行列的摊位贩卖不同货品，“行”逐渐成为商品分类的名词。同业排在同一行列，故称“同行”。隋洛阳丰都市内共设120行，表示有120个行业的商人，售卖120种不同的商品。商人的行业随着商品经济的发展而不断增加，唐代长安东市有220行，就是说有220个商品门类，220种行业的商人。坊市制瓦解以后，“行”演变为同业商人的组织，南宋时的杭州有414行；明清时期的行业更多，已难以统计。

第三，以活动区域为标准，可分为对外贸易商和国内贸易商，或可划分为海商和内陆商人。一般来说，海商绝大多数系对外贸易商，但内陆商人则对外贸易商和国内贸易商兼有。

第四，以商业经营者的身份为标准，可分为官商、儒商、军队经商和专职商人等。这里说的官商实际是指官僚贵族经商。另以商人与政治权力的关系为标准，也可划分出官商和普通商人。这里所说的官商指利用政治特权在流通领域里牟取暴利者，既包括经商牟利的官僚贵族，也包括政府部门直接经商者。盐商、茶商等经营禁榷商品的特权商人也可勉强视为官商，只不过其特权和地位并不十分稳固。

第五，以资本和经营规模为标准，可分为上贾（巨商或富商大贾）、中贾和小贾。这三类商人在财富上没有严格、明确的界限，且随着经营状况的变化而不断转化。

第六，以经营者的多重身份为标准，可划分为商人兼地主、商人兼官僚、商人兼高利贷者，或三种身份兼具。商人兼营高利贷，有两种经营方式：一是经营典当业。典当的名称历代不同，有质库、质肆、解库、长生库等。典商收取借款人的实物，估值给钱并发给当票。当票上写明当铺字号地址、所当物品名称及件数、所当钱数、赎取期限、利率以及当票字号等。抵押期限一般是2年。过期不赎，典当即没收其抵押品。二是央中借贷。商人发放高利贷时，不收取实物抵押，但借款人必须要有中人作保并订立契约。[①]

① 参见唐力行：《商人与中国近世社会》（修订本），商务印书馆2006年版，第15～19页。

以上就是传统商人类别划分的大致状况。本章主要基于使用频率和重要程度，兼及时代特色等因素，选取如下10类商人作一简介。

一、行商

行商指往来各地间从事贩运贸易的商人。中国疆域辽阔，各地物产千差万别，加上区域经济发展不平衡导致了很大的价格差别。这是行商贱买贵卖、从事贩运活动的基本前提。

早在商代以前，长途贩运已有发展。商朝人的祖先王亥就往来于各部落间经商。春秋战国时期，出现了不少奔走于诸侯国之间的大贩运商，如郑国人弦高、卫国人子贡及楚国人范蠡等。他们使用车船，多贩运珠宝等奢侈品，持政府颁发的凭证——“节”通过关卡，奔走四方。

秦汉时期的大一统为行商贩运提供了良好的条件。西汉前期，借助于秦朝兴修的水陆交通之便，又乘国家开放关卡和放任民众自由经营山川林泽的时机，行商迅速发展起来。他们携带大量货物，周流天下，无所不至。关中、三河、燕赵、齐鲁、江南等地都涌现出不少从事贩运贸易的商贾。行商的经营活动虽因汉武帝征收车船税的政策略受打击，但西汉后期又迅速恢复。东汉时，不少人为了养家糊口而从事贩运，行商更加普遍。

魏晋南北朝时期，众多具有强大实力的官僚贵族投身贩运业，使行商在商品经济总体衰退的局面下呈现出畸形发展的局面。

唐代贩运贸易出现了全面繁荣的局面，不少行商凭借雄厚的资金及长期经营积累的经验和获得的信息，哪里有利可图就到哪里进行贩卖，涌现出了成批专门贩运米、茶、鱼、盐、木材、绢布、陶瓷等的富商大贾。中小商贩更是遍地开花。在贩运的货物中，奢侈品已退居次要地位，满足民众日常生活需求的手工业品和农产品成为主要部分。诗人元稹的《估客乐》生动描述了行商的

经商生活：

估客无住着，有利身则行。
……
求珠驾沧海，采玉上荆衡。
北买党项马，西擒吐蕃鹦。
炎洲布火浣，蜀地锦织成。
越婢脂肉滑，奚僮眉眼明。
通算衣食费，不计远近程。
经游天下遍，却到长安城。
城中东西市，闻客次第迎。
迎客兼说客，多财为势倾。
……
大儿贩材木，巧识梁栋形。
小儿贩盐卤，不入州县征。
一身偃市利，突若截海鲸。
钩距不敢下，下则牙齿横。
生为估客乐，判尔乐一生。
尔又生两子，钱刀何岁平？

宋元明清时期，商业交通不断进步，行商获得了更大的发展。具体表现在：

第一，突破了秦汉时期“千里不贩籴”的经营法则，粮食成为长途贩运中的大宗商品。清前期，商品粮已达 122.5 亿公斤，进入长途贩运的达 22.5 亿公斤，是明代的 3 倍。[①] 第二，更深入地与禁榷制度相结合，一些商人由此成为特

① 参见吴承明：《论清代前期我国国内市场》，《中国的现代化：市场与社会》，三联书店 2001 年版，第 144 ～ 166 页。

图 1–1　宋 · 李嵩《货郎图》（局部）

权商人。宋代以后，禁榷制的主流形式是间接专卖制，商人需要先将粮食运至边境地区，然后持官府所发文券到产地领取盐、茶等，再转运到各地出售。第三，更广泛地适应了民众日常生活的需求。从所贩商品的种类上看，主要是与人们生活有密切关系的粮食、棉花、蚕丝与纺织品、食盐、茶叶之类。宋代以后日渐兴盛的被称为“货郎”的小贩走街串巷，贩卖针头线脑，可充分满足人们生活之需。（见图 1–1）就连宋代著名思想家朱熹都关注到了这一变化，他说宋代不像古代购物必须到市上，“今要买物，只于门首，自有人担来卖”[1]。

行商尤其是从事长途贩运者要承受种种痛苦和艰辛。他们一向被视为“重利轻别离”的典型，要承受与亲人长期别离之苦。他们还时刻面临双重风险：一是巨大的人身危险。受限于不够发达的交通运输条件，水路上船毁人亡的事情时有发生，陆路上则易遭受抢劫，终致人财两空。在《水浒传》第十一回中，以开酒店为掩护、实为梁山探听消息的朱贵说：

> 山寨里教小弟在此间开酒店为名，专一探听往来客商经过。但有财帛者，便去山寨里报知。但是孤单客人到此，无财帛的放他过去；有财帛的来到这里，轻则蒙汗药麻翻，重则登时结果，将精肉片为羓子，肥肉煎油点灯。

二是市场风险，这对一些中小商人尤为严重。《水浒传》中对此有较多反映。如：

---

① （宋）黎靖德编：《朱子语类》卷八六《周礼 · 论近世诸儒说》，中华书局 1986 年版，第 2209 页。

第三十五回中记潭州人吕方“因贩生药到山东，消折了本钱，不能够还乡”；第四十三回中记沂水人朱贵“在江湖上做客，消折了本钱，就于梁山泊落草”。

行商通过贩运使更多的物品转化为商品，充实了商品市场，加强了各地区之间的物资交流，可更好地满足民众不同层次的生活需要。贩运贸易对商品的批量收购转卖，进一步沟通了商品生产者与市场的联系，为手工业品赢得了更加广阔的销路，同时刺激了商品性农业的开发。行商周流天下，加强了各地之间的经济联系，扩大了商品流通的范围，并且加强了经济生产地域专门化的趋势，为各层次区域市场的形成和发展不断创造条件，直至清代形成了统一的全国性市场。①

二、坐贾

坐贾与行商相对，指开设店铺，在固定地点营业的商人。具体来说，坐贾主要有以下几种类型：

一是有固定营业地点、经营商品买进与卖出的商人。有的专门经营某类商品，也有的以一业为主兼营他业，如布店经营者兼营缣帛；或以一业为主而工商不分，如书肆主人兼及刻版印书；还有从事综合经营的，以小杂货店店主最为普遍。杂货店在唐代称“星货铺”。宋代秀州魏塘镇有杂货店，农户携米到店中换取油盐、酱醋、浆粉、麸面、椒姜、药饵之类。该店一天可以得米数十石，满百石后就运到杭州等地卖出，然后买货物运回出售。

二是经营饮食、旅店等服务业的商人。其产生较早，《韩非子·说林上》中就有“逆旅之君”的记载，这里的“逆旅”就是客店。宋代以后，“旅店”“客店”“旅邸”“旅舍”“客邸”等名称已频频见于文献；当时酒肆分布更为普遍，甚至一

① 参见冷鹏飞：《中国古代社会商品经济形态研究》，中华书局2002年版，第197～215页。

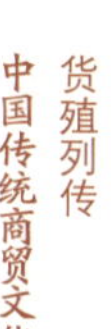

些非常偏僻的小市也有酒肆。

三是经营邸店和塌坊的商人。邸店出现于南北朝，兴盛于唐代，是专供商人存货、交易和居住的地方。塌坊亦称“塌房”“塌场”，是宋、明两代城市中租给客商存放货物的地方。清代多称为“栈”“栈房”。这都是商业的辅助性设施，主人以收取使用费等方式获利。

四是经营有价证券的商人。宋代禁榷制下，交引、盐钞等有价证券大量出现，于是在开封、临安、建康、镇江及河北、陕西、两淮地区都出现了交引铺。它除买卖交引外，还从事金银、纸币等货币的交易及为商人到榷货务办理相关业务提供担保等。①

从坐贾的经营方式看，主要有囤积、接鬻和直销等。不同历史时期，坐贾的主要经营方式也有差异。

秦汉以前，坐贾从事的主要是囤积贸易，即囤货居奇，指在同一地点赚取同一商品的时令差价。先秦典籍中经常提到“积著”“废居”“发贮”等，其中“著”“居”“贮”皆与“贾”近义，说明“贾”的本义指囤积贸易。随着商品经济的发展，逐渐从中分化出一部分商人专门从事接鬻贸易。他们大量廉价收购各地贩运来的货物，然后以高价批发给其他商人或直接零售给消费者，赚取商品中转的差价。“贾”的内涵随着时代的发展增加了新的意义。成书于东汉时的《白虎通·商贾》章云：“贾之为言固也。固其有用之物以待民来，以求其利者也。”此时认为贾是在固定一地经营的基础上，坐待民众前来购物，从事批发或零售贸易。

西汉初年，长期的战乱使社会经济遭受了严重破坏，人们必需的生产生活物资奇缺。在这种情况下，囤积商贾十分活跃，乘机发国难之财。汉武帝时实行算缗和告缗，对囤积的货物一律估价征税，许多人因财产被没收而破产。囤积贸易遭遇了这次致命的打击后，曾一度窒息，但不久就再次盛行起来。东汉

---

① 参见张其泮等主编：《中国商业百科全书》，经济管理出版社 1991 年版，第 54 页。

时期，豪富之家仍多在都市兼营囤积贸易。

秦汉之际，生产者把自己生产的手工业品或农副产品直接推销给消费者的直销贸易也逐渐兴起。当时许多工商兼营的大盐铁商都是靠直销贸易致富的，一些食品加工者及制造车船、木器、漆器、铜器、布、皮革之类的手工艺品者也采取直销贸易的形式。

魏晋南北朝时期，囤积贸易比较兴盛，当时甚至还兴起了专门供客商存放、囤积货物的邸舍、邸阁或邸店。直销贸易却因商品生产的衰退而有所退步。

隋唐时期，随着商品生产的发展和商业的繁荣，市场物资供应更加充足，囤积贸易的势头有所减缓，而能够加快商品运转的接鬻贸易日益兴盛。直销贸易在这一时期达到了较高的水平。当时出现了大批工商兼营的富商大贾，其中以盐铁行业最为突出。随着城市、草市的不断扩建及坊市制度被打破，各地市场周围，特别是城市中手工业作坊的生产规模不断扩大，出现了织布坊、织锦坊、织毯坊、染坊、纸坊、冶成坊、制车坊、造船坊、酒坊、糖坊、糕坊、酱坊等。有的作坊也叫“铺”或“作铺”。许多城市的同类作坊还联合形成了彩帛行、屠行、油行、靴行、金银行等手工业行会组织。这些手工业作坊多是前店后厂，产品就近上市，进行直销贸易。

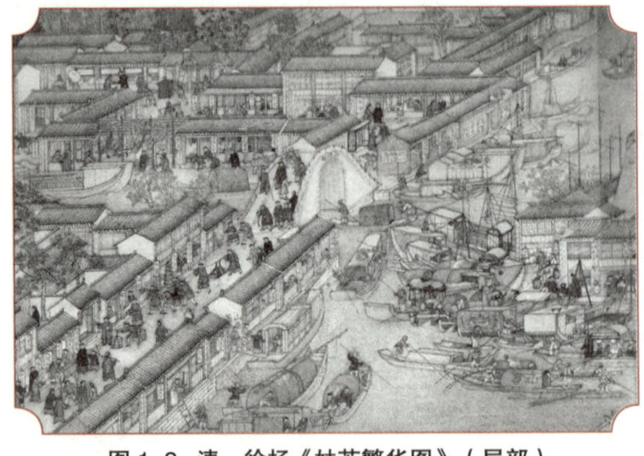

图 1–2　清·徐扬《姑苏繁华图》（局部）

宋代以后，囤积贸易往往在发生灾荒等特殊情况下方才有所抬头，而接鬻贸易和直销贸易则在前代基础上得到了更大的发展。尤其是坊市制转变为街市制后，许多城市和市镇的街道两旁全部为坐贾开设的各色各样的店铺所占据。（见图 1–2）

与行商多富商大贾相比，坐贾更多的是中小工商业者，但其对商业发展的意义同样不容忽视。坐贾在固定地点开设杂货店或服务性的店铺，是商品流通中的重要环节，可更好地满足民众日常生活等的需要，且直接促进了城市商业的繁荣。宋代以后，坐贾的实力明显增强，有些城市中，行商的货物不通过当地的坐贾甚至不能出售，坐贾成为本地市场交换的主导力量。总之，随着商品经济的发展和商人资本的膨胀，许多商贾既进行长途贩运，又从事定点销售，行商与坐贾的界限逐渐变得模糊，明清时期甚至出现了从游走客贩到侨寓经商，进而落籍定居的新现象。①

三、包买商

包买商是在传统社会后期随着商人资本的膨胀及经营活动的不断扩展，逐渐从行商、坐贾中分化出来的。他们或直接深入经济作物区预先订购产品，或事先投资于某种手工业品生产以组织货源，因而其能在大批量采购商品时直接影响或渗入商品生产领域，比行商、坐贾的商业活动具有更大的进步性。

宋代是包买商的初兴期。史籍中其活动主要见于江西织布业、两浙丝棉业、川峡茶园、福建果园和广东矿冶业等部门和地区。他们一般拥有比较雄厚的资金，针对某些市场畅销且利厚的商品，预先向生产者支付“定钱”或预支产品“本钱”，事后方才提货。北宋时，福州荔枝驰名海内外，当荔枝树刚开花时，就有商人与果园主针对整片荔枝林建立合同包买关系，预先付与货款，到秋后直接采摘。这种包买行为使商人资本大规模提前介入商品生产领域，不仅使商人垄断了商品销售，牟取了巨额利润，而且也刺激了商品生产的发展。当时商人把加工后的荔枝运往各地销售，所到之处，深受欢迎，故商人贩运益广，当地人种植愈多，

① 参见冷鹏飞：《中国古代社会商品经济形态研究》，第 217 ～ 228、380 ～ 382 页。

双方均可获利，推动了商品经济的发展。[①]

宋代包买商的活动尚处于低级阶段，主要通过预付定金的方式包买产品。这种方式使商人的部分资本进入生产领域招揽货源，改变了仅仅局限于流通领域的传统营销模式。明清时期，包买商的活动已发展到发放原料、生产工具并直接组织生产的程度。

明代包买商活动更加频繁，其资本进一步渗入乃至支配商品生产领域，以争取货源。在湖州，包买商通过原料控制众多小生产者的生产活动，其先将棉花付与小生产者纺织成纱或布，然后再收购，如此反复进行。比如松江的暑袜比较有名，暑袜店包买商支配着“合郡男女”，先分发给他们原料，让其制成暑袜后交回店中，再领取报酬。不少人以之谋生。苏州的布名重四方，一些布店包买商凭借雄厚的商业资本支配布匹加工作坊——染坊与踹坊，以广开进货渠道，多者甚至能控制数十家布匹加工作坊，表明包买商支配生产的活动日益扩张。

清代包买商更加活跃。一些福建商人深入江西赣州竺麻产区，于二月时出钱预订，到夏季收货以归。乾隆年间，在南京丝织业中，资本雄厚的绸商开设账房，为小机户提供原料，小机户加工成绸缎后送交账房取酬。账房实际上是组织若干小机户进行商品生产的大包买商。[②]

包买商的活动或包买制是世界各国经济发展过程中的一个普遍现象，通常被认为是从手工业工场走向现代工厂过程中的过渡性生产组织形态。实际上，这种形态因其资本投入小、生产规模灵活、质量控制有保证等优势，一直到清末民初仍在中国的棉纺织业中发挥着重要作用，成为促进农村工业化持续增长的关键性制度因素，表现出极强的生命力和适应性。[③]

---

① 参见郭正忠：《宋代包买商人的考察》，《江淮论坛》1985 年第 2 期。

② 参见冷鹏飞：《中国古代社会商品经济形态研究》，第 387 ～ 390 页。

③ 参见周飞舟：《制度变迁和农村工业化：包买制在清末民初手工业发展中的历史角度》，中国社会科学出版社 2006 年版，第 1 页。

四、牙 商

牙商又称“牙”“牙人”“牙郎”等，是在商品交易中撮合买卖双方成交的中间人，即市场交易的经纪人。其与行商、坐贾的主要区别就是不直接进行商品买卖，而是专门为买主或卖主服务，以促成交易并抽取佣金。

最早的牙商可能出现于西周，当时叫“质人”。至晚在战国时的牲口交易中出现了叫“驵侩”的牙商。

东晋时的佛经中已有“牙人”之称。《晋令》规定其在市场上必须标示职业、姓名，并统一着装，头裹头巾，上插写有姓名的白帖，一只脚着白履，一只脚着黑履。

唐代牙人的活动更加普遍。除市场上的交易有牙人参与外，私下进行的牲口买卖、房屋租赁买卖、土地和奴婢买卖等都有牙人充当中介。边境贸易设有互市牙郎，沟通语言和商品信息。随着牙商队伍的不断扩大，牙行组织形成。唐中叶以后，牙商几乎介入了商品流通的各个领域，国家由此就通过掌控牙人来控制商品贸易，要求其代官府征收杂税，并规定了对于其协助商人逃税等的处罚措施。有些牙商为获取厚利，仍然进行瞒上欺下的违法活动。如茶农企图逃税，往往由牙人牵线，将茶叶大量卖给贩私茶者。有鉴于此，国家一度对牙人的经营范围进行限制。

宋代进一步加强了对牙商的管理。首先，审查牙商的任职资格，规定各色牙人必须由三人作保才能得到官方认可，从事合法的交易中介业务。其次，牙人须随身佩带一块由官府颁发的木牌，木牌上写明牙商应遵守的行为规范。包括：不得将未交税货物交易；买卖者当面自成交易，不得阻碍；不得高抬物价、赊买物货、拖延留滞客旅等。参与交易时，须先出示此牌。

明清时期，随着商品经济的发展，牙行、牙商的活动更加频繁。当时除各城镇普遍设有牙行、牙商外，在外贸港口亦是牙商汇聚。明代最初由市舶司附

设官方牙行，但自明中叶后，私牙商活跃起来，并逐渐控制了对外贸易的中介业务，逐步取代了市舶司机构对海外贸易的经营管理大权。清初，国家废除了市舶司，把对外来商船的交易管理等事务直接委托给牙行。

活跃在国内市场的牙商也经历了类似的变化。清代对牙商的管理比较严格，对每个商业区的牙行数有明确限制，只有长期从事商贸中介业务并拥有一定财产的人才能充任牙商。开设牙行必须先领取牙帖，官府对申请人的任职资格及各商业网点所需名额等进行审查，然后由一省的布政使司衙门颁发，禁止州县滥发。牙行须按时交纳牙税，包括领取牙帖的费用和营业税银。

由于牙商从事交换中介活动适应了国家对市场管理的需要，故官府长期利用其来督查商税、平抑物价和监督贸易。于是，牙商凭借其管理市场贸易的职能逐渐演变成半官方性质的商人。这种角色的转换大约从明中叶开始日趋明显。到清代，进一步演化成拥有部分市场管理特权的商贾。

牙商在长期的发展过程中曾对促成商品公平交易，规范市场管理，促进商品流通起过一定的积极作用。但因官府利用其强化市场管理，后来就逐步演化成凌驾于商人之上的特权阶层。有些牙商与地方官府、恶霸狼狈为奸，欺行霸市，敲诈勒索，从而成为商品流通过程中的毒瘤。①

五、儒　商

儒商是指受以儒学为代表的中国传统文化影响，在经营理念和行为方式上能遵守儒家伦理规范并体现儒家文化特色的商人。虽然先秦时就有孔子弟子子贡那样的深受儒家文化影响的商人，但从历史上看，儒商更多的还是指明清时期的那些弃儒就贾者。

① 参见冷鹏飞：《中国古代社会商品经济形态研究》，第 390 ～ 394 页。

从明代开始，由于人口迅速增长及教育的普及，儒生的数量剧增，但国家所提供的举人和进士的名额却增加无几，读书人获取功名的难度大大提高。许多人皓首穷经，没有时间营生，也得不到任何资助，却一再名落孙山，最终落得穷困潦倒的下场。对一般家庭来说，这是一个很大的负担。另外，从明中后期开始，国家为解决财政危机而实行捐纳制度，即允许通过向国家捐纳钱财来换取官衔。这一制度成为商人进取之捷径，使大量商人通过捐钱获取了一定的政治地位。在如此明显的对比及生活的重压之下，儒生长期坚守并奉行的“君子喻于义，小人喻于利”的道德信条变得越来越苍白无力，不少儒生只好忍痛放弃儒业，转而经商。弃儒经商在当时成为一种比较普遍的社会现象。正如清郑燮诗中所云：

莫怨诗书发迹迟，近来风俗笑文辞。
高门大舍聪明子，化作朱颜市井儿。①

明清时期，儒士已成为商人的重要来源。他们将儒家思想和伦理规范带到了商业经营中，在经营中处处以儒家伦理来规范自己的行为，力求做到贾服儒行，将儒道与贾道相结合。儒士大量投身商海使商人形象发生了不小的变化，在商人队伍中出现了“儒商”这样一个在经营上有鲜明特色的群体。这对传统商业文化产生了重要影响。一方面，有助于商人经营技巧的发展。如儒士出身的商人在经营中大多能妥善处理义和利的关系，坚守诚信不欺和公平交易等商业伦理原则。另一方面，有助于商人文化的进步。儒商经商获利后非常重视自己的社会声誉，对家庭、家族和社会都有强烈的责任感，具体表现就是孝养父母，团结兄弟，救助同族，积极参与各种公益事业。

儒商在经营中遵守儒家伦理，积极参与公益事业，可以在很大程度上改变商人的不良社会形象，至少也可以树立从事公益活动的商人的良好形象，从而

① （清）郑燮：《潍县竹枝词》，卞孝萱编：《郑板桥全集》，齐鲁书社1985年版，第323页。

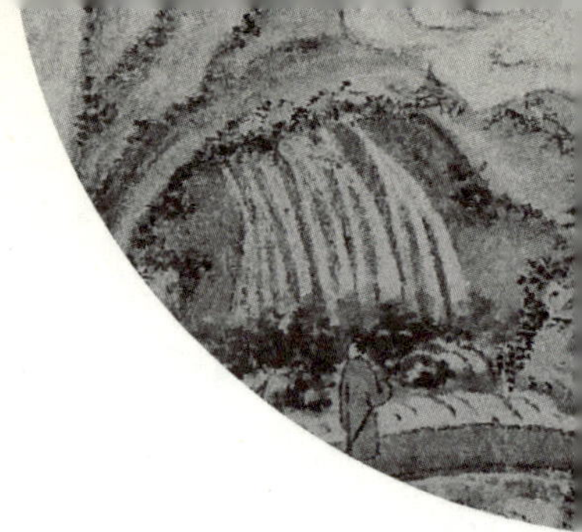

改善经营环境，降低其交易成本。这也是商人从事公益活动的动力之一。

儒家伦理对商人经营亦不全是积极影响。有些传统儒商过于重义轻利，在从事公益活动时缺乏合理规划，因在公益活动上投入太大而致使经营无法延续下去。[①] 儒家伦理规范的要求有时会与经营活动产生矛盾，儒商的精神追求与现代企业家精神未必若合符节，但“儒商”在很多人的心目中似乎成了“良贾”“诚贾”“廉贾”“义商”等的同义词。成为儒商直到今天仍是许多企业家的追求。

六、盐商

元末诗人杨维桢有诗云：

人生不愿万户侯，
但愿盐利淮西头。
人生不愿万金宅，
但愿盐商千料舶。
大农课盐析秋毫，
凡民不敢争锥刀。
盐商本是贱家子，
独与王家埒富豪。[②]

这首题为《盐商行》的乐府诗生动描述了盐商的豪华显赫及不可一世之气势。清吴敬梓《儒林外史》第四十一回中也说：“盐商富贵奢华，多少士大夫见了就销魂夺魄！”盐商只不过是以贩运食盐为业的商人，怎么会有“与王家埒富豪”

① 参见谭景玉等：《齐鲁商贾传统·明清卷》，齐鲁书社 2014 年版，第 356 页。
② （元）杨维桢：《铁崖先生古乐府》卷五《盐商行》，《四部丛刊》本。

和使位居四民之首的士大夫“销魂夺魄”的气势呢？

首先，与盐商经营的食盐这种商品的特性有关。食盐是人们生活的必需品，但其生产受自然条件的限制，既非各地均可生产，亦非每家都能制造，故食盐生产历来都是商品生产。（见图1–3）从先秦到明清，由于食盐消费无弹性的特征，加上人口增长导致的消费量提高等因素，食盐成为传统社会中利润率极高的商品。

图1–3 煎盐（宋·唐慎微《重修政和经史证类备用本草》插图）

其次，与国家长期对食盐实行禁榷有关。国家榷盐的目的主要在于增加财政收入，而非方便民众的生活，故往往凭借垄断地位而极力抬高食盐的售价，被纳入禁榷体系的盐商亦可因之获得更高的利润，盐商由此成为历代商人中最富有的群体。

禁榷制度下的盐商往往拥有多方面的特权，但其权利来源于国家的授予或让渡，故其命运不是由自身操控的，而是随盐法的变迁而沉浮。

唐刘晏改革盐法前，历代所行盐法多是官营官销的直接专卖制，食盐营销由国家设立的盐官负责，民间商人被排除在外。刘晏针对官营官销的弊端，改行官收商运商销的间接专卖制，由官府独利改为官商共利，将商人引入国家的榷盐体制中，由其将食盐运销各地。唐代为保障对盐利的有效控制，实行专业盐商制，将他们由市籍划入盐籍，只有入盐籍的商人才能从官府获取食盐贩卖。他们父子相承，不得随意脱籍。盐商从普通民间商人变成了特权商人，在国家垄断榷盐的同时，也实现了盐商对市场的垄断。由于垄断，盐商获得了远高于

其他行业的利润。杜甫《盐井》诗云:“自公斗三百,转致斛六千。”[①]1 斛为 10 斗,按 1 斗 300 钱计,其成本为 3000 钱,零售时却可卖到 6000 钱,利润率达 100%。[②]

宋代盐法虽复杂多变,但总体上以间接专卖为主,盐商仍可与国家分享盐利。在盐利的分割中,盐商处于绝对劣势的地位。北宋徽宗时,蔡京改革东南盐法,不仅免收盐舟商船税,还颁发给其官方特用的“黄旗”,让其可以优先快速通行。然而盐商不曾料到,在诸般优待的背后隐藏着可怕的陷阱。商人一经输钱购买了盐钞,朝廷即出台新的措施,规定已售出的盐钞为“旧钞”,单用旧钞不能支盐,必须不断地将旧钞循环更换为新钞,用新钞搭配一定的旧钞才能支盐。除少数“巨滑”外,众多无力适应钞法变幻者往往愈陷愈深,终至亏蚀。有手握数十万券者,朝为豪商,暮为流丐,不少人赴水、投环而死。[③]

明前期的开中法同宋代的钞引盐制类似,商人要先获得盐引,然后到指定盐场支盐,再运往指定地区销售。万历时期,改行纲法,特点是商收商运,省掉了官收的环节,把专卖权完全委托给某些富商大贾,可世代相承,由此确立了商人专卖制,国家通过征收课税来获取财政收入。清代沿袭此制,并采取一些制度强化了对盐商的控制。盐商以纲盐制为基础获取了丰厚的利润,以致富极一时,达到鼎盛。

至于盐商的社会地位,其在多个朝代都是国家财政的重要支持者,唐代就有“天下之赋,盐利其半”之说;清代盐商除交纳盐课外,还要交纳各项杂款、浮费,加上不定期的巨额报效,是国家最大的纳税人之一,对清廷财政至关重要。盐商是中国传统社会中最富有的一个群体,其控制着关系国计、民生、军需的盐业经济命脉,在清代对其所在的地区和城市经济起着举足轻重的作用,是地域经济的操纵者。明清时期盛极一时的徽商和晋商中的很多人都是盐商。他们还通过捐资,成为教育、慈善等社会事业的倡办者和戏曲、音乐、文学、出版

---

① (唐)杜甫著,(清)仇兆鳌注:《杜诗详注》卷八《盐井》,中华书局 1979 年版,第 679 页。

② 参见马新:《榷盐法与新型盐商阶层的出现》,《盐业史研究》1999 年第 1 期。

③ 参见郭正忠主编:《中国盐业史·古代卷》,人民出版社 1997 年版,第 308 ~ 310 页。

等文化事业的支持者。[①]

历代朝廷为确保盐利，无不制定严苛的法令来禁止私盐，但因盐利较高，大大小小的私盐贩屡禁不止。他们也是盐商的一部分，小者不同程度地分割国家的禁榷之利，大者用暴力反抗国家的镇压，甚至会发展成推翻某些王朝的力量。

七、海 商

海商是指利用帆船等海上交通工具从事海外贸易的私营商人。中国有漫长的海岸线，加上季风性气候特征，为商人航海贸易提供了优良的自然条件。沿海地区的民众既有地利之便，也有深厚的航海传统，可以不惧风波之险，出海逐利。

先秦时，已有人出海到朝鲜进行贸易。汉代开辟出了经南海、印度洋到印度的海上通路。六朝时，中国商船已远达波斯湾。虽有悠久的航海贸易传统，但从总体上看，唐代以前在中外贸易中最活跃的力量还是波斯和阿拉伯商人，中国海商的影响还很微小。

从唐后期开始，中国海商的影响力开始增强。在唐末的 70 年间，来往于中日之间的主要是中国海商；在南海，中国商船后来居上。[②]发展到宋元时期，海商贸易已蔚然成风，在多个方面较之前代都有明显进步。具体表现在：

第一，贸易次数较之前代有明显增长。唐代海商到日本的贸易见于记载的有 36 次，而北宋时有明确记载的达 70 次，很多商人都是多次往返。南宋时，日本源氏政权鼓励海外贸易，宋商赴日者更多。1012 ～ 1192 年，宋海商往高丽贸易共 117 次，其中能确知人数的有 77 次，共计 4548 人。前往东南亚和印

① 参见宋良曦：《清代中国盐商的社会定位》，《盐业史研究》1998 年第 4 期。

② 参见［日］木宫泰彦著，胡锡年译：《日中文化交流史》，商务印书馆 1980 年版，第 108 ～ 117 页；韩振华：《唐代南海贸易志》，《航海交通贸易研究》，香港大学亚洲研究中心 2002 年版，第 342 页。

度洋沿岸各国的海商人数比往日本和高丽者更多。

第二，参与的社会阶层空前增加。在官府的鼓励下，海外贸易利润的丰厚撩拨着社会的各个阶层，富至百万之家，穷至如洗之民，贵至公卿大臣，重至拥兵大将，甚至僧道等方外人士均参与其中。他们或亲自扬帆出海，或与人合股，或租船募人，远赴海外聚财殖货。不少沿海民众世代相袭为业。

第三，贸易规模很大。海商以东南沿海地区为多，那里有两三百艘海船，每船可搭乘五六百人，每年有数万人放洋赴蕃。有些海商的资财动以万计。

第四，贸易范围扩大。宋元海商的活动范围，北自朝鲜、日本，南至爪哇岛和苏门答腊，东起香料群岛，西及阿拉伯和东非。这是近代以前民间商船空前绝后的壮举。明初郑和下西洋也未超出这个范围。

第五，在地区贸易中的地位提高。宋元时期，中国海商是东西洋贸易中最活跃、最庞大的力量，在中日、中朝贸易中都是独领风骚，在与东南亚及印度洋沿岸诸国的贸易中也居于主导地位，逐渐与阿拉伯海商一道成为世界贸易的两大轴心，雄踞于太平洋西岸。（见图 1–4）

图 1–4　龙泉窑青釉刻划花纹碗
（“南海一号”南宋沉船出土）

宋元时期，海商已成为中外经济交流的主力军，由其输入中国的商品不再仅供宫廷或达官显贵享用，更多的是投放市场，经营谋利，可丰富普通民众的生活。他们还是中外文化交流的重要力量，有时还充当国家的外交使者传递消息，发挥着重要作用。[①]

① 以上参见黄纯艳：《宋代海外贸易》，社会科学文献出版社 2003 年版，第 97 ～ 116 页；葛金芳等：《南宋海商群体的构成、规模及其民营性质考述》，《中华文史论丛》2013 年第 4 期；廖大珂：《元代私人海商构成初探》，《南洋问题研究》1996 年第 2 期；陈希育：《中国帆船与海外贸易》，厦门大学出版社 1991 年版，第 50 ～ 62 页。

明清时期，由于长期实行严厉的海禁政策，海商只能冒着犯禁的危险，艰难地私下进行海外贸易。明前期，私人海外贸易规模较小，发展缓慢；到明中后期，随着海禁时紧时松，海商抓住时机，使私人海外贸易获得了很大的发展。他们还不断联合起来，形成一些海商集团，并以武力反抗海禁。以徽州商人汪直和郑成功之父郑芝龙为首的海商集团尤为庞大。这一时期，西方海盗逐渐来到东方，海商也要防备其掠夺，故 16 ～ 17 世纪的中国海商一般都具有海盗和商人的双重性格。他们既是做买卖的商人，又是杀人越货的海盗。海禁不严时，他们从事商业活动；海禁一严，立即转商为盗，变成海寇。①

八、色目商人

“色目人”是元代对西北各族及西域和欧洲来中国者的称呼。它不是一个民族，而是历史上许多民族的泛称，具体包括回鹘人、唐兀人、钦察人、畏兀儿人、汪古人、犹太人、吉普赛人、土耳其人、摩洛哥人和意大利人等，故总称为“色目”，意即各类名目。在元代的四等人制中，其地位仅次于蒙古人。从总体上看，色目人所含各族大多有经商的传统，其在元朝境内多以经商为生，可以说商人是色目人的主体。著名旅行家马可波罗就是一位从意大利威尼斯来华的色目商人。（见图 1–5）②

图 1–5　马可波罗像（1477 年德译本《马可波罗游记》封面）

色目商人与元朝上层和各级官府有千丝万缕

① 参见晁中辰：《论明代的私人海外贸易》，《东岳论丛》1991 年第 3 期；林仁川：《明清私人海上贸易的特点》，《中国社会经济史研究》1987 年第 3 期。

② 采自修晓波：《元代的色目商人》，广东人民出版社 2013 年版，前插页 5。

的联系，许多人可背靠官府进行贸易。他们中的一些人从帝室、诸王和朝廷那里领取本钱散本求利时，便成为“斡脱”。“斡脱”一词是突厥语“同伴”的音译，传入蒙古地区后指商人。需要注意的是，斡脱不是普通商人，其用官本牟利，为帝室及诸王服务，拥有许多超经济的特权。斡脱的经营以发放高利贷为主，其放贷利息为100%，称“羊羔儿息”，指这种高利贷本利相加，每年都翻番，如羊产羔，今年2只，明年4只，后年8只，是以几何数字增长的。负债人常因无法偿还而家破人亡。色目商人中的大多数本就是特权阶层，斡脱又是这个阶层中与官府关系最为密切的特殊商人。

色目商人足迹遍及中国，但分布并不均衡，其中以大都、上都、真定、泉州、广州、杭州、扬州、镇江等地为多。受商业利益的驱使，东南地区色目商人的数量多于西北地区，而且愈往东南人数愈多。

色目商人的经营涉及国计民生诸多方面。元代凡是与官府关系密切的商业活动，如征敛白银的高利贷业务、官本船制的海外贸易、贩售珍宝香药、往岭北和籴粮食以及销售食盐等，都有色目人涉足，并且扮演了重要角色。

色目商人的活动推动了中西经济和文化交流，也在一定程度上活跃了元代的商业贸易。但色目商人和斡脱在经营中往往依靠官府大肆聚敛财富，且多有违法行为。宋元时期，商品经济得到较大发展，色目商人和斡脱的经营模式却与之背道而驰，严重影响了市场上正常商业活动的开展。

色目商人也曾登上元代政治舞台，但作用不可一概而论。如：花剌子模商人牙老瓦赤曾奉成吉思汗之命治理西域，并获得了成功；回鹘人田镇海曾受命在漠北主管屯田，也取得了不错的效果；出身中亚的回族商人阿合马在元世祖时负责理财，曾官至中书平章政事，其聚敛措施虽满足了统治者的一时之需，但以长远的眼光看却产生了许多副作用，不利于国家的长治久安。[①]

---

① 参见修晓波：《元代的色目商人》，第1～243页。

九、十三行

十三行始设于清康熙年间，是清前期垄断广州中外贸易的机构。十三行行商就是由官府特许专营和管理进出口贸易的中介商。

清前期，广州是对外贸易的主要口岸。康熙二十五年（1686 年），为加强对海外贸易的管理,清政府成立专营对外贸易的垄断商行——“洋货行”,俗称广东“十三行”。

“十三行”是广州洋货行的总称，并不一定就是 13 家商行。洋行时有关闭，也有不少人跃跃欲试。最少的时候只有 4 家，最多的时候有 26 家。承充行商，须以身家殷实、自愿承充为前提，经官府批准，发给行帖后才能开业。代销洋货和代购国货是其主要业务。

行商在发展中建立了公行组织,以排斥其他散商。康熙五十九年（1720 年），一些行商经过反复协商，决定创立具有行会性质的组织——公行。他们议定 13 条行规，包括共同议定货价、保证货物质量等，并将行商分为三等，各有固定的贸易份额，以抑制竞争。公行还要求散商不得与外商接触，若同外商进行瓷器等一般商品的贸易，必须向公行交纳货价 20% 的费用；若经营茶叶，则须交纳货价的 40%。这些做法遭到了外商和散商的抵制。公行被迫于康熙六十年（1721 年）暂告中止。乾隆二十五年（1760 年），同文行潘振成等 9 家行商呈请复设公行，规定十三行为“外洋行”，专办欧洲各国货税，使十三行从对亚洲国家的贸易和本国的洋船贸易中分离出来，成为垄断广州中西贸易的机构。（见图 1–6）

从乾隆初年开始，官府把保甲制度的成规施之于行商，逐步建立了保商制度。乾隆九年（1744 年），第一任澳门同知印光任制定管理外船和澳门葡人的七项章程，第一条就规定了与外船贸易的行商必须对外船的违禁行为负责。乾隆十年（1745 年），两广总督兼海关监督策楞因部分行商资本薄弱，拖欠税饷，遂建立保商，由几家殷实行商担任。行与行互保，同行倒闭，各行行商负责分摊清

图 1–6 18 世纪广州十三行商馆玻璃画
（广州市博物馆藏）

偿税负，保证进出口货税的交纳。乾隆十九年（1754 年），又规定行商保夷商，每艘外船要由一家行商作保，外船的行为及税饷必须由保商负责，夷商生事或拖欠税款由行商负连带责任。乾隆二十四年（1759 年），总督李侍尧的《防夷五事规条》又规定行商不得私设商馆，供外商居停贸易；行商须对寓居商馆的外商稽查管束。

十三行在清前朝的对外贸易中发挥了很大的作用。行商在外商与官府之间提供交涉联系，在外商和国内长途贩运批发商之间提供交易之便，促进了对外贸易的发展。鸦片战争后，西方殖民主义势力侵入中国，中外贸易关系的性质发生了变化，十三行被废止。[①]

十、买 办

买办是中国近代因外国侵略而产生的一个特殊群体，指鸦片战争后受雇于外商并协助其在中国进行商业活动的中间人或经理人。

“买办”一词至晚出现于明代，指专门负责宫廷供应的商人。此后，凡从事采购的人员都称“买办”。鸦片战争前，清政府对外商在广州的活动严加控制，

① 参见吴慧主编：《中国商业通史》第 4 卷，中国财政经济出版社 2008 年版，第 402 ～ 409 页。

规定其所有活动必须通过行商进行。行商下面设有买办为外商服务。当时的买办分两类：一类是专为外商船只采买物料及食品的商船买办；一类是在外商商馆中代其管理总务及现金的商馆买办。从法律上来说，此时买办的管理权控制在中国地方官府手里，中国人不得随便充当，外商亦不能任意选雇。买办地位虽不高，但对外商来说不可或缺，所以外商在反对清政府的外贸制度时，总是把摆脱行商垄断和自由雇佣买办等作为重要诉求。

鸦片战争后，清政府被迫开放了多处口岸，并同意外商与中国商人随便交易，导致了行商制度的废除。随着通商口岸不断增辟，大批外商纷至沓来。外商初至中国，势必遇到语言隔阂、制度两歧、商情各异、货币不同等困难，加上中国商民的敌视，交易难以开展。在这种情况下，就必须招募买办作为中介人。1844 年的《中美望厦条约》规定雇佣买办等各听其便，中国地方官不能干涉。这为外商在中国自由雇佣买办、培植买办势力提供了法律根据，近代买办随之兴起。这时的买办只是在名称上沿袭了以往的用法，在性质上与原来相去甚远。

最早出现在各通商口岸的买办，很大一部分是原行商中的人士，以广东珠江三角洲的人最多。后来在上海、汉口、天津等口岸，浙江、江苏人充当买办的越来越多，以宁波人最为突出。从 19 世纪末到 20 世纪 20 年代，买办人数基本上稳定在万人左右，以致清末有人把买办当成士、农、工、商之外的又一行业。

早期买办的主要职能是管理洋行事务，最初只是负责料理行内的琐碎事务；取得外商的信用后，就保管现金，并负责与现金保管、支付相联系的金融的周转与通融；再进一步就是充当洋行的代理人，代表行东管理业务，或代表洋行老板深入内地执行收购任务。一些外国银行也有买办，负责银行与中国钱庄的联系。买办从外商的仆役头目变成了洋行的实际经营者和外商的代理人。

买办的收入，除洋行支付的薪金外，更重要的是佣金，数额为营业额的 2% 左右。买办还有许多谋私利的方法。由于经管洋行的银钱、账务，他们可趁便将洋行多余的资金短期拆放给银行、银庄，赚取佣金及利息。买办在说合华人

土产商与外商交易时，往往对洋东报出高价，而从卖主处以低价购进，赚取差价。他们还创立各种名目从卖主身上获利，如打包费、吃磅、修箱费、掠派司等。据粗略估计，1868～1936年买办仅通过进出口贸易积累的总收入就达15.29亿美元。

有些买办通过参与洋行的运作学到了新式企业的经营和管理方法，在有了一定积累后，便脱离买办职位，独立创办私人企业，成为较早的一批民族资本家。也有一些人去职后专营钱庄或转向银行，成为近代银行经营者。

自19世纪后半期到20世纪初是买办发展最快的时期，同时也是买办制度固有弊端充分暴露的时期。对买办的不满首先来自于外商。他们认为买办是牺牲洋东的利益而使自己发家致富。随着中国市场开放日久，中外商人之间在行情、信用、商业习惯等方面都有了更多的了解，双方直接交易的愿望和条件都趋于成熟，废除买办的呼声越来越强烈。20世纪30年代以后，上海洋行多半不再用买办充当代理人。随着西方强加给中国的不平等条约于1943年被废除，买办近乎百年的历史遂告终结。

鲁迅先生对买办有准确评价，认为他们是“倚徙于华洋之间，往来于主奴之界”①，即在外国主人面前既有某种奴仆似的依附心理，同时又有一定的独立和反抗意识。过去学界对买办基本上持否定态度，认为其是西方列强对中国进行经济侵略和掠夺的工具。近些年来，学界对其评价逐步趋向客观，在看到其作为帝国主义帮凶的同时，也指出其在中国近代化进程中的积极作用，认为他们是民族工业的先行者和推动者，是早期经济现代化运动的主干力量和近代经济组织——商会的中坚力量，对近代中国经济发展起了相当的促进作用。②

---

① 鲁迅：《“题未定”草二》，《鲁迅全集》第6卷《且介亭杂文二集》，人民文学出版社2005年版，第367页。

② 参见汪熙：《关于买办和买办制度》，《近代史研究》1980年第2期；聂好春：《买办与近代中国经济发展研究》，华中师范大学博士学位论文，2007年。

第二章 地域商人

中国疆域广阔，各地的地理特点、资源状况、风俗习惯、历史文化传统等均有差异。这些差异直接导致了各地商人在经营项目、活动范围、经营风格和价值理念等方面有所不同，从而使中国商人具有鲜明的地域色彩。

从明中叶开始，随着商业经营规模的扩大和地域范围的扩张，从商者数量不断增加，在各地市场上的竞争亦愈来愈激烈。对遍及四方的行商来说，更面临着来自经营所在地的土著商人的顽强竞争。在这种情况下，商人群体的大团体意识逐渐加强，认同的范围由原来父子、兄弟、姻亲、家族等血缘的界限而逐渐扩及地缘，来自同一地区的商人逐渐联合起来，形成了商帮。[①] 同一商帮往往在经营品种、所及地域、经营策略等方面表现出明显的一致性。他们甚至能长期操控某一地区的一个行业或若干行业。商帮的出现是地域商人由分散走向联合的重要一步。

明清以后，中国社会出现了众多商帮，除了势力最强的徽商和晋商外，还有粤商、鲁商、闽商、陕商、江右商人、洞庭商人、龙游商人和宁波商人，合称“中国十大商帮”。除此以外，河南、湖北、湖南商人及安徽的宁国商人、云南的喜洲商人也有一定的影响。本章即对十大商帮所属的地域商人加以介绍。这里之所以没有直接称“商帮”，是因为学界多认为商帮是明中期以后方才形成的地域商人的组织，是地域商人组织中相对紧密的一种形式，一般以会馆的创建为主要标志。我们称“地域商人”，试图从更长时段来考察出自某一地区的商人从初兴到逐渐壮大直至形成商帮的历程。

一、徽 商

徽商指明清时期徽州府所辖歙县、休宁、婺源、祁门、黟县、绩溪六县的商人。

① 参见唐力行：《商人与中国近世社会》（修订本），第 34 ～ 39 页。

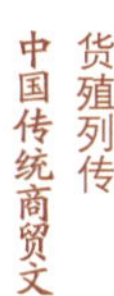

其萌芽于东晋，成长于唐宋，在从明中叶至清道光时期的400年间，长期占据商界鳌头，是中国历史上最负盛名的商帮之一。至清末逐渐衰落，民国时几乎完全退出商业舞台。

徽商兴起的原因是多方面的。首先，徽州山多地少，人口众多，生存压力巨大，游走他乡成为谋生的重要途径。其次，徽州富有木材、茶叶、陶土、墨、砚、漆器等独特而广受欢迎的可供交换的资源，为徽州人从商提供了便利。最后，徽州境内有新安江等相对便利和发达的水路交通，为人口和货物流动提供了舟楫便利。

南宋初，徽州就出现过号称“十万大公”的大商巨贾。不过，徽商真正崛起却是在明中叶。成化年间，徽商借盐法改革的契机，骤然腾飞于中国商界，并持续兴盛400年。具体体现在：第一，活动范围广。明嘉靖、万历年间，民间就流传着“钻天洞庭遍地徽”“无徽不成镇”的谚语。事实确也如此，当时不但南、北二京，各省都会以及其他大小城镇都活跃着徽商的身影，就连穷乡僻壤、深山老林、沙漠海岛等人迹罕至之处甚或异域海外也留下了徽商的足迹。第二，经营行业多。只要有利可图，徽商几乎“无货不居”，在盐、粮、布、茶、木、典当等行业中尤为突出。第三，资本雄厚。清乾隆年间，仅徽州盐商的资本数就已超过财力最充沛的乾隆四十六年（1781年）的国库存银。两淮盐商之富，连贵为天子的乾隆帝也为之动容。他曾惊叹道：“富哉商乎，朕不及也！”

徽商获利主要有四条途径：一是大规模的长途商品贩运。徽商利用长江、运河以及东部沿海水运之便从事商品贩运，从生产者与消费者手中赚取丰厚的利润。二是从事囤积居奇。徽商每到一个地方，当粮食、棉花、蚕丝等农产品大批上市之时，便乘机压价收购，疯狂囤积，在市场短缺时再高价抛售，从中获利。三是借助特权垄断贸易。徽商中盐商最富，主要是因为其享有行盐的特权，可坐获高额的垄断利润。四是经营高利贷。经营典当等高利贷行业的徽商以休宁人最为出名。他们多世代经营，手段十分高明，以各种优惠条件吸引顾客，其他商帮难与之竞争。

图 2-1 江苏苏州安徽会馆
（始建于清同治年间）

徽商对中国社会经济和文化的进步做出了重要贡献。具体表现在：第一，徽商沿着长江中下游和运河水路交通线建立商业网络，并在南京、芜湖、安庆、武汉、扬州、苏州、杭州、临清等城市建立据点，有力地推进了当地的商业化和城市化。（见图 2-1）[①]第二，“贾而好儒”，投入巨资，推进了文化事业的发展。在徽商的大力支持下，明清徽州崇儒重道，文风炽盛，书院、社学林立，文化教育得到全面发展。从清乾隆到嘉庆的 70 余年间，同样在两淮经营盐业，徽商子弟有 265 人通过科举入仕，而晋商仅 22 人，差距十分明显。有的徽商甚至在数学史上有一定地位。如明代休宁人程大位早年经商，40 岁以后返乡研究珠算，用 20 年时间写成了一部用珠算盘为计算工具的算书《算法统宗》，确定了算盘的样式，推广了传统的珠算口诀，通俗实用，深受包括商人在内的社会各界的欢迎，影响很大。（见图 2-2）第三，以诚信为本，建立起独特的贾道和营运模式。徽商大多能在商业活动中自觉用儒家思想来规范经营活动，行商中讲究义利之道，见利思义，以义取利，重视诚信

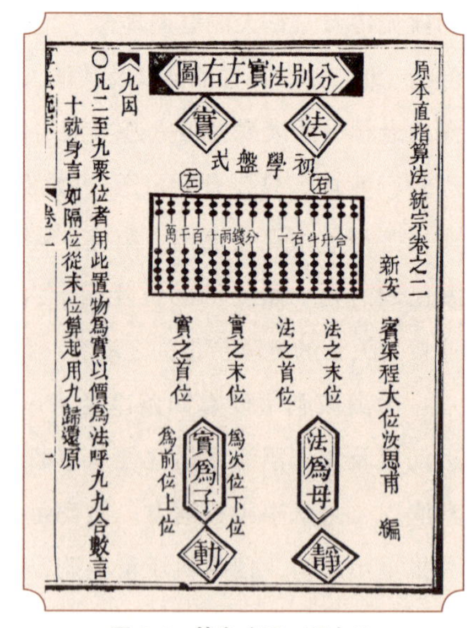

图 2-2 算盘（明·程大位《算法统宗》插图）

① 采自何兆兴编：《老会馆》，人民美术出版社 2003 年版，第 105 页。

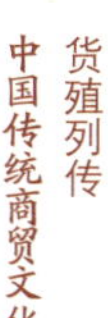

商德。以儒道经商是徽商商业伦理的核心与精髓，这为其在商界赢得了良好信誉。徽商与宗族势力结合紧密，明人汪道昆甚至直接称徽州人以“族为贾”，宗族势力广泛渗透于其经营活动的各个方面，使其在激烈的商战中发挥出很强的凝聚力与集团优势。徽商广泛采用的会票制、合股制、伙计制等，均是极为有效且进步的商业组织和经营模式。①

二、晋 商

晋商即山西商人，又称“山右商人”，是明清时期势力最大的商帮，在国际贸易中也是非常重要的商人集团。其于 15 世纪末发迹，16 世纪 70 年代进入鼎盛时期，到 20 世纪 20 年代逐渐衰落，雄踞商界 500 多年。

晋商在明清时期抓住了四次历史机遇，取得长足发展。第一次在明初，晋商初兴。当时国家实行食盐开中制度，即招募商人将粮食、布匹等军需物资运至边境，以换取食盐经销权作为回报。山西商人抓住机遇，集粮、盐、布商于一体，首先占据了北方边境市场。第二次在明中叶。盐课由纳粮开中改为折色纳银后，山西富商徙居淮浙，由边商改为内商，经营项目由粮、盐、布转为多业经营，势力逐步扩展到全国各地，成为当时势力最大的商人集团。第三次在清前期。当时国家统一，边疆开发取得了长足进步，晋商首先利用清朝的满蒙友好政策积极开展旅蒙贸易，接着垄断了恰克图对俄贸易。第四次在清道光以后。当时国内商品货币经济已较活跃，鉴于货币流通、资金调拨和结算的需要，晋商首创票号业，从而进入了一个新的发展阶段。

清代晋商的足迹不仅遍及华北、华中、江南、西南、西北、东北各地，还延伸

---

① 参见张海鹏等主编：《徽商研究》，人民出版社 2010 年版，第 17 ～ 80 页；张海鹏等主编：《中国十大商帮》，黄山书社 1993 年版，第 440 ～ 504 页；叶显恩：《徽商的历史性贡献》，田澍等主编：《第十一届明史国际学术讨论会论文集》，天津古籍出版社 2007 年版，第 311 ～ 315 页。

图 2–3　晋商独慎玉商号俄罗斯莫斯科分号的店面

到俄国、日本、伊朗和东南亚等地，北京、天津、张家口、武汉、南京、广州、苏州等都是其活动集中之处。在北部蒙古地区和西北地区，山西商人尤为活跃。他们不仅在中俄贸易重镇恰克图建立了 30 多家著名大商号，还深入俄国内地，在莫斯科、彼得堡等城市设立分号，从事商业贸易。（见图 2–3）[①] 19 世纪以前，晋商平均每年从恰克图外销茶叶 4 万箱左右，1852 年达到 17.5 万箱。山西商人与朝鲜和日本也有往来。榆次常家对朝鲜主要输出夏布，输入人参，被称为“人参财主”。介休范家曾拥有六七艘大船，在康熙三十八年（1699 年）到乾隆四十八年（1783 年）的 80 多年间，几乎年年赴日采买洋铜，一度垄断了对日生铜进口和百货输出。

晋商经营的领域很广，有“上自绸缎，下至葱蒜”之说，重点是盐、茶、粮、布等与民众日常生活密切相关的行业，对煤、铁的经营也颇具特色。除以上领域外，晋商最大的创举当属票号业。

票号又称“票庄”或“汇兑庄”，是一种专门经营汇兑业务的金融机构。票号产生前，商人外出采购和贸易全赖现银支付，在外地赚了钱寄回家乡也要靠专门的镖局把现银运送回去，不仅开支庞大，费时误事，而且经常发生差错，这迫使足迹遍布全国的晋商不得不寻求新的更便捷的货银支付方法。道光三年（1823 年）前后，山西平遥出现了中国历史上第一家票号——日升昌。其后，晋商纷起效仿。道光末年，山西票号已有 11 家，分号遍及北京、长沙、广州等 27 个城市。他们除专门经营汇兑业务外，还兼营存放款业务，并把汇兑、存款和放款结合起来，利用承汇期，

① 采自张喜琴：《晋商五百年 · 万里茶路》，山西教育出版社 2014 年版，第 102 页。

占用客户的现金放高利贷，获利丰厚。太平天国起义后，清政府的财政状况愈见艰难，山西票号的主要业务也由办理汇兑、存放款，逐渐发展到代替政府汇解军饷及各种款项，收存中央和各省官款，吸收官僚存款和给予借垫款，服务对象自然也由商人扩展到政府。除在国内发展外，山西票号还开展国际业务。光绪二十年（1894年），山西祁县合盛元票号在朝鲜新义州设立代办所，开始了国际汇兑业务。12年后，又在日本神户设立了合盛元支行（见图2－4）①，之后接连在东京、横滨、大阪和朝鲜的仁川建立分庄。平遥的永泰裕票号在印度的加尔各答开设了分号。20世纪初，山西票号已发展到33家，分号400余处，基本上垄断了全国的汇兑业务。

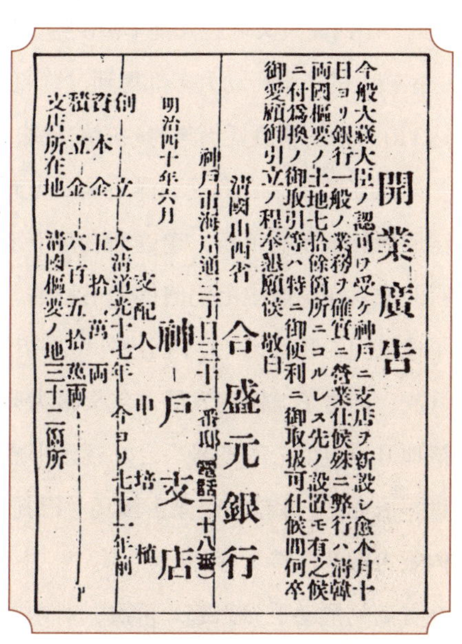

開業廣告

今般大藏大臣ノ認可ヲ受ケ神戸ニ支店ヲ新設シ愈本月十日ヨリ銀行一般ノ業務ヲ確實ニ營業仕候殊ニ弊行ハ清韓両國樞要ノ土地七拾餘個所ニコルレス先ノ設置モ有之候ニ付爲換ノ御取引等ハ特ニ御便利ニ御取扱可仕候間何卒御愛顧御引立ノ程奉懇願候　敬白

清國山西省

合盛元銀行

神戸市海岸通三丁目三十一番邸　電話二十八番

神戸支店

明治四十年六月

支配人　申培植

創立　大清道光十七年（今ヨリ七十一年前）

資本金　五拾萬両

積立金　六百五拾萬両

支店所在地　清國樞要ノ地三十二個所

图2－4　合盛元票号在日本神户《又新日报》刊登的开业广告

晋商在经营中还建立和健全了经理负责制、学徒制、人身顶股制等别具特色且行之有效的经营管理制度。经理负责制规范了财东与经理的权责关系，财东聘任经理全面负责商号的经营管理，平时不再过问商号事务，只在账期（三五年不等）听取经理对商号盈亏的报告，并决定对经理是否续聘。学徒制意在培养人才。凡学徒须由亲友介绍、作保并经面试后方可进号，由总号派年资较深者担任教师，从业务知识和职业道德两方面对学徒进行培养。学徒期满，经实际考察后量才德使用。学徒制执行很严格，为晋商的发展培育了不少骨干力量。在资本经营中，山西商人采用人身顶股制，即商号店员除每年应得工资外，还据其资历、表现及对商号的贡献顶

① 采自张正明：《晋商兴衰史》，山西古籍出版社1994年版，前插页2。

1～10厘的身股。身股与财东的银股共同参与分红，但顶身股者不承担亏赔责任。这样就把店员个人利益与商号和财东的利益紧密联系在一起，劳资关系得以协调。晋商还订立了严格的号规，无论经理、伙计，还是学徒，均须严格遵守。

晋商与国家政权的关系极为密切。早在后金时，一些晋商便以张家口为基地，往返于关内外，沟通有无，为满族权贵输送物资，甚至提供情报，传递文书。清朝入主中原后，这批晋商受到优待，其中8家商人被内务府确定为拥有特权的皇商。康雍乾时，山西商人又输送大批军粮供给西征准噶尔的清军，省国费以亿万计。有清一代，国家较大的军事行动大多都得到过晋商的鼎力支持。乾隆时，晋省仅捐助川省饷银就达110万两。晋商凭借与清政府的特殊关系，获得了若干特权，从而获得巨大利益。

到了清末，晋商受到洋货和西方新式银行的冲击，加上战乱不断，为清政府捐输成为其沉重的负担，遂逐渐衰落下来。虽然辉煌不再，但晋商在明清500年中取得的成就在商业史上仍值得大书特书。首先，晋商通过其商业经营和金融活动促进了地区间的联系，扩大了国内外贸易市场，推动和促进了中国社会经济、文化的发展。其次，促进了城镇的发展。包头最为典型，其原非城镇，是山西祁县乔姓商人先在该地开设复盛公等商号后，才逐渐形成城镇，致有“先有复盛公，后有包头城”之说。恰克图、库伦（今蒙古国乌兰巴托）、乌里雅苏台、科布多、多伦诺尔、归化（今内蒙古呼和浩特）、张家口、集宁、卜奎（今黑龙江齐齐哈尔）、朝阳等城镇，都是在晋商的推动下而兴起。再次，对中国近代工业的产生起了一定的推动作用。晋商将积累起来的资本投向生产领域，如清乾隆时有山西商人在新疆开采铅矿，甚至聚千人开金厂。清末还投资铁路建设。最后，促进社会风尚的变化，推动和丰富了三晋文化。山西的建筑、戏曲、饮食发展都受到晋商的深刻影响。①

① 参见张海鹏等主编：《中国十大商帮》，第1～48页；吴慧主编：《中国商业通史》第4卷，第438～456页；牛贯杰：《17～19世纪中国的市场与经济发展》，黄山书社2008年版，第221～226页；张正明：《明清时期势力最大的商帮晋商》，《明清晋商及民风》，人民出版社2003年版，第16～26页。

三、粤 商

粤商即广东商人，长期充当进口商品向内地辐射及国内土特产品向海外输出的中介。作为商帮出现于明嘉靖初年，一直到今天仍很活跃，在香港及东南亚等地颇具影响力。

广东地处中国南端，三面临海，水运交通方便，有悠久的海外贸易传统。西汉时，广州就是南方珠玑、犀角、果品、布匹等货物的集散之地，也是较早进行对外贸易的港口之一。唐宋时期，广州一直是重要的对外贸易港之一。明朝实行海禁，引起广东商人的极大不满和激烈反抗，纷纷自组武装船队贩运货物，广东海商迅速崛起，粤商作为一个商帮开始形成。清乾隆二十二年（1757年）后，广州成为中国唯一的通商口岸，大批国内外商品源源不断地汇聚于此，广东国内长途贩运批发商人群体开始出现。伴随着粤商活动向内地延伸及向海外拓展，广东会馆遍布全国各地及海外多国，既为粤商的行销活动提供了便利，也为粤人外出谋生提供了落脚之处。（见图 2–5）①

图 2–5　天津广州会馆（建于清光绪三十三年）

粤商的构成比较复杂。就地域来说，主要由广州、潮州两帮和客家商人组成。广州帮主要是珠江三角洲各县的商人，潮州帮主要是潮州、海阳（今广东潮安）、澄海、饶平、大埔等县的商人，客家商人主要来自梅县、大埔。粤商不仅有地域

① 采自何兆兴编：《老会馆》，第 2 页。

上的差别，而且还有阶级、阶层、职业的差异。亦盗亦商、亦官亦商、弃儒而商、弃吏而商、弃农经商、致仕经商者大有其人。粤商的活动范围非常广，除在本省各地外，还遍及全国各地；有对外贸易传统的粤商还从东南亚各国逐渐扩张到欧洲、非洲和拉美各国。正如清末广东商界的喉舌《广东七十二行商报》在1906年的发刊词中所说："各行省无不有粤商行店，五大洲无不有粤人足迹。"

大概而言，粤商主要由三类商人构成：一是从事海外贸易的海商。明清史籍所谓的"海寇""海盗"，多为此类商人，其经营方式按资本构成可分为代理型、租赁型、独资型、合资型四种。代理型主要指由豪门巨室私造大船，组织人员出海贸易。租赁型是由海商租赁船舶，雇佣水手揽载商人出海贸易。独资型是纯粹以商人身份独立经营海外贸易，收取利润。合资型是由中小商人或小商贩合资造船出海贸易，此法既可解决航海贸易资金不足的困难，也能适当减少风险。二是从事中外贸易的行商。行商在明清时期广东的对外贸易中占有重要地位，是粤商中的重要角色。其前身是明代从事贡舶、市舶贸易的牙行商人。隆庆之后，广东的牙行商人由纯粹的买卖中介人转变为包揽外国进口商品销售和本国商品出口贸易的商业团体，这就是嘉靖万历年间形成的广东"三十六行"行商。后来，行商数目几经演变。至道光十七年（1837年），行商数目恰好13家，即怡和、广利、同孚、东兴、天宝、兴泰、中和、顺泰、仁和、同顺、孚泰、东昌、安昌，俗称"十三行"。行商由身家殷实之人担任，是清政府直接控制下的经营对外贸易的垄断商人，具有官商性质。正是靠着垄断地位，行商攫取了巨额的利润。道光十四年（1834年），怡和行商伍秉鉴的商业资本总额已达2600万元，富甲天下。三是国内长途贩运批发商。国内长途贩运批发是粤商的重要经营方式，他们一般到省外或省内边远地区购物贩运至广州、佛山等中心市场，再批发给零售商人，或通过行商向外商批发。长途贩运批发商大都在广州、佛山等中心市场设置商行开展业务，同时也在全国各省的都会、要津设立商号或会馆进行买卖。明清时期广东长途贩运批发商主要经营米、盐、糖、丝、洋货等，此外也从事果品、铁器等的贩运批发。

粤商长期从事海外贸易及内地贩运业，竞争心强，精于算计，灵巧机智，常被外人冠以“精明”二字。粤商的精明是与实用相结合的，其为人处世稳健，就地取材，兢兢业业，积少成多。可以说，务实不虚是粤商的优秀品质。(见图 2–6)[①]

图 2–6　清代广州外销画创作者的画肆

粤商的社会功能主要体现在四个方面：其一，粤商的商业资本大多投资于外向型手工业，推动了外向型手工业的飞速发展。其二，促进了货币经济的发展。乾隆以后，广东成为全国银元流通最普遍的地区，这与广东商品经济的迅猛发展不无关系，也与粤商的作用密不可分。其三，促进了城市经济的发展。明初，佛山还只是一个小村埠，后商务日渐壮大，贸易日趋繁荣，康熙年间已成为外省商贾必至的贸易中心，市面繁荣程度甚至超过广州。其四，促进了东南亚、美洲等地经济的开发。粤商多有出洋经商的习俗，足迹遍及东南亚、美洲地区，对所在地经济的发展居功甚伟。[②]

四、鲁　商

鲁商即山东商人。与其他地域商人群体相比，历史悠久且持续不衰是其极为突出的特征。先秦时期，齐文化的重商传统使鲁商在发展的早期就达到

---

① 采自［英］孔佩特著，于毅颖译：《广州十三行》，商务印书馆 2014 年版，第 2 页。

② 参见张海鹏等主编:《中国十大商帮》，第 210 ～ 265 页; 谭建光:《粤商发展历史简论》，《广东商学院学报》2007 年第 6 期。

了较高的水平。明清时期，山东商帮的形成标志着鲁商在中国商贸版图中地位的极大提升。民国时期，山东民族工商企业家在实业救国的大潮中创造出了不俗的业绩。直到今天，鲁商也未衰落，依旧在全国有着较高的地位和良好的声誉。

山东地理环境优渥，有膏壤千里，适宜桑麻；又面临大海，富有鱼盐，这为早期山东人的经商活动提供了源源不断的货品。山东人的商业活动开始得比较早，发展也很迅猛。先秦时期，山东地区的商品经济一直居于全国领先地位。齐国的重商政策极大地推动了齐地商品经济的发展，冠带衣履畅销天下。战国时，齐都临淄已成为著名的工商业大都市，居民达 7 万户，经营商业、贩运业的有 6000 户之多。

鲁商在经历了从低谷中逐渐复兴的波折以后，在明清时达到了发展的高峰期，突出表现是山东商帮的形成与壮大。这主要得益于两个因素的支持：一是水陆交通的发达。就陆路而言，山东为东南各省进京必经之路，发达的公路与铁路为山东商人对外发展提供了条件。就水路而言，京杭大运河循山东西境穿鲁西平原而过，是南北商品流通的主干线；绵延数千里的海岸线则提供了既便利又低廉的海路运输。二是农产品和手工产品商品化水平的提高。从明初开始，山东境内开始大量种植棉花，其经济价值远超粮食；烟草、瓜果、花木等经济作物也有很大发展。盐、煤炭和陶瓷也是重要的商品。

山东商帮只是一个笼统的概念，其内部还可细分。以清光绪末年在上海创建山东会馆者为例，按地域划分，有周村帮、青岛帮、即墨帮、胶州帮、黄县帮、沙河帮和潍县帮等；按行业划分，有关税帮、公估帮、杂货帮、银钱帮、洋货帮、福绸帮、铁货帮、洋杂货帮和丝业帮等；按家族关系区分，形成了由章丘旧军孟家开设的祥字号组成的祥帮。

在山东商帮内部，胶东地区商人（或称“胶东帮”）的势力比较大，其中最有名的是黄县帮。据同治《黄县志》卷一载：“黄县地狭人稠，故民多逐利四方，

往往致富。远适京师，险泛重洋。奉天、吉林方万里之地，皆有黄民履迹焉。”该书卷三则称，当时黄县（今山东龙口）人口中商人约占一半，可见该县经商者之多。文登、掖县（今山东莱州）、即墨和胶州等帮的实力也很强。鲁中地区的周村帮和章丘帮也比较有名。鲁西运河地区也有一些著名的商帮，尤以济宁帮最为精明强干，当时晋商“利债剥遍天下，济宁独不能容”[①]。济宁帮已能在当地将执北方商业牛耳的晋商排挤出去。

明清以后，鲁商的足迹逐渐遍布全国，即使在海外其身影也不稀见。凭借勤苦耐劳和团结协作的精神，鲁商不仅在海内外市场站稳了脚跟，还在某些地区或某些行业中取得过主导或支配性的地位。首先是东北。清朝建立后，鲁商去东北贸易者日渐增多。至清末，鲁商在东北各大城市均居主导地位，是东北工商业界的主角。清光绪三十一年（1905年），营口建立了由15名工商业者组成的商会组织“公议会”。1907年1月12日的《盛京时报》评论说：“公议会……掌会之首十三家，虽有外帮在会，而所谓上会之会先生必山东人，故东帮常弄把持之术。”大连公议会成立于清光绪二十七年（1901年），1904年时有会员30人，鲁商占16人。其次是在北京。鲁商兴盛时，在北京的绸缎业和饮食业中拥有极大的势力，可以说其掌控了北京人的衣食等日常生活所需。著名的“八大祥”“便宜坊”的老板都是山东人。最后，鲁商在俄罗斯的经营也成就斐然，其“在满洲西伯利亚一带经济上之势力，足以凌驾一切，握商业上之霸权”[②]。

山东商帮的形成和发展与山东人强烈的乡土意识和团结观念密不可分。换句话说，山东商帮的形成和发展就是山东人乡土意识和团结观念的最好证明。山东商人在雇佣伙计和学徒时，往往从族人及同乡中选择。黄县商人在高密开

---

① （清）包世臣：《中衢一勺》卷六《闸河日记》，清光绪十四年刻《安吴四种》本。

② ［日］稻叶君山著，但焘译：《清朝全史》，中国社会科学出版社2008年版，第693页。

图 2–7　北京便宜坊旧照

设当铺,“东伙皆黄县籍”[①]。北京“便宜坊”烤鸭店的掌柜荣城人孙子久所用伙计都是从家乡荣城雇的十四五岁的少年。(见图 2–7)[②]章丘商人“懋迁有无，在本境者犹少，而在外州县以及外省者恒多。凡章丘人所设店铺，皆用乡里人做伙”[③]。山东商人在外地经商，同乡之间多互相扶持，互相协助，共克困难。日本学者稻叶君山教授评价在东北经商的山东人时，称其“富于团结力，劳动者互相扶助，商人互通缓急，恰如一大公司，其各商店则似支店，互相补给商品，以资流通，而金钱上尤能融通自在。故虽有起而与之争者，奈山东人制胜之机关备具，终不足以制之也”[④]。这是山东商人能够立足于商海并获得成功的关键因素之一。[⑤]

五、闽　商

闽商即福建商人。一般提到闽商，往往因福建海外贸易发达而将其与海商联系在一起。实际上，闽商中既有从事出海贸易的海商，也有侧重于内陆贸易的内商。山海兼顾，国内外贸易紧密结合，努力扩大经营范围，才是闽商的特点。

① 光绪《高密县乡土志·实业》，清宣统元年石印本。
② 采自丁维峻：《北京的老字号》，人民日报出版社 2009 年版，第 219 页。
③ 光绪《章丘县乡土志》卷下，清光绪三十三年石印本。
④ ［日］稻叶君山著，但焘译：《清朝全史》，第 693 页。
⑤ 参见谭景玉等：《齐鲁商贾传统·明清卷》，第 126 ～ 244 页。

福建山岭和丘陵很多，占全省面积的95%。这些地方的商人主要是内商，以贩运山区土特产为主业。比较集中的地区是闽南汀州府的连城县、中部延平府的永安县和闽西南的龙岩。连城县土瘠民贫，男耕女织不足以维持生活，于是多贾贩。当地人尤擅开矿熔银技术，足迹几乎覆盖了半个中国。该县造纸业发达，四堡乡从明中叶起便以造纸刻书闻名于长江以南。永安物产贫乏，当地人主要从事贩运业。龙岩位于闽西山区腹地，人口对土地的压力加重，居民便多种经济作物，并开发山林资源，使烟业、纸业、木材业、茶业都有发展。当地人即以贩运纸、木、茶、烟为业。山区出身的商人以小商人为主，依靠勤劳、守信、俭约等朴实的经商作风，艰难创业，富商巨贾凤毛麟角。

福建东南沿海有福州平原、兴化平原、泉州平原和漳州平原，濒临大海，沿海岛屿千余，深水港无处不在。这些地方素有航海和经商的文化传统，故该处商人主要是发展近海贸易及海外贸易的海商。

福建海商初兴于唐五代时。唐末福建莆田人黄滔的《贾客》诗吟咏的可能就是福建的海商。宋元时期，福建海商获得了快速发展，苏轼就曾称福建路“多以海商为业”①。这些海商浮海载货，北上朝鲜，东赴日本，南入交趾、占城，远航三佛齐等南洋诸国。南洋各国的海商也络绎不绝于东南海航线上，泉州已成为重要的海外贸易港，与50多个国家和地区有商贸往来。

福建海商到明清时期臻于全盛。明朝建立后，实行海禁政策，合法的对外贸易只有国家严格控制下的朝贡贸易。福建沿海民众只能私下冒险出海，朝廷屡禁不止。15世纪末16世纪初，葡萄牙和西班牙人逐渐将势力扩张到中国沿海，与中国私人海上贸易的势力发生联系并展开了竞争。这在一定程度上刺激了福建等沿海海商的活动。到成化、弘治年间，福建海商勇敢地冲破禁令，更积极、

① （宋）苏轼著，孔凡礼点校：《苏轼文集》卷三十《论高丽进奉状》，中华书局1986年版，第847页。

直接地参加海上贸易，以自由商人的姿态出现在市场上，其中尤以漳州、泉州两府民众最为活跃。正德、嘉靖之际，沿海居民违禁出海贸易已成风气。位于漳州东南 25 公里的月港，此时成为走私商贩聚集的重要港口，被称为“小苏杭”，繁盛局面可见一斑。

隆庆年间平定倭寇后，开放月港通商，允许中国商人出境贸易，为福建商人的发展提供了良机。当时中国的对外贸易集中于广东和福建，广东的对外贸易策略是吸引外籍商人到广州和澳门贸易，广东本土商人被限制出境。浙江方面，倭乱之后海禁尤严。在这一背景下，闽商发展很快，几乎控制了中国沿海的对外贸易。他们大举出国，成为东南亚、东亚各港口中国商人的唯一代表，在环中国海各个港口都建立了自己的贸易圈，构成了发达的贸易网络，但也受到来自各方面势力的挤压。在这一背景下，福建海商依靠自己的力量武装起来，泉州的郑芝龙集团即为其中最著名的代表。借助各种手段击溃其他海商集团后，郑芝龙成为福建沿海实力最强大的武装商业团队首领，完全垄断了东南沿海各省的海上贸易权。所有舶船舟楫，没有得到郑氏令旗，不得私下出海往来。从郑芝龙降明开始，海商集团走向与官府联合，从而得以依靠大陆的力量与海上对手竞争，这是郑芝龙能够在台湾海峡对抗荷兰殖民者的重要原因。康熙二十二年（1683 年），清朝统一台湾，郑氏的统治方才终结。

清康熙二十三年（1684 年），正式开放海禁。由于国内外形势的巨大变化，清代福建海商已丧失了与南洋各地贸易的主动权，由此开始转向本土，大举北上和南下，扩大经营范围。闽商垄断了台湾与福建的海路贸易，繁盛一时。广东沿海各港皆为福建移民居住区域，至今仍以闽南话为主；海南岛的状况也是如此。广州十三行闻名天下，但就籍贯而言，大多是闽人。浙江沿海岛屿及港口的居民有 2/3 是闽人。清代上海港的航运业长期由闽人控制。在山东烟台、青岛诸港，福建人建造了大型天后宫（见图 2–8）；辽宁沿海的天后宫也多是福建商人的作品。

闽商有其不同于其他地域商人的特点：第一，多阶层的商人组合。地主、士绅、官僚、贫民、凶徒、逃犯都参与商业活动，但由资本雄厚的地主、富豪、官僚、士绅发挥主导作用。第二，亦盗亦商的武装贸易形式。闽商是在与政府海禁政策的对抗中兴起的，因此具有海盗和商人的双重身份。开放海禁时，他们从事商业贸易，是商人的身份；一旦禁海，就转为“寇盗”。第三，内外勾结与山海兼顾。海商在沿海各地广建据点，打探消息，囤积番货，销售商品，内外勾结很是普遍。闽商不仅重视海外市场，开展海外贸易，对国内市场也十分重视，就连西北、西南偏远之地也活跃着闽商的身影。第四，乡族势力与商人集团的结合。闽商集团作为一个整体是由众多小商业集团组成的。这些小商业集团与各自的乡族势力关系密切，其活动在心理与行为上有着鲜明的地域和血缘色彩，以及强烈的排他性。①

图 2–8　青岛天后宫旧影

六、陕　商

陕商又称“秦商”，即兴起于关中地区的陕西商人。由于陕西与山西相邻，风俗习惯相近，两地商人有联合经营的传统，故陕西商人常与山西商人合称为“西商”“山陕商人”或“秦晋大贾”。

① 参见张海鹏等主编：《中国十大商帮》，第 276 ～ 318 页；徐晓望：《闽商研究》，中国文史出版社 2014 年版，第 256 ～ 263 页；徐晓望：《闽商发展史・总论卷・古代部分》，厦门大学出版社 2013 年版，第 1 ～ 7 页。

陕商历史比较悠久。早在秦汉时,关中地区已出现不少“以末致富”的大商人,资产巨万。据《史记·货殖列传》载,西汉前期关中地区富至巨万的富商大贾有田氏的田啬、田兰和杜县的杜氏等。

在唐代,陕西商人凭借居于帝都长安的有利地位,获得了很大发展,今天知道名姓的就有不少,如唐前期的裴明礼、邹凤炽等,中期的郭行先、杨崇义、任宗、郭万金、任令方、刘逸、李闲、卫旷等,后期的窦乂、王布、张高、王酒胡、李泳、王宗等。他们掌握了庞大的财富。富商王元宝的豪富竟引来唐玄宗“朕天下之贵,元宝天下之富”[①]的感叹。商人王酒胡曾纳钱 30 万贯助修朱雀门。后来修缮安国寺,皇帝命能舍钱 1000 贯者撞钟一下。王酒胡适逢喝得半醉,径上钟楼,连撞百下,然后便于西市运钱 10 万贯入寺。

到了明代,陕商与晋商一样,也是抓住政府实行食盐开中、茶马贸易等机遇迅速崛起的。他们通过向边境运送粮食换取食盐销售权,在淮扬一带具有很大势力。明弘治年间盐法改革,允许直接纳银购买盐引,山陕商人失去了对江浙地区盐业的控制权。山陕商帮由此分道扬镳:山西盐商在长芦和河东盐区取得了控制权;陕西盐商在四川地区取得了井盐的控制权,另有一部分商人迁居扬州,继续在两淮盐区行盐,势力仅次于徽商。这种格局一直延续到清朝末年。

陕商在明中期盐法改革以前是淮扬盐场最大的商人集团,占据扬州盐业的头把交椅。他们几乎全以小本经营布业开始积累资金,到可以染指盐业的程度就赴淮扬投资盐业。在清代,陕西盐商在扬州虽呈衰退之势,但来自泾阳、三原、临潼等地的商人仍不少。清康熙时在江苏做官的魏荔彤有一组《江南竹枝词》,其中称:

由来河朔饮粗豪,邗上新歌节节高。
舞罢乱敲梆子响,秦声惊落广陵潮。[②]

① (宋)钱易撰,黄寿成点校:《南部新书》卷辛,中华书局 2002 年版,第 125 页。
② (清)魏荔彤:《怀舫诗别集》卷六《江南竹枝词》,清康熙雍正间刻本。

由此可知当时陕西的秦腔在扬州十分流行，声势不亚于当地戏曲，亦可表明当时在扬州的陕西盐商势力之大。直到太平天国运动失败后，湘军和淮军兴起，其将领多扶植乡人，山陕盐商多被排挤出淮扬。

与陕西相邻的四川是陕商活动频繁的另一个重要区域。万历时，四川盐商多系陕西人，到明末，仅夔州一地，就有陕商数万。四川茶叶多赖陕商销售，乾隆年间由陕商运销康藏地区的边茶达 615 万公斤，嘉庆年间增加到 708.4 万公斤。陕商长期控制着四川的金融业，包括银钱汇兑、存款、借贷、典当等。此外，他们还从事川丝、夏布、川藏药材的贩运。（见图 2–9）

陕商多贩运商，除在扬州和四川有很大势力外，其活动范围西到新疆，西南到云贵，南到广东，北至宁夏、内蒙古，东至沿海各省，最远到辽东，许多重要城镇都有其建立的会馆。陕商经营商品类别繁多，主要有毛皮、布匹、药材、典当业、盐、茶、水烟和各种杂货等。

图 2–9　四川自贡西秦会馆（始建于清乾隆年间）

陕商在明清时期有很强的生命力。首先，他们极具勇敢冒险精神。为了贸易，他们经常深入甘肃、青海、宁夏、新疆以及四川西部的少数民族居住区。这些边远地区往往人烟稀少，交通不便，盗匪出没，若不具备冒险精神，则很难适应这种荒凉、艰苦的环境。其次，他们极具吃苦耐劳精神。他们多是贩卖商，往来于边塞、江淮、川蜀之间，要忍受长途跋涉之苦。陕西的贩马商人多从甘肃、青海等地买下数百头野马，到河南、山东等地出售，沿途 1000 余公里，日复一日，贩卖商要骑上马，手执长鞭，前后吆喝、照料，其中艰苦可以想见。再次，他们具有俭朴勤劳精神。有些富商在商号中，诸事仍亲力亲为，保持着与伙计共同操持的作风。有些商人对自己

众多商店的情况非常熟悉，经常巡视，直接指导。长期的经营实践塑造了陕商“厚重质直，忠义仁勇”的价值观念。

陕西商人在经营管理方面颇有建树。首先，在商业营销中，多采用连环销售的经营方式。在收购地往往采取设庄收购和委托当地大商店代收，在销售地多用赊购方式。如皮货商在秋季先把皮货赊卖于苏州当地大商行，到次年春天运草帽来，又赊给商行，只收去年秋天赊出的皮货款，草帽钱等下次运货来时再收取。其次，在资金筹措方面，创造了以“万金账”为主要标志的合伙股份制资金组合方式。即集合众人资财，合伙经营、风险共担、利润共享的权、责、利分明的资本运作方式。这扩大了陕商的资金来源。再次，创立了严密的货物运输制度。陕商在贩运路途广设分号。分号不仅承担本地区的商业任务，还要为总号提供本地区的商情、匪情、官情等信息。往来商队都住进自己的分号，不必住歇在车马店，不仅节省了大笔费用，而且安全性也有保障。

陕商对明清时西部地区的初步开发有巨大的推动作用。由于其商业经营活动，康定由一个小山村变为“番夷总汇”的商业重地，陕商聚居的“陕西街”是当时康定最热闹的商业街。随着陕商的不断壮大、成功，大量货币资本流回陕西，直接推动了陕西本土商品经济的发展。陕西商人在秦巴山区的生产性投资使那里的矿冶、采伐、造纸等行业迅速发展。秦巴山区被认为是中国较早产生内生性资本主义萌芽的地区之一。①

七、江右商人

江右商人即江西商人。江西之所以称“江右”，是因为古人站在中原向南望去，

① 参见张海鹏等主编：《中国十大商帮》，第 59 ～ 99 页；王俊霞等：《明清陕西商人“合伙股份制”经营模式初探》，《西北大学学报》2010 年第 3 期。

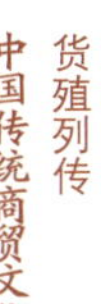

江东在左，江西在右。

随着唐宋时期中国经济重心的南移，江西在宋代迅速崛起，成为全国经济文化的先进地区和南方人口最稠密的地区之一，人多地少的矛盾随之变得十分突出。盛产粮、茶和发达的手工业使江西省内的商品经济和商品资本比较活跃，为江西商人外出经营创造了条件。明中叶厉行海禁，海上贸易停滞和萎缩，陆上贸易得以发展；运河—长江—赣江这一南北贸易通道的开辟，为江西与外省商品的流通提供了极大便利。精明的江西商人抓住这一千载难逢的良机，凭借所拥有的经济实力，仰仗丰富的物产，利用当地发达的交通运输系统，小本经营，在明朝中后期迅速发展起来。

从明初开始，江西人口大量外流，这些外流人口有相当一部分从事工商业。他们或久居一方，或往来于江西与各地之间，形成了人数众多的江右商巨流。明代江右商的兴起，恰是江西移民运动的产物，这决定了江右商的几个突出特点：人数众多，操业极广，活动地区广泛，资本分散，渗透性极强而竞争力较弱。

江右商的活动地区极为广泛。湖广是其主要活动地区，汉口的盐、当、米、木材、药材、花布六大行业中都有江右商号，尤其是药材业，几乎被江右商人垄断，湖广甚至流传着“无江西人不成市场”的民谚。云南、贵州、四川、福建、两广、中原各省以及辽东、西藏等极边之地乃至海外异域也都有江右商人活动。

江右商主要由三类人构成：一是家贫服贾者。这是江右商的主要来源，占从商总人数的70%左右。二是弃儒经商者。 三是继承父业者。在众多的江右商中，有不少人出身商贾世家。这些人多自幼即随父兄习商，积累了一定的经验，接掌家业后，往往能光大祖业。不难看出，江右商中的绝大多数是因家境所迫而负贩经商的，因此借贷就成了其最主要的资本来源，且以小额借贷为多，以致明谢肇淛《五杂组》卷四中有“江右多贫者”的论断。

江右商一般以贩卖本地土特产品为起点，因此其经营行业多以粮食、茶、瓷器、纸、布、木材等本地物产为依托。此外，江右商还从事药材、盐、典当、书、

杂货等多种行业的经营。整个明清时期，除一些资本雄厚的商人外，大多数江右商的专业化并不明显，他们挟小本，收微利，走府过州，随收随走，操业甚杂，只要有微利可图之物，皆可成为江西商人经销的商品。江西商人经营的商品种类、资本多寡、规模大小等因素决定了他们的经营方式以个体经营为主。

图 2-10 贵州石阡万寿宫（始建于明万历年间）

一旦稍有积累，江右商人便在各地建万寿宫，实即江西会馆。（见图 2-10）万寿宫里供奉许真君。许真君为晋代道士许逊，南昌人，因为官清廉，深受民众爱戴。许真君死后，江西人为纪念他，便在其故居建立“许仙祠”，即南昌西山万寿宫的前身。北宋徽宗时许逊被追封为“神功妙济真君”，赐额“玉隆万寿宫”。后来，万寿宫随着江右商的足迹逐渐遍布全国，成为江西客商的标志性建筑。据不完全统计，江右商在全国建万寿宫达 1000 余所，其中四川最多，有 300 多所。北京的万寿宫明初有 14 所，清光绪年间达 51 所。

江西商人的成功之道主要有三：其一，重视市场信息，看准行情进行投资；其二，善于揣摩消费者心理，迎合不同顾客的需求；其三，讲究信誉，待人以诚，重视贾德。鸦片战争之后，随着外国资本主义的侵入以及民族资本主义的生长，江右商赖以存在的基础逐渐丧失，最终走向衰落。[①]

① 参见方志远等：《江右商的社会构成及经营方式》，《中国经济史研究》1992 年第 1 期；谢力军等：《浅析江右商帮的没落》，《江西社会科学》2002 年第 2 期；宋长琨：《儒商文化概论》，高等教育出版社 2010 年版，第 146 ～ 147 页。

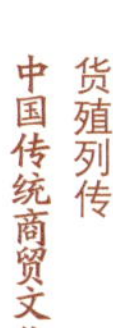

八、洞庭商人

洞庭商人以江苏苏州西南吴县境内伸入太湖中的洞庭东山和洞庭西山命名，又称“洞庭山帮”“洞庭帮”“山上帮”“洞庭山人”等，是江苏商人的典型代表，与徽商一起被称为“钻天洞庭遍地徽”。与以一两个省或府命名的地域商人相比，洞庭商人所在地域最小，实际上仅是太湖中的两个岛，大不过数乡，但其却能与徽商等大商帮抗衡争雄，并驾齐驱，足可显示其非凡与不俗。

洞庭东、西两山总面积 170 平方公里，风景秀丽，水运交通方便，但地狭民稠，稼穑维艰，种植桑、茶等经济作物和发展捕捞业是当地人谋生的有效途径。两山盛产的水果、茶叶、蚕丝等都是高度商品化的物品，需要交换输出，洞庭商人顺时因势，应运而生，“四民之业，商居强半”①。

洞庭一带素有经商传统。北宋元祐年间，吴县县尉郭受称当地人“不耕耨，而多富足。中家壮子，无不贾贩以游者”②。明嘉靖时，归有光说洞庭人“好为贾，往往天下所至，多有洞庭人”③。万历年间，冯梦祯说：“洞庭两山，其人民淳朴，习贾而好客，贾迹遍天下。”④可见洞庭商人从业者之众和活动范围之广。明末冯梦龙称：“两山之人善于货殖，八方四路，去为商为贾。所以江湖上有个口号，却做‘钻天洞庭’。”⑤“钻天”一词，可有几种解说：

---

①（明）归庄：《归庄集》卷六《传砚斋记》，中华书局 1962 年版，第 359 页。

②（宋）范成大撰，陆振岳点校：《吴郡志》卷三七《县记》，江苏古籍出版社 1999 年版，第 538 页。

③（明）归有光著，周本淳校点：《震川先生集》卷二一《叶母墓志铭》，上海古籍出版社 1981 年版，第 522 页。

④（明）冯梦祯：《快雪堂集》卷十四《处士怀耕许君墓志铭》，明万历四十四年刻本。

⑤（明）冯梦龙编，顾学颉校注：《醒世恒言》卷七《钱秀才错占凤凰俦》，人民文学出版社 1956 年版，第 136 页。

天下无所不至，指活动范围；捕捉市场行情，及时调整货物种类，就经营内容而言；灵活而多变，善于积聚生财，说的是高超的经商技巧、谋略及管理水平。洞庭商作为商帮在明中后期已初步形成，到清代臻于兴盛。19 世纪后半叶，洞庭商人根据国内外政治经济环境的变化，及时调整经营策略，顺利在上海滩实现了近代转型。

洞庭商人的活动主要集中于三个区域：一是运河沿线。在近代铁路交通兴起前，贯通南北的大运河是最重要的运输通道，运河沿线就成为洞庭商人开展商业活动的重要区域，山东临清尤为突出。二是长江沿线。长江一线是洞庭商人活动最为频繁的地区，尤以荆湘地区为多，主要是西山商人在那里活动。三是上海。鸦片战争前，洞庭商人就在上海经商。太平天国起义后，洞庭商人迅速渗透到上海的各行各业中，声威大震。

洞庭商人的经营范围很广，其所经营的商品与家乡经济有着极为紧密的联系，输出的是家乡的土特产品，输入的是家乡的紧缺商品。花果业是其经营的重要行业。洞庭山盛产鲜花和水果，洞庭商人利用地利优势可将鲜花和时果迅速地送至苏州等市场。布也是洞庭商人经销的重要货品。他们与徽商、山陕商一起平分了北方布匹市场，并几乎垄断了清前期湖南所产棉布的销售。后来，洞庭商转而经销纱布，获利依然丰厚。经营丝经和丝绸是洞庭商人长期从事的老本行，转战上海之后，经营这一行业的仍不乏其人，并在上海丝绸界颇有影响，居于领袖地位。

洞庭商人在上海影响力最大、实力最强的行业并不是丝绸业，而是金融业。于外国人在华开办的银行、洋行中做买办的洞庭商人很多，且从事时间较早，尤以东山席氏为代表。自席元乐的儿子开始，在外商银行做买办的，祖孙三代共 11 人；若算上女婿，则为 14 人。这 14 人担任了上海 20 多家最有影响力的外商银行中 13 家的买办。席氏家族甚至连续担任汇丰银行买办达 64 年之久。（见图 2-11）太平天国起义之后，洞庭商人开始经营钱庄，最早的是东山严氏和万

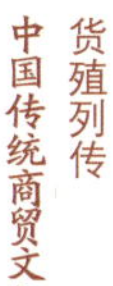

氏，继之而起的是东山席氏、王氏和叶氏。由于熟悉业务，经营得法，因此在上海经营钱业的各帮，只有洞庭商人不断发展。洞庭商人在近代上海至少设立或投资过65家钱庄，足见他们在钱业系统中人数之众多、力量之雄厚。19世纪末，上海商场上流传着这样一句俗语："徽帮人最狠，见了山上帮，还得忍一忍。"亦可见其声势。

图 2-11　上海汇丰银行买办席正甫像

为在经营活动中立于不败之地，洞庭商人十分讲究经营策略与销售手段。首先，扬长避短，稳中求胜。明清时期，尤其是鸦片战争前，经营盐业和典当业获利最厚，许多商帮都热衷于这两类行业，而洞庭商人却独辟蹊径，利用太湖流域得天独厚的条件，贩运米粮、丝绸和布匹。尽管利润远逊于盐业、典当业，但这些都是民众不可或缺的商品，且是大宗商品，假以时日，同样可以赚取巨大财富。其次，预测行情，注重信息。在经商过程中，洞庭商人会根据市场行情与商品交换的情况变化来调整自己的经营策略，并依时顺势而行，不一味强求，只要有利即可。洞庭商人还会据民风等实际情况，因地制宜地采取独特的经营方式。最后，更新观念，开拓进取。洞庭商人准确地把握住时代脉搏，精明地铺设关系网，用新知识装备自己和后代子孙，凭着卓绝的胆识和智慧，开辟了买办、钱庄等金融行业和丝绸、棉纱、洋布等实业，使自己由商贩而变成金融家、实业家，实现了近代转型。

洞庭商人以家族经营为特色，以王、翁、许、席、葛、叶、刘、严、徐、秦、邓、孙等十几个大姓最为著名。各家族经商地域各有侧重，东山诸姓经商重点是沿运河向北，西山诸姓则主要是沿长江向西，各有其传统的根据地和经营行业。一家一族相对集中在某地某行业之中，着重经营一两种产品，世代相承，

几姓联姻，经久不变。家族或亲族群体的力量使经营者易于积累资本，扩大实力，也有利于同其他商帮展开竞争。①

九、龙游商人

龙游商人是指浙江衢州府属西安、常山、开化、江山、龙游五县的商人，亦称“衢商”。明代中后期曾有“遍地龙游”之谚，可见当时其势力。

衢州五县处四通八达之地，向有经商传统。龙游地处浙江西部，北靠杭州，东邻金华，南接遂昌，西连衢州，是浙江东部和中部连接江西、安徽、福建三省的重要通道，素有“东南孔道”“八省通衢”之称。其北部民众尤重行商，清前期居家者仅十之三四。江山为闽浙要冲，商贾辐辏。常山为水陆衢要，民多业医或经商。西安人皆重利致富，竞习为商。开化商多与徽商、龙游商联合从事木材贩销。衢州境内多山地，山区土产丰富，但地少人多。这些因素既为民众经商提供了便利条件，又迫使其不得不以经商逐利为重要谋生手段，游走四方。

龙游商人大体经历了三个发展阶段：萌发于南宋，鼎盛于明中叶至鸦片战争前后，衰落于清光绪之后。南宋时，临安是全国政治中心，国家修葺衙署需要大量木材；同时，临安也是文化中心，印书所需纸张数量也很庞大。龙游人见有利可图，遂将本地盛产的木材与纸张贩至临安，有人因之巨富。明中期以后，龙游商人作为一个商帮强势崛起。至晚在万历年间，“龙游之民，多向天涯海角，远行商贾，几空县之半”②。他们远走全国各地，甚至远渡重洋，经营各种商业，

① 参见张海鹏等主编：《中国十大商帮》，第 321 ～ 362 页；马学强：《钻天洞庭》，福建人民出版社 1998 年版，第 5 ～ 106 页；吴慧主编：《中国商业通史》第 4 卷，第 502 ～ 510 页；杨涌泉：《洞庭商帮：善于钻营、顺势而行》，《现代国企研究》2012 年第 9 期。

② 天启《衢州府志》卷十六《政事志 · 户类 · 禁米》，明崇祯五年刻本。

把赚来的钱财转回家乡，龙游随之富裕起来，社会风俗趋于奢靡。鸦片战争后，传统的农村手工业品的销路受到巨大冲击。与洋商接触频繁的宁绍商人逐渐崛起，抢占了龙游商人的地位，以致民国时有人感叹“遍地龙游之说，久不闻矣”①，龙游商帮日渐没落。

龙游商经营行业颇广，尤其在纸、书、珠宝行业中占有重要地位。龙游县造纸历史悠久，许多商人在本地设纸行收购纸张以外销，这类纸行遍及全县乡村镇店。明清时期，衢州府的龙游、江山一带，造纸业尤为发达，渐成南方重要的纸业基地。龙游商人紧紧把握住这一有利商机，在江浙、湖广、闽粤等地以售纸营生，主要为官府贡奉签函，也为百姓供给便笺。当时，溪口村是龙游地区重要的造纸中心和主要交易场所，繁盛程度远超城镇。

龙游盛产纸和木材，可刻印书籍，加之此地又有重文传统，于是一些文人主动放下架子，开始从事刻印书籍以致富。书商童佩因售书而读书，因读书而藏书，因藏书而刻书，并广泛结交归有光、胡应麟等江浙鸿儒名士。他将所作诗文汇聚成篇，刊行于世，成为亦儒亦贾的著名书商。当时还有人专门开书店经营书业，如龙游望族余氏曾于江苏娄县开书肆，刊印书籍字画错讹极少，十分畅销。

经营珠宝业一要有雄厚资金，二要有鉴别能力，三要有进货、销货的渠道，四要有逃避被劫被盗的机变之能，远非一般无文化、无头脑、无巨资的商人所能胜任。龙游商人能打入珠宝行业，足见其从商的水平与能力。明中叶，龙游珠宝商在全国已颇具名气。他们贩卖珠宝，即使再贵重，也只是一人将其携带至京师，或藏于不起眼之破衣败絮，或藏于人皆讨厌之伪造脓疮，或隐于膏药之中，很难被人发现，胆识与机智令人啧啧称奇。

龙游商的经营活动主要有三个特点：其一，龙游商已有意识地把资金转

① 民国《龙游县志》卷二《地理考·风俗》，1925年铅印本。

移到经营生产事业上，这在矿冶业、造纸业方面尤为明显。其二，龙游商中融入了徽、闽、江右商人。龙游商相对具有开放性，并不因地缘关系而排斥徽、闽等外地商客的渗透。新加入的外籍商人也把各自经商的经验带入龙游商中，推进了龙游商的发展。其三，注重诚信。如纸商傅立宗为保证质量，纸品统统加印“西山傅立宗”字样，以示信用。姜益大棉布店特聘三名验银工，凡经该店流通的银圆皆加盖“姜益大”印记，以示负责。[①]

十、宁波商人

宁波商人指清代浙江宁波府所辖鄞县、奉化、慈溪、镇海、定海、象山六县的商人。宁波简称“甬”，因此宁波商人又称“甬商”。

宁波商人作为商帮形成时间较晚，但后来居上，在鸦片战争后特别是民国时期称雄商界，至今仍活跃于海外商界。孙中山先生对宁波商人极为赞赏。他说：“甬地开埠在广东之后，而风气之开不在粤省之下。且凡吾国各埠，莫不有甬人事业，即欧洲各国，亦多甬商足迹，其能力之大，固可首屈一指者也……宁波人既素以善于经商著，且具有伟大之魄力。”[②]

宁波地处东海之滨，水陆交通发达，但地狭人稠，生存压力大，激发了宁波人外出闯荡世界的雄心。早在先秦时期，就有近海岛屿上的鱼贩、盐商和滨海地区的商贩到宁波集货交易，以至于其在秦朝时的县名为“鄮”，意即贸易型城邑。唐宋时，宁波市舶商船已远达朝鲜、日本和东南亚，盛极一时。

明朝厉行海禁，合法的外贸渠道壅滞，宁波一带的走私活动变得异常活跃。

---

① 参见张海鹏等主编：《中国十大商帮》，第 422 ～ 437 页；陈学文：《龙游商帮研究》，杭州出版社 2004 年版，第 54 ～ 175 页。

② 孙中山：《在宁波各界欢迎会上的演说》，中国社会科学院近代史研究所中华民国史研究室等编：《孙中山全集》第 3 卷，中华书局 1984 年版，第 350 ～ 352 页。

宁波府所属的双屿港、烈港、岑港等地私商云集，每到夏季，大海船乘风挂帆，蔽大洋而下，多时可达千余艘。他们以绵布、绸缎、湖丝换取葡萄牙人的胡椒、银锭，并驾船在日本、宁波之间穿梭往来，为葡萄牙人运送货物。由于明朝政府对走私贸易多次进行严厉打击，大批宁波商人转向国内。明末，宁波药材商在北京建立鄞县会馆，标志着宁波商帮开始形成。这时，宁波商人的主要活动区域集中于北京等北方地区，重点经营药材业和成衣行。

清康熙二十三年（1684 年）开放海禁，宁波商人得以迅速发展。到乾嘉时，其活动区域不仅遍及长江和南北洋，而且延伸到海外，经营着合法且颇具规模的对日贸易。鸦片战争后，宁波港正式开埠，市场更趋开放，宁波商人抓住这一机遇，把其商业经营推向鼎盛。

宁波商人在近代得以发迹并臻于鼎盛的支柱行业有二：

一是沙船贩运业及后来的轮船航运业。因地利之便，当时南北往返船只多以宁波为停泊港，并以运载的南北各地物产和宁波特产交换，这促使宁波、慈溪、镇海一带商人分别创设南号与北号（南下从事与上海、福州、厦门、广东等埠际贸易者为“南号”，北上从事与上海、胶州、烟台、牛庄、天津等埠际贸易者为“北号”），自行制造沙船和宁船等大型海船（分称“南头船”“北头船”）装运，形成沙船贩运业。（见图 2–12）[①]咸丰、同治年间是宁波沙船贩运业最繁盛的时期，特别是太平天国运动期间，各省陆路交通受阻，北方河北、山东，南方福建、广东，以

图 2–12　浙江宁波庆安会馆（北号船商道光三十年捐建）

---

① 采自何兆兴编：《老会馆》，第 66 页。

至内地四川、湖北、安徽、江西各省的货物都集中在宁波一地集散，那时宁波商人几乎独占了南北货物贸易,盛极一时,获利巨丰。后来轮船兴起,代替了沙船,宁波商人虞洽卿、朱葆三等创办宁绍、三北、越东等轮船航运公司。三北轮船总吨位曾达到 9 万余吨，为中国当时三大民营公司之一。

二是钱庄业及后来的银行保险业。宁波商人的钱庄业源于明中后期，鸦片战争后有了长足发展。当时，上海实力雄厚的钱庄的股东大都是宁波籍富商。除投资外，宁波人还直接经营钱庄业，上海、天津等城市的大钱庄不少都由宁波商人经营。19 世纪后半期至 20 世纪初，执上海金融牛耳的九大钱庄资本集团中宁波商人占了 5 家。近代银行出现后，宁波商人的地位愈显重要。1897 年，他们参与创办了中国第一家华人银行——中国通商银行，之后长期控制并主导着该行的发展。1908 年又创办了以城市为标志的股份制商业银行——四明商业储蓄银行，董事、总经理等高级职位全由宁波人担任。(见图 2–13)[①] 宁波商人还长期担任一些新式银行的重要职务。如：镇海人盛竹书曾任交通银行上海分行经理、浙江兴业银行常务董事，并一度当选为上海银行公会会长；慈溪人秦润卿曾任中央银行监事和中国垦业银行董事长。

图 2–13　四明银行 1909 年发行的纸币

宁波商人能在鸦片战争后迅速崛起，是由诸多因素促成的。首先，宁波商人兴起较晚，资本主义性质明显增强。其次，宁波商人的主体虽为宁波府人，但活动中心在上海。上海时为国内最开放的大都会，也是西方国家经济侵略的桥头堡，有利于其向外

① 采自中国人民银行《中国历代货币》编辑组编：《中国历代货币：公元前二十一世纪—公元二十世纪》，新华出版社 1988 年版，第 92 页。

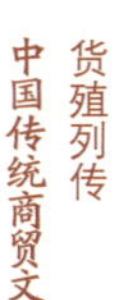

商学习。再次，宁波商人普遍具有新颖的经商理念。他们思维开放，对新事物敏感，能顺潮流而动，创办各种新式企业。最后，宁波商人具有近代资本主义的经营手腕和经济观念，善于审时度势，抓住商机，实现资本的最大增值。①

① 参见张海鹏等主编：《中国商帮》，第 107 ～ 161 页；林树建：《宁波商人》，福建人民出版社 1998 年版，第 10 ～ 178 页；孙继亮：《试论“宁波商帮”的崛起及其发展》，《经济研究参考》2012 年第 4 期。

第三章 商人组织

与商业活动的产生相比，商人组织的出现要晚得多。从唐代行会演进至清末商会有千余年的时间，商人组织的发展与商品经济的发展水平和商人力量的增强密切相关。

传统社会中的商人组织主要有行会、商帮、会馆、公所和商会等。除“商会”一名外，“行会”“商帮”之名称鲜见于典籍，常见的是“行”“社”“帮”“堂”“会”“郊”等，“会馆”和“公所”之名在当时人的话语中多有交叉，甚至混用，有时不易厘清。童书业先生对此有精辟的分析。他说：

> “帮”是一种行业的和地方的比较强固的组织，有相当高度的团结性。“会馆”本是地方性的组织机构，后来和工商行业联系起来，也变成一种地方性的和行业性的组织机构。“公所”大体是“会馆”的分支，行业性较显著些，但也有地方性。行帮和会馆、公所，实是一事的两面：行帮是组织，而会馆、公所主要是机构；行帮的组织设立会馆、公所的机构，来处理事务。①

商人组织多由商人为维护自身利益自发组建并负责运作，但实权往往操控在实力雄厚的大商人手中，中小商人很难进入领导决策层。商人组织与官府的关系十分微妙，两者既有相互支持和利用的一面，又有矛盾和冲突的一面，但其矛盾几乎总能在某个利益结合点上得以化解。商人组织建立并在商业活动中发挥作用，对维护商人利益、解决商业纠纷、推进诚实经营、提振商人形象等起了积极作用，但同时，它也不断通过种种方式与手段来维护某些商人群体的利益，这在一定程度上限制了技术的革新与进步。

一、行会

行会是一种由一定地域范围内的工商同业者结成的行业经济组织。

① 童书业：《中国手工业商业发展史》（校订本），中华书局2005年版，第266页。

行会至晚出现于唐代。官府为了便于管理坊市中的行，令从事工商业的同行分别聚居于同一市区内；各行设有“行头”或“行首”负责管理市场、收缴赋税等工作。宋元时期，随着工商业的进一步发展，行会组织更加稳固，活动也愈加频繁。当时大多数行业都建立了自己的组织，称为“行”或“团”。宋代的行会不仅有“行头”，而且有集中交易的“上行”之所和行老们会聚之处。入行者被称为“行户”“行商”或“行人”，他们的首领称“行首”“行头”或“行老”。城市手工业在行会的组织管理下十分发达。南宋都城临安的重要手工行业曾分别组成12个不同的行会组织。明清时期，工商业获得了快速发展。为了适应市场竞争的需要，许多行会设立了会馆、公所等常设办事机构，其组织规模不断扩大。（见图3–1）[①]晚清以降，行会则顺应经济发展与社会变迁的需要逐渐向同业公会转变。

图3–1　陕西丹凤船帮会馆（始建于清嘉庆年间）

行会首领的产生有两种方式：一种是由业主轮流担任。采取这种方式，或是因行会下属坊店数目不多，或是因行首任期较短。另一种是公推公举，即由行人共同选举。这种方式表面上看十分民主，但因许多行业都规定行首候选人应具有一定地位和资历，有的甚至明确规定由大行业主担任行首，所以行首之位往往落于权势集团之手。就此而言，行会主要维护大业主以至官府的利益，而非代表小业主、雇工和学徒的利益。

行会的经费来源主要有三：一是由下属各坊店定期交纳会费。交纳标准或是营业额，或是人头。二是新入行、新开业、新收徒者向行会交纳的手续

① 采自何兆兴编：《老会馆》，第13页。

费。通过这两种渠道汇集起来的钱财往往用于行会的日常开支。至于修建馆舍、创办福利事业等大笔开销则须另辟集资渠道——募捐，对象一般是同行业者、高官、巨富乃至社会各界名流。行会的经费除必要支出外，往往用于置业和投资，以利于资金的保值、增值，从而保证各项福利开支有长期而稳定的资金来源。

行会与官府间存在千丝万缕的联系。首先，官府需要行会协助其管理市场、征收商税等，这一职能在行会初设时便被赋予。其次，行会制定的一些规范需要借助官府的强制力加以保障。没有国家权力的保障与支持，行会制定的规则更多时候只是一纸空文。

行会的功能主要体现在四个方面：一是举办同行福利事业。行会通过举办福利事业，使本行内从业者在遭受天灾人祸或蚀本破产时能得到同行的救济和帮助，不至于家破人亡。二是规范生产与销售活动。这些活动涉及货源分配、产品规格、商标、定价、开业、经营方式等，目的主要是限制不公平竞争，以维护全行业利益。三是调解劳资关系。行会一般都规定雇主雇用雇工应有 1 年的试用期，试用期内，雇主不得擅自辞退雇工。这些措施有利于保证生产经营的正常运转，同时也有利于行业内劳动力市场的培育。四是解决内外纠纷。对于行业内的纠纷，由行会依照行规自行解决，有利于维护团结局面。针对外来侵扰，从业者往往在行会的组织下抱成一团，以集体的力量维权。当然，行会还具有天然的排他性和独占性，明显具有排斥其他行会和限制新竞争对手出现的意图，不利于技术进步和培育竞争的市场氛围。①

① 参见彭泽益：《中国行会史研究的几个问题》，《历史研究》1988 年第 6 期；庄华峰：《中国社会生活史》，中国科学技术大学出版社 2014 年版，第 273 ～ 276 页；陈文玲：《我国古代商业行会的沿革及其借鉴意义（一）》，《商业经济研究》1989 年第 4 期。

二、商 帮

商帮是商人以地域为中心，以血缘、乡谊为纽带，以“相亲相助”为宗旨，以会馆、公所为其在异乡的联络之所的一种既“亲密”而又松散的商人群体。其地缘范围可大可小，大者可至一省或数省，如山（西）陕（西）商帮；小者可限于数乡，如洞庭商帮，覆盖面积不足200平方公里。商帮还兼有血缘与业缘的特征。一般来说，商帮的地缘范围越广，其血缘色彩愈淡，业缘色彩愈浓；反之，地缘范围越小，则血缘色彩愈浓。

商帮出现于明中期，发展主要集中在明清时期。明中期以前，中国商人的经营活动虽很发达，但多是单个的、分散的，各自为战，没有出现具有鲜明特色的商人群体，就是有“商”而无“帮”。自明中期以后，由于商品流通范围的扩大及商品数量和品种的增多，在商业中具有龙头作用的行业在一些地区迅速兴起，再加上人们从商观念的转变、商人队伍的壮大及商业竞争的激烈，商业领域出现了前所未有的喧闹局面。最引人注意也令人称道的是在全国各地先后出现了不少地域商人群体——商帮。它们是纵横驰骋于商界的一支支劲旅，掌控或操纵着某些地区和某些行业的商业贸易。

最早对商帮进行解释是在清末，当时称商帮为“客帮”。徐珂《清稗类钞·农商类·客帮》称：“客商之携货远行者，咸以同乡或同业之关系，结成团体，俗称客帮，有京帮、津帮、陕帮、山东帮、山西帮、宁帮、绍帮、广帮、川帮等称。”首先直接将地域商人集团称为“商帮”的是日本人。日本驻汉口领事水野幸吉在成书于1907年的《汉口中央支那事情》中明确提到“商帮”，还列举了四川帮、云贵帮、陕西帮、河南帮、香港帮等十几个帮名，并对“帮”作了解释，称其是同乡商人相结合而成的一个团体。直到清末，中文文献中才有了“商帮”字样。宣统二年（1910年），在天津的福建、广州、潮州三帮商人在呈文中一再自称“商

帮”，这是目前所知地域商人自称为“商帮”的最早记载。

商帮以群体的力量参与商业活动和商业竞争，其活动的舞台十分广阔。有关各商帮的记载，往往言其周游于天下。虽然商人足迹遍及天下，但各个商帮都有其重点活动区域。如：山西商人主要活动于北部蒙古地区和西北地区，安徽商人活动的大本营是江南，交通海外则是宁波帮、福建帮和广东帮的专长所在。各个商帮虽有重点经营的区域范围，但又不限于这些区域而周游天下，这就构建起一张覆盖整个中国乃至蔓延到域外的商业网络。当时全国商业网络中的枢纽和基点，如北京、南京、济南、扬州、苏州、杭州、广州、成都等，都是各大商帮麇集之地。在这些地方集中着各大商帮分别建立的会馆。（见图 3–2）[①] 随着商业网络的形成与扩大，突破区域范围的全国统一市场正在逐步形成，而全国统一市场的形成恰是资本主义生产关系由萌芽到成熟的最重要的历史前提。

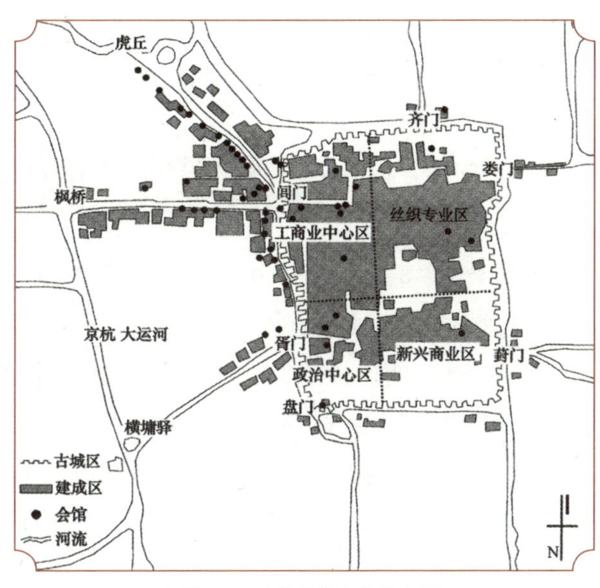

图 3–2　清代苏州会馆分布图

商帮还努力在各行业之间构建庞大的贸易体系。山西帮的主干力量，先是盐商，后是票号商；安徽商帮的主干力量则是盐、茶、木材、典当商。他们均有自己

① 采自沈旸：《明清苏州的会馆与苏州城》，杨鸿勋主编：《建筑历史与理论》第 10 辑，科学出版社 2009 年版，第 292 页。

的金融业。16 世纪以后，金融典当行业基本上为安徽商帮、山陕商帮掌控。清朝建立之初，山西商帮所经营的典当业在江北地区已超过安徽商帮。乾隆以后，山西商帮还创办了账局和票号，从而形成了一个汇通天下的汇兑网络，这对商品经济的发展十分有利。很明显，山西商帮、安徽商帮能长盛不衰与其贸易体系内部构成的合理与完善关系密切。

商帮的出现与繁盛促进了商品经济的发展，但商帮的资本主义性质还很微弱。这从两方面可以看出：一方面，各大商帮的资本和利润仅有小部分流向生产领域，多数被用来购置土地、捐输捐纳，甚或挥霍浪费；另一方面，多数商帮，包括曾经富可敌国的山西帮、安徽帮等，在 19 世纪后半期均黯然没落，难逃倒闭、败亡的命运。不过，商帮直到今天依旧存在，如海外宁波帮现仍有 73000 多户，分布在 50 多个国家和地区，在商业活动中继续发挥着重要作用。①

三、商人会馆

商人会馆主要是外来商人在某一经商地为联络乡谊、相互支持而设置的商人组织，有比较浓厚的地域乡土色彩，兼有行业性，是行业性与地域性的统一或结合。

商人会馆在明代已经出现，但数目很少，其大量出现主要在清代，尤以康熙到嘉庆年间为盛。道光以后，会馆虽还有发展，但已大不如前。会馆不仅数量多，地域分布也极为广泛。据 20 世纪初的统计，国内共有会馆 1042 处，分布在 17 个省，其中河北 375 处，湖南 114 处，湖北 88 处，安徽 81 处，江西 64 处，江苏 49 处，浙江 44 处。据 1956 年的统计，国外会馆总数达 849 处，其中马来西亚 251 处，新加坡 74 处，印度尼西亚 78 处，菲律宾 70 处，泰国 63 处，美国 55 处。

---

① 参见范金民：《商帮探源述流》，《浙江学刊》2006 年第 2 期；张海鹏等主编：《中国十大商帮·前言》，第 1～4 页；唐力行：《商人与中国近世社会》（修订本），第 60～61 页。

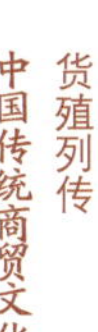

至于会馆的类型，可按地域广狭划分为五类：第一，由不足一县的商人所建的会馆。如汉口金庭会馆为苏州吴县的洞庭西山商人所建，苏州的洞庭会馆则是洞庭东山商人所建。第二，由一县或数县商人所建会馆。如北京的潞安会馆、襄陵会馆、翼城会馆等均为山西省内某一县的商人所建，苏州的高宝会馆、上海的潮惠会馆等则是以几个县为范围建立的。第三，由一府或多府商人所建会馆。以一府为范围建立的会馆最普遍，数量也最多。几府合建的会馆也不少，如苏州城内的东鲁会馆属山东登州、青州、胶州商人所有；在上海，建汀会馆为福建建宁、汀州两府商人合建，泉漳会馆为泉州、漳州两府商人合建。第四，由一省或多省商人所建会馆。湖南湘潭有山西、山东、河南、陕西甘肃五省商人合建的会馆（见图 3-3）[①]。河南开封有山西、陕西、甘肃三省商人合建的会馆。山东聊城有山西、陕西两省商人合建的会馆（见图 3-4）。第五，以整个国家为范围的会馆。这种情况仅见于国外，如侨居日本和南洋的华人所建的中华会馆等。

图 3-3　湖南湘潭北五省会馆（始建于清康熙年间）

商人会馆的功能，正如乾隆四十二年（1777 年）的苏州《重修齐东会馆碑记》中所言："会馆之设，所以答神庥、睦乡谊也。"实即某一地区的商人借以联络感情，互相支持，对内互助互济，对外竞争排难，增强自身的凝聚力，谋求创造工商业活动的和谐环境。具体来说，主要有以下几个方面：

第一，合众乐以固乡谊。会馆可为身在异乡的商人提供一个交流和娱乐的场所，以缓解思乡之情。会馆中基本上都建有戏楼或者戏台。每逢年节，同乡

① 采自刘成虎等：《晋商五百年·会馆浮沉》，山西教育出版社 2014 年版，第 14 页。

图 3–4　山东聊城山陕会馆（始建于清乾隆年间）

就聚在一起看戏、宴饮、娱乐，同时还可借机用熟悉的乡音沟通信息、交流经验。

第二，祀神明以求庇佑。各会馆还借奉祀神灵的方法来团结纳入会馆的帮内成员。各地会馆奉祀的神祇并不相同（如关圣、天妃、许真君），这与商人的地域来源和要求多样有关。因此，许多会馆有供奉多尊神灵的倾向。如：北京河东烟行会馆崇祀"三圣"，即火神、关圣、财神；苏州潮州会馆供关帝、天后、观音大士，又别祀韩愈；聊城山陕会馆正殿中供关帝、关平、周仓，南、北配殿又别祀文昌火神和财神。行业性强的会馆则祀各自的祖师爷。商人在面对激烈、变幻莫测的市场竞争时，内心时常充满了恐惧和不安，于是向神灵寻求庇佑，以释放内心压力，求得心灵安宁。

第三，行善举以解其忧。流寓在异乡，难免会生病破财，遇有不测，会馆会为落难的同乡举办公益善举，如向贫病交加的同乡提供钱财和药物救济，为老死异域、无力归葬故土的同乡提供义地；有些会馆还设有义塾以教育同乡的后代。这些善举有利于商人之间的团结，解决其后顾之忧。

第四，订公约以统众商。为协调同乡商人的行动，会馆会制定相关规约来约束个体商人的行为，以树立商人的良好形象，并把许多个体凝聚成一股强大的合力，提高对外竞争的能力。①

① 参见吴慧：《会馆、公所、行会：清代商人组织演变述要》，《中国经济史研究》1999 年第 3 期；谭景玉等：《齐鲁商贾传统·明清卷》，第 216 ～ 219 页。

四、公 所

公所是在经营地由外来工商业者和本地工商业者共同按行业重新组合而成的工商业者的组织，特点是其行业性，而且是某地某行业的全行业组织。①

清前期还在快步发展的商人会馆至道光以降逐渐趋于停滞，而另一种商人组织——公所却迅速兴起，甚至超过了会馆。会馆与公所的消长，表明商人组织正经历着历史性的转折。公所在清前期已有，但数量不多。如康熙时苏州城区只有 1 个，雍正至道光二十年（1840 年）共 36 个，而鸦片战争后新建的就有 105 个。至清末，明确称公所者上海有 111 所，远多于清前期上海的会馆之数。比之上海，北京称公所者相对较少，许多商人团体仍以会馆之名存在。

会馆和公所在清代并没有非常清晰、严格的区分，以至于常作为同义词而混用。如在上海，对于宁波商人于嘉庆二年（1797 年）建立的四明公所，业内仍有人称之为“四明会馆”；在苏州，浙绍公所又称“绍兴会馆”，元宁公所又称“元宁会馆”，兰溪公所即兰溪会馆。但仔细考察，二者还是有明显区别的。公所是同业商人结成的社会团体，主要表现出行业性的特点；会馆是同乡商人结成的社会团体，主要表现出地域性的特点。

公所既然以行业命名，就必然随着某个行业的逐渐专业化而愈分愈细。以苏州为例，它的丝绸业原来没有本业会馆，仅钱江会馆、武安会馆是以该籍绸缎商为主；而公所却非常多，有绸业、锦缎业、纱织业、湖绉业、织绒业、绣业、丝业、染丝业、金线业、杭线业、丝边业、贡带业、采绳业等 10 余个

---

① 参见吴慧：《会馆、公所、行会：清代商人组织演变述要》，《中国经济史研究》1999 年第 3 期。

公所。又如服装业，有成衣业、估衣业、寿衣业、戏衣业、绒领业、瓜帽业、鞋业 7 个公所。公所一般为一地的全行业的组织，也有少数分置两个或两个以上并列的公所。如绣业分出锦文公所与云华绣业公所（零剪顾绣业）两个公所，粮食业有米公所、宜稼公所、粟裕公所和五丰公所。公所之所以分得很细，主要是由于从业人数的增多和生意兴隆导致了行业的细分，以及行业中有不同的品种、工艺和不同的地区帮口。

图 3–5　鲁班先师（云南纸马）

公所也设有供奉神祇的殿堂，但供奉的是本行业的祖师爷神。如：苏州丝业公所供奉的是传说中的黄帝元妃先蚕母西陵氏（嫘祖）；纱缎业的云锦公所供奉的是苏绣创始人顾儒；书坊崇德公所供奉的是梓潼帝君；瓦木业梓义公所供奉的是鲁班（见图 3–5）；圆金业圆金公所供奉金祖先师葛大真人（葛洪）；掌礼业礼茶公所供养周公旦、叔孙通祖师；花商公所即花神庙，供奉花神等。

接待过往同乡住宿原本是会馆的一项基本职能，房租是会馆的一项经常性收入，而公所则仅提供同业议事办公之处，绝少提供住宿。公所也会资助老病废疾不能谋生者，并置义园，设小学堂，但善举的对象是同业，与会馆之以同乡为对象不同。

公所比会馆明显进步的地方在于会馆并未占有整个行业，而公所则面向该行业的整个市场。伴随着商业经营方式的改变，同一城市，当地和外籍两帮（或几帮）商人经营同一行业，抢夺市场，争执自然难免，矛盾日剧，公所就是为了解决同一行业市场不统一的矛盾而创立的。面对全行业的整个市场，如何排解纠纷，规范交易，防止内部和外来的过度竞争，就体现在公所的行规上面。一般说来，公所所立行规，行会性更强，在手工业公所中尤为

突出。不少公所整顿和创立行规，内容非常具体，也极具可操作性，在垄断物价、防止竞争、团结同业、协调关系等方面都发挥了很大作用。①

五、商　会

商会是各行各业商人的联合组织，又是重要的市场中介组织。其在清末出现，并逐步取代公所成为新式商人组织，迅速遍及全国各地。在晚清和民国初年，商会的功能比较强大，是城镇工商业者的主要团体和代言者，也是政府进行工商管理的重要社会中介组织。此后逐渐走下坡路，20世纪50年代初被改造为工商联组织。

中国第一个商会组织——上海商业会议公所成立于1902年，拥有会员75人，浙江慈溪人严信厚（见图3–6）任总董。1904年改组为商务总会，仍由严信厚任总理。其后，全国掀起兴办商会的高潮，商会总数、参会人员都有大幅度增多。至1912年，全国商务总会达57所，商务分会达951所，共计1008所；商会有会董21854人，会员196636人。

商会与商人会馆、公所有明显差别，并非是一地、一帮或一行业商人的组织。商会与会馆不同，不是以地缘为纽带组成的某地区、某帮商人的组织，而是各地商人的共同组织。天津商务总会的会董中也有广东等外地人。商会与公所也不同，已不是某一行业的组织，而是全体商人的共同组织。1906年，加入天津商务总会者有713家，分属木商、布商、钱商等40多个行业。商会经由总会、分会等组织通过层层联结

图 3–6　严信厚像

① 参见范金民：《清代江南会馆公所的功能性质》，《清史研究》1999年第2期；唐文权：《苏州工商各业公所的兴废》，《历史研究》1986年第3期；张忠民：《清代上海会馆公所及其在地方事务中的作用》，《史林》1999年第2期。

的方式对分散的商人势力进行整合，使全国商人形成一个整体网络。另外，商会经清廷谕允饬令成立，由商务部颁发关防大印，享有合法的社会地位。由此，商人不仅通过商会由分散走向联合，还开始以社团法人的新姿态登上历史舞台，在清末民初社会中发挥了重要作用。

早期商会是新兴资产阶级第一次结成的社会团体，其功能主要是“振商”和“保商”。具体措施体现在三个方面：一是联络工商，调查商情。未有商会之前，国内工商业受行帮壁垒的阻隔，实业不兴，商情涣散。商会成立后，定期召开常会、会员大会，遇有重要事项急需议决的，即临时召开特别会议，畅通各种渠道互通商情。除在商会内部互通情报外，商会与商会之间也经常互致照会，或通过商部互通声气。二是兴商学，开商智。商会成立后，工商界人士深感国内商学不兴，商智不开。因此，有些地区的商会开始试办商学，以培养科技和管理人才。其中规模较大的有天津商务总会主办的中等商业学堂、苏州商务总会主办的实业学堂、长沙商务总会主办的唯一学堂、上海总商会主办的商业学校等。商会还举办国货展览会、商品陈列所等，以促进产品和工艺技术的观摩交流。三是接受商事诉讼，保护工商利益。中国历史上长期无商法可依，商事裁判权掌握在官府衙门手里，官吏只知借案敛财，漠视商民利益，往往任意稽延时日或妄加判断。商会成立后，把“理案”“调处”列入自己的职责范围，不少商会专设若干名理案议董，对工商企业间的钱债纠葛等情事，定期召集原诉人和被诉人到商会申辩、审议，迅速清理了结了不少积案。

商会加强了全国各地乃至世界各地各业华商之间的联系，克服了会馆、公所以地区帮派和行业划分商人的狭隘性，既促进了全国统一市场的形成和商业贸易的繁荣，也使商人成为政治经济生活中不可忽视的重要社会力量。①

① 参见徐鼎新：《旧中国商会溯源》，《中国社会经济史研究》1983 年第 1 期；唐力行：《商人与中国近世社会》（修订本），第 278 ～ 293 页；丁长清：《试析商人会馆、公所与商会的联系和区别》，《近代史研究》1996 年第 3 期。

第四章 市场类型

市场作为经济学概念，含义有具体与抽象之分。具体意义的市场，指买卖双方在一定的时间和特定的空间进行交易的场所；抽象意义的市场，不限于进行交易的具体场所，而是对参加交易的双方因交换结成的社会关系的涵括。本章所列大多属于具体意义的市场,但也有抽象意义的市场。如“宫市”主要强调宫廷向民间采办物资的行为及因之产生的双方的买卖关系；“互市”既指交易场所，也指参与双方的经济交流方式。

市场起源很早，神农或祝融作市的传说虽不一定可信，但至少说明，随着交换的发展，远古时代就萌生了初始状态的市场。《周礼》中对市场管理体制的记载未必是当时的实际状况，但足可表明至晚在西周时，“市”已经是一个独立的固定空间。从历史发展进程看，从春秋战国之交到西汉武帝时期是中国传统市场发展的第一个高峰期，武帝以后走向衰落，汉末至魏晋南北朝时期更加严重，长期处于低落状态；隋唐时期呈现出复苏的局面，到宋元时期再度兴盛，达到传统市场发展的新高峰;明清时期，传统市场由分散趋向整合，由封闭趋向开放，由割据趋向统一，进入了其成熟阶段。[①]

按不同标准，市场可分为多种类型。常见的有如下几种：

一是以市场体系的层次为标准，大致可分为初级市场、中级市场、高级市场和全国统一市场。初级市场是整个商品市场的基础，包括草市等各种各样的乡村集市及一般的市镇，贸易范围多在一日往返里程之内。中级市场指一些大型的市镇和经济发达的府、县一级的市场。它们或作为地区性商业中心，或作为某种商品的加工、集散中心，在商品流通中发挥着承上启下的作用，其贸易范围至少应能覆盖一两个府、十来个县。高级市场指区域市场，其内部有作为全国性或大区域的流通枢纽的城市，贸易范围多覆盖数省或十数省。宋元时期，出现了华北、两浙、四川等区域市场。明清时期，两浙区域市场发展为更加成

① 参见龙登高：《中国传统市场发展史》，人民出版社 1997 年版，第 18 ～ 524 页。

熟的江南区域市场，又形成了岭南、湖广等区域市场，加上华北区域市场和边疆民族市场，其联系进一步加强，由此形成了全国统一市场。①

二是以交易对象为标准，可分为商品市场、劳动服务市场、金融市场、技术市场和信息市场。商品市场又可根据交易对象的使用价值分为生产资料市场和生活资料市场。生产资料指被当作生产的物质要素而消耗的物质资料，如土地、农具、棉花、蚕丝、桑叶等。生活资料指经过生活消费创造出人的劳动能力及生活能力的物质资料，如粮食、棉布、丝织品和食盐等。劳动服务市场一般不涉及商品实体的转移，只是一种劳务的交换关系。金融市场是指进行资金融通的市场，其在近代以前发育很不健全，只有典当、质库、高利贷之类调节资金周转，近代以后方才出现了新式银行。技术市场和信息市场在清代至多只是处在萌芽阶段。

三是以交易时间为标准，可分为白天交易市场和夜市，细分还有早市（朝市）、晚市（夕市）等名目。唐以前对市场交易时间有严格限制，一般是“日中为市”，即正午开始交易，日暮则散。《韩非子·外储说左上》中有一则寓言就反映了这一史实：一人去市上买鞋，到了以后却发现没有带在家中已量好的尺码，当他回家取来后，市场已散，鞋最终没有买成。中唐以后出现了夜市，交易时间由白天延伸到夜里，是商业发展水平提高的重要标志。

四是以交易涉及的范围为标准，可分为国内市场和国际市场。国内市场包括内地市场和边疆市场，在传统中国社会中，其重要性长期远超国际市场。直到宋元时期，东南沿海地区呈现出海洋发展路向，中国海商成了东西洋贸易中最活跃、最庞大的力量，国际市场对中国商人和民众的重要性才不断提高。

本章所选子目既有不同历史时期出现的在商业史上具有重要意义的市场类型，也有具有重要影响的典型个例，以求比较全面地展示中国传统市场发展的历史轨迹。

---

① 参见许檀：《明清时期城乡市场网络体系的形成及意义》，《中国社会科学》2000年第3期。

一、草 市

草市作为传统商品市场的一种形式，是相对于官方正规市场而言的，即国家规定的州、县、坊、市以外的交易市场。

唐代以前，国家规定“市”只能设于州县治所以上城市。“草”有非正式、非常设、草创未完之义，故称各地自发产生的非官设市场为“草市”。它在各地称谓不一，或称“店”，有道店、庄店、草店、野店等；或称“步”，有山步、水步等；或称“墟”，有草墟、村墟等；或称“市”，有山市、河市、村市等。

草市萌芽于东晋南朝时期。当时的草市多位于城郭外的城乡结合部，在城市需求与乡村生产的双重带动下，交易逐渐活跃起来，见于记载者有建康、寿春城外的草市。与政府在各级城市所设“市”不同，它们是民间交易达到一定水平后自发形成的产物。

唐五代时，草市得到了蓬勃发展。主要表现有二：其一，草市种类与数量迅速增加。这在唐中期以后的四川地区尤为突出，体现浓郁巴蜀地方特色的小市、酒市、江市、柳市、药市、蚕市、茶市等大量涌现。其二，交易较兴盛，商品较丰富。这通过唐诗的叙述即可见一斑。王建的《汴路即事》诗“草市迎江货，津桥税海商”，记载了江淮一带草市的繁荣。李嘉祐的《登楚州城望驿路十余里山村竹林相次相映》诗“草市多樵客，渔家足水禽”，显示了草市货物的丰足。杜牧《入茶山下题水口草市绝句》对湖州长兴县草市的描述则更加形象：

倚溪侵岭多高树，夸酒书旗有小楼。
惊起鸳鸯岂无恨，一双飞去却回头。

至宋代，草市逐渐达到鼎盛阶段。其作为当地农民和手工业者交换商品的地方，如雨后春笋般涌现出来，成为最有活力的商品集散地。宋释道潜在《归宗道中》一诗中生动描绘了南康军庐山附近一个乡村草市的交易场景：

迤逦转谷口，悠悠见前村。

农夫争道来，聒聒更笑喧。
数辰竞一墟，邸店如云屯。
或携布与楮，或驱鸡与豘。
纵横箕帚材，琐细难具论。
老翁主贸易，俯仰众所尊。
区区较寻尺，一一手自翻。
得无筋力疲，两鬓理霜根。
吾乡东南会，百货常源源。

草市在宋代的发展除了分布范围的扩展和数量的大幅度增加外，很重要的一点就是规模的扩大及其繁盛程度的提高。较典型的是江边的鄂州（今湖北武昌）南草市。它是重要的商贸港口，河运发达，商舶云集；民居稠密，人口密度很大，居民以经商贸易者为主；市街沿长江南岸堤防向西南伸展，延袤达数里之长，与鄂州城合起来构成一个大规模的城市，其繁荣程度甚至超过钱塘、建康，是南方广大地区的交通与商业中心。①

一般来说，草市继续发展就成长为市镇。宋代的许多镇名恰好说明这个问题，如齐州新市镇系草市升，真州瓜步镇系步市升，滨州马家庄镇系庄店升，梓州吴店镇系村店升，泰州柴墟镇系墟市升。这一过程在有宋一代不断进行。

草市扎根于农村商品经济发展的基础上，逐步成为将分散的农村贸易组织起来和沟通城乡的纽带，其兴起加强了整个城市发展的基础，大草市形成镇市增加了城市的层次，环城之草市扩大了原有城市的规模和范围，开辟了传统城市摆脱坊市分离的新道路。宋代以后草市虽未完全消失，但更多的已被“集市”“镇市”之类的概念代替。②

① 参见杨果：《宋代的鄂州南草市——江汉平原市镇的个案分析》，《江汉论坛》1999年第12期。

② 参见牟发松：《唐代草市略论》，《中国经济史研究》1989 年第 4 期；冯兵：《草市：隋唐五代乡村市镇化的历史典型》，《深圳大学学报》2014 年第 5 期；傅宗文：《宋代的草市镇》，《社会科学战线》1982 年第 1 期；周宝珠：《试论草市在宋代城市经济发展中的作用》，《史学月刊》1998 年第 2 期。

二、乡村集市

乡村集市是指设于乡村和城郊，在固定时间和地点进行交易的场所。它在不同地区名称不同,南方多称“墟”或“圩”,北方多称“集”,西南等地则称“亥”“街”或“场”。

先秦时期，乡村中就有“市井”“日中为市”之说。周边农户往往自发在经常前往汲水的井旁进行交易，或在几个乡村的交通要冲自然形成简易市场。西汉初年已有了丰国市那样五日一会的农村定期集市。这种农村集市不同于城市中的市，一般没有什么设施，附近的农民和手工业者各持自己的产品按期赶到集市场地交易，事毕而散。东汉时，农村集市又有新发展。有些地方官在各地立市，便民交易，互通有无；在一些大地主田庄里也设有集市。

魏晋南北朝时期，豪门地主庄园仍然是“闭门为市”。另在乡村的一些交通要道和津埠路口逐渐兴起新的交易市场。有的集市还建有仓库、旅舍等简陋设施。其时在县以下的小邑中大多有定期集市。这些乡间市场有利于小生产者经常性的产品交换,但交换的目的大多是满足自身消费的需要,物物交换比较频繁,货币经济相对缺乏。

随着社会经济的发展和商品交换的扩大，在一些乡村通往城市的交通要道和渡口上，逐渐自发形成农村集市贸易的新形式——草市。这是城乡商品交流进一步加强的重要标志。由于草市设在农村和城市的结合部，除附近的中、小商品生产者经常来此交易外，还吸引了一批往来城乡之间的商贩来此贩卖和采购货物。因此，草市打破了乡间定期集市的封闭状态，形成商品内引外泄的开放性市场。同时，草市长期发展，逐渐吸引越来越多的工商业者徙居于此，于

是发展成为新兴的商业市镇，这种情况到隋唐以后表现得更为清楚。①

宋代乡村集市的发展总体上经历了由量的增长到质的提升的过程。北宋时，各种集市的大量涌现在很大程度上改变了以往农村集市贸易零散、孤立的状况。宋室南渡后，集市在数量进一步增加的同时，市场形态也发生明显变化。尽管不少集市仍停留于传统的小规模、临时性村落交易点状态，但更多的集市逐渐发展成为较成熟的期日市和常设市。这一时期还出现了不少专业集市。如：荆湖南路潭州衡山县山区果树种植业发达，该县岳市的果品市场也颇具规模；平江府常熟县直塘市和吴县横金市地处太湖流域产粮区，都有颇具规模的粮食市场，汇聚了大批本地和外来米商。②

明清时期，农村集市得到了进一步发展。从地区分布来看，江南、珠江三角洲发展较早，明中叶已达相当程度；华北平原大体是在明中叶起步，到清代中叶形成一个涵盖广阔、运作自如的农村集市网；湖广、江西、关中平原、四川盆地等与华北平原大体处于同一水平；东北等新开发地区则起步较晚。（见图 4–1）③

图 4–1　清末潍县城外街道集市

从总体上看，明清时期农村集市的发展既有分布密度的增加，也有开市频率的

① 参见冷鹏飞：《中国古代社会商品经济形态研究》，第 262 ～ 267 页。

② 参见陈国灿：《南宋时期乡村集市的演变及其对农村经济的影响》，《浙江社会科学》2010 年第 4 期。

③ 采自北京大学图书馆编：《烟雨楼台：北京大学图书馆藏西籍中的清代建筑图像》，中国人民大学出版社 2008 年版，第 249 页。

增加。清中叶华北平原地区每 100 平方公里有集市 1 ～ 2 个，平均交易半径为 4 ～ 6 公里，农民赴集市贸易往返一般只需半日。经济发达的江南、珠江三角洲地区在明代中后期已达到这一密度，清代则超过之。（见图 4–2）闽浙赣山区、沂蒙山区则低于这一密度。开市频率大体上是从明代的每旬一两次为多，发展到清代的每旬两次、三次、四次，乃至隔日市。农村集市贸易又与农业生产的季节性密切相关，如棉花收购季节，一些棉产区会增设棉花市，以便棉农出售、棉商购买。

图 4–2 清代山村集市（清 · 徐扬《姑苏繁华图》局部）

农村集市最基本的作用就是满足本地小农的生产和生活需求。明清时期已发展成一个庞大的网络体系的集市，至少在以下几方面发挥着重要作用：第一，农村集市网是大规模、长距离商品流通的基础。明清时期，商品结构发生了根本性的变化，民生日用品取代奢侈品成为大规模、长距离流通的主体；农民既是这些商品的生产者，也是其消费者；农村与城市、农民与市场联系在一起，农村集市网在其中起了关键性的作用。第二，农村集市网是保障农村和农业经济生产与再生产正常运转的重要环节。农民的农产品、手工业品的出售，其生产资料、手工业原料乃至口粮的购买都离不开集市。第三，农村集市网的形成使地区之间通过商品流通实现经济布局调整，资源优化配置成为可能。一个最具典型性的例子是：江南地区以输入粮食、棉花，输出棉布、绸缎为主而形成的高收益型经济格局，就是建立在全国规

模的粮、棉、布的流通基础上的。如果没有一个庞大的农村集市网作为基础，这一切都将无法实现。[①]

三、市 镇

"镇"原指驻兵戍守的军镇，北魏始设。唐安史之乱后，藩镇割据，置镇分戍各地。晚唐五代时，许多军镇实际上成了占据一方、为所欲为的军事和政治力量。北宋建立后，裁撤了大量军镇，只保留了居民较多且有一定工商业基础的镇，镇的军事色彩日益淡化，逐渐演变为县以下的一级行政设置。到北宋中期，大多数镇不再具有军事据点的意义，而是纯粹以商业中心地的面貌出现。"市"原指商业贸易之地。两者连用，"市镇"作为一个具有经济意义的新名词正式出现于北宋的熙宁、元祐年间，到南宋以后常见于官方文书及地方志中[②]，成了一个专指在市场体系中介于乡村集市和州县城市市场之间的一级市场的词汇。

北宋是市镇的初兴期。市镇的来源有三：军镇蜕变、降县为镇和草市上升。市镇与军镇、草市的最大区别是承担商税和酒税，并设监镇官管理。神宗元丰年间，全国市镇已超过 1900 个，主要分布在北方的京东、京西及南方的两浙、两淮、江东、福建及四川地区。各镇之间的发展很不平衡，大多数镇的税额在 1 ～ 2000 贯，全国有 20 个镇的税额超过万贯，成为当时引人瞩目的巨镇。有的镇在经济、财政上的地位甚至超过了它所隶属的县。如京东路的赵岩口镇、傅家岸镇在熙宁十年（1077 年）的税额分别是 28389 贯和 22467 贯，分别是其所属县城税额的 8 倍和 6 倍。

南宋是市镇发展的重要时期。具体表现在：其一，市镇数量增加。两浙地

---

① 参见许檀：《明清时期农村集市的发展及其意义》，《中国经济史研究》1996 年第 2 期。

② 参见王家范：《明清江南市镇结构及历史价值初探》，《华东师范大学学报》1984 年第 1 期。

区是都城所在，受都城临安带动，这一带市镇很多，分布密集，不少税额都在万贯以上。两湖和华南地区也因为开发程度提高而使市镇数量增长极快。其二，贸易规模增长，贸易地位提高。北宋时期，单个市镇中商税额最高的赵岩口镇都没有超过 3 万贯，而南宋时商税额在 3 万贯以上的市镇有 10 余个，高者甚至达到了一二十万贯。市镇商税额在地方州府总商税额中的比例也不断提高。北宋熙宁十年，润州境内市镇商税额的比例为 15.97%；南宋时改称“镇江府”，到咸淳年间市镇商税额的比例提高到了 63%。[①] 其三，出现了一批以手工业为主的专业市镇。如饶州浮梁县景德镇、吉州庐陵县永和镇的陶瓷业，福建仙游县枫亭镇的制糖业等都很有名，其产品不仅远销他路，甚至销往海外。

明清时期，传统市镇进入了繁荣期。首先是数量增加。除宋元时原有的市镇外，在江南、东南沿海、运河沿岸出现了一批新型市镇。从明正德、万历年间到清乾隆年间，市镇增加了 1 ～ 2 倍。这些市镇既有直接设置的，也有从草市上升而来的。其次是规模扩大，繁荣程度提高。明末清初，吴江县盛泽镇有五六万户，湖州双林镇有 16000 余户。有几千户的镇更是不计其数。新增加的城镇人口中，多数是外来商贾、小手工艺者和流民。有些流民已成为受雇于他人的手工业工人。店铺、作坊、牙行林立，各类服务性、娱乐性的行业也有较大发展。再次是市镇的专业化倾向日益突出。明中叶以后，一批以从事丝织业、棉纺织业、缫丝业、榨油业、制陶业、铁器业生产为主的市镇不断出现。最后是地位不断上升。有些比较发达的镇在清代上升为县。如自明代就以工商业发达而闻名的震泽镇在清雍正二年（1724 年）升格为县；以陶瓷业而闻名的颜神镇在清雍正十二年（1734 年）升格为博山县。有的市镇甚至在市场体系中成为较高层次的中心地，如广东佛山镇就与省城广州一起成为岭南区域市场的最高中心地。

---

① 参见吴慧主编：《中国商业通史》第 2 卷，中国财政经济出版社 2006 年版，第 522 ～ 532 页。

由于分工的关系，镇与镇及镇与市之间建立了一定的联系，进而突破行政区划的阻隔，初步形成了较为发达的市镇体系和地区性的市场，对促进商品生产和商品流通起着不同的作用。市镇作为地区性的商业、交通运输业和手工业的中心，是全国性市场网络上大小不等的环节，带动了集市的发展，并有力地促进了城市经济的发展。有学者认为，明、清两朝城市经济发展的重心不在传统城邑，而在工商业市镇；从宋代直至明清时期，在以手工业和农村商品经济为内容的商业化条件下，中国城市化走了一条独特的市镇化道路。[①] 这就是市镇发展的意义所在。

四、庙 市

庙市与庙会紧密相关。虽然在实际使用中，二者经常互换，但那是针对“庙会”和“庙市”二位一体的现象而言的。严格来讲，它们是两个不同的概念。一般说来，庙会是以庙宇为依托，在特定日期举行的祭祀神灵、交易货物、娱乐身心的集会；而庙市则包容于庙会之中，是依托庙会进行的商业交易活动，或称“香会”“神集”。[②]

庙市的出现和发展须依赖两个条件：一是宗教繁荣，寺庙广建，而且宗教活动日益丰富多采；二是商品货币经济的发展使商业活动增加，城镇墟集增加。

魏晋南北朝时期，佛、道二教开始兴盛，寺院经济比较发达，已有组织信众设斋会、举办盂兰盆会之举。唐代，佛教大盛，为与道教争夺信众而使自己更加通俗化和民间化，其创造出了俗讲及变文等讲唱文艺形式招徕听众，使寺

---

① 参见赵冈：《中国历史上的城镇与市场》，《食货月刊》1983 年第 13 卷第 5、6 期；王瑞成：《近世转型时期的城市化——中国城市史学基本问题初探》，《史学理论研究》1996 年第 4 期。

② 参见小田：《庙市特征小议》，《中国经济史研究》2006 年第 1 期。

庙成为街巷艺人的舞台，杂耍、乐舞等演出也逐渐汇入其中。这样一来，观众越来越多。这无疑为商贾提供了绝好的发财机会。他们纷纷根据寺庙定期举行的宗教活动，特别是神诞节庆之日，到寺庙摆摊设点，逐渐形成定期的贸易集市。楚州龙兴寺前向来是当地的戏场，商贩及游玩者多时可达数万。

宋代以后，民间神祇系统在统治者的大力提倡下日益丰富和发展，出现了数不清的不见经传、错综纷繁的地方神，寺庙大增，所谓“村各有庙，户各有神”①。再加上宋代以后商品货币经济空前发展，城镇化的趋势很明显，村镇、墟集、草市之类大增，具有贸易功能的庙会随之同步发展，传统庙市进入了繁荣期。比较有名的如北宋东京的大相国寺，可容万人，四方商旅集于其中，非常兴盛，金代以后仍然长盛不衰。

明清时期，庙会已不仅限于都市名刹，逐渐由城市发展到乡村，汇入最基层的市集中去。（见图 4–3）② 当时遍及天下且香火最盛的庙宇有城隍庙、土地庙、关帝庙和东岳庙等，依托这些庙宇而形成的庙市亦极为普遍、繁盛。

明清时期还出现了一些专业庙市，如因交易的内容命名的骡马会、皮袄会、农器会等。河北安国庙市是专门进行药材交易的专业庙市。安国县城南有一座药王庙，宋金时期这里已有了药材市场的雏形，元代形成地方性药材市场，清雍正年间发展成江北最大的药市。道光年间，安

图 4–3　清代北京厂甸庙市

① 民国《翼城县志》卷十六《礼俗 · 祭礼》，1929 年铅印本。

② 采自《中华古文明大图集》编辑委员会编：《中华古文明大图集》第 4 部《通市》，人民日报出版社等 1992 年版，第 23 页。

国药市发展到鼎盛，南及湖广，北达库伦，西迄西藏，凡产药材的地方莫不将药运到这里销售，各地商人也都到此采购。庙市每年举行 2 次，可持续 6 个月，生熟药材以及丸散膏丹各种成药的交易额也非常大。

宋代以后，尤其是明清时期，庙市已成为城乡市场体系的重要组成部分，其辐射范围比集市要广，多为方圆数百里，货物种类也远非集市所能及，可与定期集市形成互补的关系，对一些地区人们的日常生活不可或缺。有些庙市还跨越县、省的界限，成为区域性的商品集散中心。当然，不同地区的庙市对当地民众生活的意义也有差异。相比较而言，华北地区的庙市对于民众生活的意义要超过江南地区，主要是因为江南市场网络比较发达，而华北地区市场网络相对落后。有的地方，如山西文水境内，商贾较少，日常所需物品采购困难，只能靠着一年中的几次庙市购买生产和生活用品。总之，农村地区和商品经济落后的偏远地区的庙市之意义更大一些。这些地区的庙市频次也更高一些。城镇庙市上日用百货很多，杂以非耐用消费品和奢侈品；乡村庙市多生产、生活必需品，实用性较强。①

五、宫 市

宫市可指皇帝为游乐在皇宫中所设的临时市肆。春秋时齐桓公有宫中七市。汉灵帝、南齐东昏侯和唐中宗都曾于宫中设市。这类宫市纯属帝王的享乐游戏之举，并不具备商品交换的实际意义，至多反映了当时商业贸易的发达对包括皇帝在内的社会各阶层产生了深刻影响。

宫市还可指唐代宫廷采办所需物品的行为，最晚始于开元年间，一直延续到

① 参见赵世瑜：《明清时期华北庙会研究》，《历史研究》1992 年第 5 期；《明清时期江南庙会与华北庙会的几点比较》，《史学集刊》1995 年第 1 期。

唐末。当时由官吏负责在街市采购,按实际价值给钱。这仍然是一种广义的理解。人们更多的是把德宗年间由宦官向民间采办宫廷用品的行为称为“宫市”。名为宫市，实为劫夺。白居易的名诗《卖炭翁》就生动地反映了宫市扰民之严重：

卖炭翁，伐薪烧炭南山中。
满面尘灰烟火色，两鬓苍苍十指黑。
卖炭得钱何所营？身上衣裳口中食。
可怜身上衣正单，心忧炭贱愿天寒。
夜来城外一尺雪，晓驾炭车辗冰辙。
牛困人饥日已高，市南门外泥中歇。
翩翩两骑来是谁？黄衣使者白衫儿。
手把文书口称敕，回车叱牛牵向北。
一车炭，千余斤，宫使驱将惜不得。
半匹红绡一丈绫，系向牛头充炭直。

德宗时，朝廷为平定一些意图割据的藩镇，连年争战，使安史之乱后本就非常困难的财政雪上加霜，宫市应运而生。贞元末年，宫廷采办物品不再任用官员，而改任宦官为宫市使负责，其采购时往往压价。后来干脆置“白望”上百人于长安东、西两市和闹市，看到合适的货物即以宫市之名随心所欲地强行收购。他们常常用盐或破旧的衣服、霉烂的破布、褪色变质的绢绫之类，强迫货主进行交易，所给价钱往往不及1/10，更有甚者，直接抢走了事。有时还要敲诈勒索，向卖主讨要进奉门户钱和脚价钱。曾经有一贫苦农民，以驴驮柴到长安去卖，宦官不但以宫市的名义夺去他的柴，还进而索取其驴。

宫市直接导致商贾纷纷逃避“交易”，有好的货物都要藏匿起来，甚至连沽浆卖饼之类本小利薄的摊贩也不得不关门闭户，致使市场一片萧条。一些以出卖劳动力为生的城市贫民和等待雇佣的车马也常被宦者抓去，无偿服役。

面对因宫市造成的民怨沸腾的局面，一些正直的大臣不断向德宗进谏，有

人甚至为此付出了生命，但直到顺宗即位后，方才下诏废除了由宦官采购的这种宫市。宋代鉴于唐朝宫市之弊，严格限制宦官的权力，内廷采买事宜不再由宦官单独主持，而是设置杂买务、杂买场，并划拨一定的采购本钱，派遣专职人员从事宫廷采购。①

六、夜 市

夜市与日市相对，指夜间进行的商业经营活动或交易场所。

夜市的出现是商品经济发展到一定水平的产物。周代因经济发展水平较低，可供交换的物品较少，市场一般是“日中为市”，傍晚便罢。后来随着商品生产和交换的发展及城市的繁荣，逐渐出现了朝市和夕市，乃至夜市。一般认为，夜市初兴于唐代中后期，宋代得到迅猛发展。

中唐以后，城乡商品交换日趋频繁，商业市场不断扩大，城市人口消费大量增加。坊市制度因之逐渐瓦解，其对商业交易地点和时间的限制不断被突破。在很多繁华的商业都市及农村集市中，夜市已广泛出现。开成五年（840 年），唐武宗敕令禁断京城夜市，表明当时长安和洛阳两京的夜市已很盛行。除两京外，夜市在南方的发展尤为引人注目。扬州、广州、成都、汴州、楚州、苏州、杭州、金陵等大城市，淮市、梓州、象州、湖州、蔡州、夔州等中小城市以及巴南、巴西、江南、长洲、峡中等地的乡村集市中都出现了夜市。其中扬州的夜市尤为繁华。王建的《夜看扬州市》一诗对此有生动描绘：

夜市千灯照碧云，高楼红袖客纷纷。
如今不似升平日，犹自笙歌彻夜闻。

从总体上看，唐朝夜市虽已不是个别、短期的现象，但仍局限于少数商业

① 参见宁欣：《内廷与市场：对唐朝“宫市”的重新审视》，《历史研究》2004 年第 6 期。

繁盛区，且多为供达官豪吏纵情声色的场所。因此，唐代夜市主要是以达官显贵和文人墨客为主体的小众化夜市。夜市真正的大众化到宋代方才完成。

北宋建立后，承认了夜市的合法性，但时间上仍有限制。从北宋中期开始，夜市逐渐呈现出空前繁荣的景象，在市场规模、营业时间、店铺种类、游客数量方面都有相当大的突破与发展。宋代各地州城和重要市镇都有夜市，以北宋东京和南宋临安的夜市最为著名。

东京夜市分布在南部的州桥和东北部的马行街、潘楼街、官桥等地，交易往往通宵达旦。马行街夜市往往持续到三更方才结束，到五更又重新开张。一些繁华闹市通晓不绝。北州桥夜市更加繁盛，车马拥挤，人几不可驻足。即使是在四周比较偏僻的地方的夜市上，也有各种包子、烧饼、灌肠和香糖果子之类。寒冬腊月，即使遇大风雪或阴雨天，夜市也照常开放。南宋临安的夜市也是四季不绝，每天三四更以后游人才稀，到五更时早市又开始了。除皇宫大内前面外，各处都是这样。

图 4-4　明·杨尔曾撰，陈一贯绘《海内奇观·杭州北关夜市图》

饮食小吃、酒楼、茶坊、瓦子勾栏及百货零售是宋代都城夜市共同的行业。小吃的种类繁多，从主食到副食、小菜、羹汤、甜品、凉饮、糖果，一应俱全，可以满足社会各阶层的消费需求，平民化、大众化的消费趋向非常明显。[①]在消费客体上，勾栏瓦舍的专业演出场所和专业艺人演出，成为宋代夜市娱乐经营的亮点，表现出突出的文化消费特征。[②]

① 参见许芳滋：《宋代夜市研究》，台湾中兴大学硕士学位论文，2009 年。

② 参见张金花：《试论宋代夜市文化》，《河北科技师范学院学报》2011 年第 1 期。

明清时期，随着商品经济的进一步发展，夜市更加普遍，尤其是在江南地区，夜市的规模和繁荣程度都达到了古代夜市的顶峰，成为包括普通市民在内的很多人追求享乐，甚至纵情声色的场所。（见图 4–4）

七、互 市

互市是历史上内地与边疆少数民族之间或不同割据政权之间由官方主导的的一种特殊的经济交往与沟通形式。不同时期有不同称谓，如“合市”“和市”“交市”“榷场”等。

最早的互市为汉初与匈奴和南越之间的贸易。魏晋南北朝时期，政治上的对峙并未阻断各方的经贸往来。魏、蜀与东吴之间，十六国的后赵、前秦和东晋之间均有互市。北魏文成帝在宋孝武帝即位后，遣使请求互市，获准。南方货物在北魏都城洛阳的市场上大量存在。各割据政权与周边少数民族间也有或多或少的互市贸易，如曹魏与鲜卑及羌人间的“胡市”，东晋与东南少数民族间的“夷市”等。

隋唐时期，互市贸易有了进一步发展。隋朝设有交市监管理互市贸易。河西地区是中外贸易的中转站，西域的胡商多到张掖“交市”。隋朝击败突厥后，于开皇十四年（594 年）在边境设市贸易，以粮食、布帛交换突厥的羊、马、毛皮等。唐朝经济繁荣，疆域辽阔，与边疆各族的互市贸易随之扩大。唐朝与突厥、吐谷浑、回鹘、高昌、羌、南诏、吐蕃、奚、契丹和渤海等都有频繁的互市贸易。唐朝改交市监为互市监，凡互市皆归其管理。当时还对互市时间、场所、交易商品种类等作了严格规定，一般一年一次，地点多在边关，金、铁、铜及丝织品的出境受到限制。

宋元时期，互市贸易成为各政权及民族间经贸往来的主要渠道。宋代与辽、西夏、金及蒙古之间均曾在边境上设立榷场进行贸易。宋辽澶渊之盟后，在雄

州（今河北雄县）、霸州（今河北霸县）、安肃军（今河北徐水）和广信军（今河北徐水西）设榷场，以香药、宝货、丝织品、漆器、茶等交换对方的银、铜钱、布、羊、马等。宋朝与西夏在延州（今陕西延安）、保安军（今陕西志丹）等设榷场，以丝织品、香药、漆器等交换其牲畜、药材，商贩如织，非常兴盛。宋金之间在盱眙军（今江苏盱眙）、光州（今河南潢川。后移光山县，即今河南光山）、枣阳军（今湖北枣阳。后移襄阳府，即今湖北省襄樊市襄阳区）、安丰军（今安徽寿县）等地设置榷场。宋方的货物主要有粮食、茶叶、手工业品、书籍等，金方主要是土特产品。通过榷场贸易，宋朝可获得一定数量的马匹，但因双方的敌对关系，这一数量不会太大，于是宋朝又在熙河路、秦凤路和广南路设司，与该处少数民族以茶易马。宋人黄彦平的诗句“蜀茶互市入西番，番马来嘶渭水寒”[①]就是对当时茶马交易的生动描述。

辽、西夏、金除与宋朝通过榷场进行贸易外，相互之间也设有榷场。辽在振武军（今内蒙古和林格尔）、宁江州（今吉林扶余东）等边界地区开设互市，与西夏、女真、回鹘等进行贸易。西夏边境上的镇戎军（今宁夏固原）、吴堡（今陕西吴堡北）、天德（今内蒙古乌拉特前旗东）、云内（今内蒙古呼和浩特西南）等地都设有榷场，与宋、辽进行贸易。金初曾在西北招讨司的燕子城、北羊城之间（今河北沽源西南）设置榷场，皇统元年（1141 年）又应西夏之请设置榷场。[②]

明朝的互市贸易主要围绕马匹展开。当时，朝廷在今甘肃、四川、青海等西部地区的多个地方开设茶市，设立茶马司统一管理与藏族的茶马交易。双方交易数量很大。洪武三十一年（1398 年），用茶 25 万公斤换得马 13500 多匹；万历二十九年（1601 年），用茶 400 余引换得马 11900 多匹。在东北地区，明

① （宋）黄彦平：《三余集》卷二《欢喜口号》，1917 年南城李之鼎宜秋馆刻本。

② 参见陈振主编：《中国通史》第 7 卷《中古时代 · 五代辽宋夏金时期》上册，上海人民出版社 1999 年版，第 647 ～ 679 页。

王朝与兀良哈三卫及建州女真之间亦有互市，主要是通过绢布易马。与北方的蒙古族之间，由于和战不常，互市时开时闭，直到明后期俺答汗时方才走上正轨。明朝在山西、甘肃、宁夏等地开设 11 处马市与蒙古各部互市，每年开市 1 ～ 2 次，每次 3 ～ 15 天不等。俺答汗去世后，其夫人三娘子主政 30 年，努力维护了与明朝的和平交往，双方的马市互易更加兴盛。（见图 4–5）①

图 4–5　明朝与蒙古互市图

清朝统一全国后，中央政府积极加强与边疆民族的政治、经济联系，各民族之间的贸易往来更加便利，国家主导的互市贸易逐渐走向衰落，各族民众自由贸易的地位日益突出。

互市的产生主要是由内地农耕经济和边疆畜牧业经济生产结构的差异决定的。从历史上互市的内容看，中原地区出售的主要是铁器、布帛和茶叶，购入的主要是牛、羊、马等牲畜及边疆地区的土特产。唐代以后，因其对外销品作了严格限制，加上饮茶之风的盛行，茶马贸易在后世王朝互市中的地位越来越重要。互市对繁荣农牧业经济，改善农业区和牧业区的生产和生活结构，促进边疆地区的开发和各民族间的和平共处发挥了重要作用。②

① 采自王永强等主编：《中国少数民族文化史图典》第 3 卷下册，广西教育出版社 1999 年版，第 111 页。

② 参见魏明孔：《西北民族贸易研究：以茶马互市为中心》，中国藏学出版社 2003 年版，第 1 ～ 3 页。

八、北魏洛阳六市

北魏洛阳六市指北魏在坊市制度下于都城洛阳设置的金市、羊市、马市、四通市、大市和小市六市。

洛阳地处中原腹地，便于居中君临天下，北魏以前已有东周、东汉、曹魏、西晋等王朝在此定都,其商业随政权兴亡而时兴时废。北魏太和十七年(493年),孝文帝将都城迁到洛阳，并从长安等地迁徙手工业者10余万充实京师，洛阳商业迅速繁荣起来，在东晋三市的基础上发展为六市，成为北方的商业贸易中心。

金市、羊市、马市均是专业性的交易市场。其中金市位于宫城西北凌云台西、千秋门外，羊市坐落于城南，马市位于城东建春门外。小市是小本经营的小商贩和小手工业者进行交易的场所,位于城外东南孝义里东。它北面是殖货里，从名称上看也应是工商业者的聚居地，屠猪业比较有名。

六市中最重要的是大市和四通市。大市位于城西南西阳门外御道南侧，周长有4公里，市内店肆林立，各种商品按种类分段摆设，主要经营粮食、土特产品、手工业品等，也经营一些奢侈品和消费品。大市与其周边10个里坊共同构成了洛阳的主要商业区。它的东邻为通商、达货二里，居民都以屠贩为生；南面有调音、乐律二里，所居者多会弹琴、吹笛、唱歌，天下高妙的乐手都出自这里；西邻是延酤、治觞二里，里内之人多以酿酒卖酒为业；北面的慈孝、奉终二里都以租售棺材和丧车为业;相邻的还有阜财、金肆二里,富人多居于此。这10个里坊的名称均与工商业有关，并能反映其经营范围，所居多“工商货殖之民”。他们资产丰厚，生活奢侈，所居住宅豪华，所穿衣饰华美，所食皆山珍海味。

四通市位于城南宣阳门外，洛水南岸，靠近伊水和洛水，水陆交通十分便利，四通八达，故名为“四通”。洛水之上有浮桥曰“永桥”，市在其附近，故民间

俗称之为“永桥市”。它靠近四方各国归附之人和商使居住的四馆（金陵、燕然、扶桑、崦嵫）及四里（归正、归德、慕化、慕义），故其主要是针对各国商旅、归附者特定的贸易市场，繁盛程度不亚于大市。

水产品是四通市最有特色的商品。伊水与洛水之鱼多在此销售，洛阳士庶之家需要鱼都要来此购买。鱼味甚美，故有“洛鲤伊鲂，贵于牛羊”之说。附近的金陵馆、归正里所居都是南朝归附之人，他们不喜羊肉，而爱吃鱼，这一生活习惯亦促进了鱼市的繁荣。归正里中聚居南朝人 3000 余家，自行立市，所卖之物多是水族，当时人称为“鱼鳖市”，是四通市的重要组成部分。

四通市还是当时重要的外贸市场，居住在四夷馆和归正、归德、慕化、慕义四里的外国商人多在四通市进行贸易。当时从葱岭以西直到大秦，其间的众多国家无不倾心归附，大批胡商纷纷来到洛阳，各色奇珍异宝在那里都可买到。

洛阳作为都城，达官显贵等聚居于此，各种消费需求巨大。他们可从六市获得吃、穿、玩乐及老死等一应所需。这是洛阳市场兴盛的主要推动力。不过，洛阳商业的繁荣并不能改变我们对北朝商品经济总体不振的判断。

九、唐长安东、西两市

东、西两市是唐都长安的主要商业区。它们是中古坊市制度的产物。在这一制度下，作为商业区的“市”与作为居民区的“坊”被分开，市场设于专门划定的市坊。其中位于皇城东南的称“东市”，位于皇城西南的称“西市”。

唐长安城由外郭城、皇城、宫城三部分组成。皇城南有一条横贯城区的东、西向大街，宽达 120 米，是全城的交通干线。东、西两市就在这条大街之南，基本上处于城区的适中位置。不论是居住在城区北部的达官贵族，还是居住在城区南部的普通居民，购物都十分方便，同时也便于商人出入。

东、西两市各占两坊之地，长、宽各约1050米，面积约1平方公里。市场四面有墙，每面各有两门以供出入。市内有东西大街和南北大街各两条，纵横交错为“井”字，将市场分为9个交易区。每个区四面临街，各行业的店铺临街而设。负责管理市场的市署和平准署位于“井”字街的正中位置。除四条大街外，市内还有东、西、南、北四条沿墙街道和为数众多的被称为“曲”的小街小巷，两旁布满了各种店铺。

据20世纪60年代对西市的考古发掘，市内店铺稠密，几乎没有空地。店铺的面积一般在20平方米左右，最小者仅10平方米左右，最大的也只有30多平方米。根据店铺面积推断，东、西两市的店铺可达8万家，工商业人口可达30万人左右。市上商品种类非常丰富，琳琅满目，大致有粮食、纺织品、食品、衣服鞋帽、皮革、蔬菜花果、水产品、调料、饮料、燃料、肉品、生活用具、生产用具、牲畜家禽、文化用品、交通工具、建筑材料、家具、医药用品、丧葬用品、奢侈品及奴婢、房屋等20余个门类。市上同种商品聚在一起按行排列，东市就有220行，见于记载的主要有绢行、马行、铁行、肉行、鱼行、秤行、布行、笔行等，较之隋东都洛阳丰都市的120行有很大增长。①

东、西两市在格局上虽无多大差异，但受周边居住人群等因素影响，表现出不同的特色。西市及周边诸坊所居以平民为主，人口稠密，商人较多，其市面上小店肆林立，比较繁荣，有“金市”之誉。这里聚集了大量胡商，可视为长安的国际性贸易市场，从而使其呈现出较浓的异域色彩，市内有胡姬酒肆和为胡商存储货物的“波斯邸”。（见图4–6）东市周边以官僚贵族住宅居多，进京公干的官员和赶考的读书人多往来于此，故其高档店铺多。东市在繁荣程度上不及西市，但有文化气息，如市内有很多文具店，还有雕版印刷行业，印刷品远销敦煌等地。

---

① 参见薛平拴：《长安商业》，西安出版社2005年版，第140～143页。

随着东、西两市商业的繁荣，金融业也兴盛起来。经营个人典当抵押的质库、办理钱款收存和支付业务的柜坊、接受货物寄存并收取手续费的寄附铺等金融机构不断涌现，金银珠玉商、绢帛商、邸店经营者等大资本商人也兼营金融业。东市周边的进奏院是经营飞钱汇兑业务的重要机构，对长途贩运商人尤为便利。他们只要在某地进奏院存入一定钱款，即可凭票据到另一地支付。

图 4-6　唐代三彩釉陶胡人骑卧驼俑（中国国家博物馆藏）

官府对东、西两市有一套相当完善的市场管理制度。每天正午击鼓 300 声，表示开市；天黑前击钲 300 声，表示闭市。闭市后，市场管理人员要关闭市门。另对物价、度量衡、市场秩序、市容、货币流通、商品质量、商税征收等都有详尽规定，以保障交易公平顺利地进行，严禁欺行霸市。

有唐一代，在长安还设置过南市等，但其存在时间皆不长，只有东、西两市一直存在，且比较繁荣，是长安作为全国性商业中心和重要国际经贸中心的重要载体。

十、四大名镇

“四大名镇”是清代湖北汉口镇、江西景德镇、广东佛山镇和河南朱仙镇的合称。它们或商业繁荣，或手工业发达，都曾盛极一时。汉口和佛山还与北京、苏州一起被称为“天下四聚”，是当时全国有名的商业都市。

汉口镇位于湖北东部汉水与长江交汇处，交通便利，被称为“九省通衢”，其发展主要得益于此。明成化年间，汉水下游河道改道，新水口两岸地盘开阔，

港湾水域条件良好，可通行巨舶沟通汉水与长江的航运，为汉口发展提供了良好条件。明万历年间，漕粮与淮盐的大额转运及随之而来的商人集中、物资集散、贸易频繁，使汉口成为“商船四集，货物纷华，风景颇称繁庶”[①]的贸易中心。清乾隆时，汉口已成为“九州之腹心，四方之孔道”[②]，仅船码头就有 8 处，帆樯满江，各地商人集中于此，会馆、公所达 20 处，牙行达数百家，出现了“十里帆樯依市立，万家灯火彻宵明”[③]的繁荣景象。汉口成为中南地区最大的商品集散地。市场上商品充盈，品类繁多，以盐、米、典当、木材、花布、药材六个行业为大。道光时有了进一步发展，船码头增至 20 余处，会馆、公所增至 38 处，原来六大行的地位被银钱、铜铅、油腊、绸缎、布匹、杂货、纸张、药材八大行取代。鸦片战争前，八大行年贸易额达 1.8 亿两白银。除这几个行业外，其他各种商品的年贸易额也有 2200 万两。[④]到近代，汉口辟为商埠，成为四大名镇中唯一没有衰落的城镇。中外商人都汇集于此，商品种类和商业行业较前增多，商业贸易得到了进一步发展，对外贸易的发展尤为突出。在 20 世纪的最初 10 年里，汉口对外贸易额始终占全国对外贸易总额的 10% 以上。1911 年，汉口城市人口已经达到 59 万，成为一个具有相当规模的近代大城市。（见图 4–7）[⑤]

图 4–7　清后期汉口景象

景德镇号称“瓷都”，从

① 乾隆《汉阳府志》卷十二《地舆》，清乾隆十二年刻本。

② 乾隆《汉阳府志》卷十二《地舆》，清乾隆十二年刻本。

③ 民国《夏口县志》卷十八《艺文志一・文诗》，1920 年刻本。

④ 参见吴慧主编：《中国商业通史》第 4 卷，第 163 ～ 166 页。

⑤ 采自北京大学图书馆编：《烟雨楼台：北京大学图书馆藏西籍中的清代建筑图像》，第 51 页。

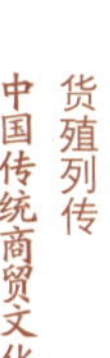

宋代起就以瓷器生产闻名于世，入明以后成为全国的制瓷中心之一。朝廷在此设立御器厂，其生产只求精巧，不惜工本，由此使制瓷技艺更趋精进。明后期，景德镇瓷器行销国内外，大量被运往欧洲。清前期，瓷业发展达到高峰，产品在工艺和花样上都超过了前代。18 世纪，中国与欧洲的瓷器贸易亦达到一个高点，英、法、荷、丹、瑞典等国先后在广州等地设立代理行，通过广州商行向景德镇定制瓷器。雍正、乾隆年间，全镇有民窑二三百区，工匠人数达几十万，制瓷业年产值 300 万～ 400 万两白银。清中期，景德镇人居稠密，商贾喧阗，市井错综，物类荟萃，繁华程度与一些大城市无异。鸦片战争后，尤其是太平天国运动时期，景德镇制瓷业遭受重创，此后虽逐渐恢复，但光景却已是今非昔比。

佛山镇是南方著名的手工业城镇，其崛起得益于丰富的矿藏资源与优越的地理位置。佛山一带拥有丰富的铁矿资源，加之明清两代长期规定两广一带冶炼的铁锭都要运往该镇加工，从而使其冶铁和铁器制造业得以兴盛，并成为其支柱产业。在清代康乾时期，佛山有炒铁工人 5000 ～ 7000 人，加上铸铁行业及其他铁行的工人，其拥有的工匠当在 3 万人以上。佛山铁器因为质量优良而远销各地，康熙年间开放海禁后还成了重要的出口商品。此外，成药、染纸、民间手工艺、五金加工、金属制箔、衣帽鞋制品、造船、泥水建筑、砖瓦灰炉、竹木藤器、骨角皮毛筋器、涂染料、炮竹、漆器、乐器、文具、食品酿造、纸伞等业也很兴盛。佛山周围环绕着大小 12 条河流，水陆交通发达。手工业的发展和交通的便捷带动了商业贸易的繁荣，至康熙年间，其繁荣程度已超过省城广州。吴震方的《岭南杂记》卷上就称：“佛山镇离广州四十里，天下商贾皆聚焉。烟火万家，百货骈集，会城（按：指广州）百不及一也。”嘉庆、道光年间，佛山商业和服务业达 70 多个行业，工商店铺在 3000 家以上，来自全国各地的商品有三四千种。当地产品也远销国内各省及南洋、澳洲、美洲和越南等地。乾隆至道光年间，设有 18 省会馆及 22 家洋馆。道光时期，佛山商业发展至顶峰，“川

广、云、贵各省货物皆先到佛山，然后转输西北各省，故商务为天下最”[①]。鸦片战争后，西方的商品倾销严重打击了佛山的手工业，使之日渐衰落。

朱仙镇位于河南开封西南，作为开封外围的水陆交通联运码头，其商业从明嘉靖、万历年间开始兴起，清康熙、雍正时迅速发展，乾隆年间臻于鼎盛。全镇面积达120多平方公里，有民商4万余户，人口20余万。河道上每天往来的船只达200余艘。镇内街道宽阔，店铺林立，超过千家。商业以转运贸易为主，杂货业尤盛。本地出产货物有炮竹、年画、红纸、香、豆腐干、油、酒、醋等，以木版年画最为有名。（见图4–8）[②]此外，山西、陕西的皮毛、木材、铁货、桐油由此转输东南；北京、天津的食盐、杂货由此销至省内各地；江西、福建的茶叶、瓷器、纸张，江浙的绸缎、鞋帽及湖广的大米、糖、首饰和茶叶等由此转销西北。清中期以后，由于黄河泛滥，朱仙镇遭水淹，从此逐渐衰落。

图4–8 清代河南朱仙镇年画《日进斗金》

十一、开封相国寺庙市

开封相国寺庙市是中国传统社会中存续时间较长的著名庙市之一。它兴盛于宋代，后虽屡经坎坷，但一直延续至今。

大相国寺位于今河南开封，始建于北朝，初名“福慧”。唐朝中叶，睿宗因旧封相王而即皇帝位，于延和元年（712年）诏改现名。北宋定都开封后，相国

① 民国《佛山忠义乡志》卷十四《人物志·货殖》，1926年刻本。
② 采自王树村：《河南朱仙镇年画》，黑龙江美术出版社2001年版，第59页。

寺在皇帝的眷顾下得以迅速发展，成为东京著名寺院之一，最盛时有大小院落60余座，殿堂屋宇四五百间。

北宋都城东京寺庙很多，庙市亦众，以相国寺庙市最为有名。相国寺位于内城南部，位置优越，又南临汴河，交通便利，加上寺内庭院宽阔，游客如云，是进行商业活动的理想场所。

一般庙市大多每年一次或数次，北宋相国寺庙市却是每逢三、八日及初一、十五开市，每月交易8次，实际上演变成了定期商贸市场。宋人直接称之为“瓦市”，与从事文艺演出的“瓦子”有相同含义，即“来时瓦合，去时瓦解”，表明相国寺庙市已成为大型商贸和游乐市场。另外，相国寺位于京师，四面八方到京师的商人多集于此，其由此也成为全国著名的货物集散地。

相国寺庙市规模很大，贸易兴盛，货物齐全，摊位分类明确，举凡服饰、书籍、字画、碑帖、笔墨、玩好、杂货、药品、果实及饮食等无所不有，来自日本的画扇、大理的刀及高丽的一些货物亦不罕见，另有货术（类似骗术）、算命、看相、卜卦、玩杂技者及女乐等掺杂其间。由于市上珍玩很多，让人极易破费钱财，故其又被称为“破赃所”。孟元老的《东京梦华录》卷三“相国寺内万姓交易”条对寺内瓦市的商业特色有详细记述，大致如下：寺院大门处卖的是飞禽、猫、犬之类的动物，珍禽奇兽无所不有。第二进山门处全是各类日常应用的什物；庭中设有彩色幕帐和露天的售货摊，出售蒲草席、竹席、屏帐、洗漱之具、马鞍子、缰绳、嚼子、弓剑、时令鲜果、各种干果、腊肉之类。靠近佛殿处，孟家道院王道人的蜜饯、赵文秀的笔及潘谷的墨占据了固定位置。两边走廊都是各寺院的尼姑卖刺绣、领抹、花朵、珍珠翡翠、头饰、各色镶嵌金钱的幞头、帽子、假发制作的头髻、贵妇的冠子、丝带之类的饰物。大殿后资圣门前，全都是图书、奇珍异宝、图画及各路卸任官员从四面八方带来的土产物品、香料药材之类。后廊都是占卜卖卦

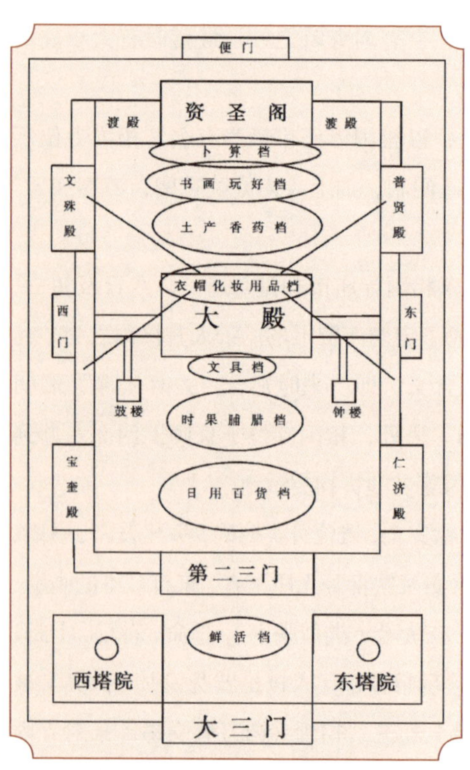

图 4–9 北宋相国寺市场摊档分布图

和出售各类画像的人。（见图 4–9）①

相国寺庙市不仅是普通百姓购买生活用品之所，也是文人士大夫搜罗珍稀典籍、字画、古玩、文房四宝等的地方。黄庭坚曾在书市上购得宋祁《唐史稿》一册。米芾在此购得唐王维和南唐画家徐熙的真迹。金石学家赵明诚和词人李清照夫妇亦经常典当衣物后来此选购书籍碑帖，时有收获。

北宋灭亡后，东京为金人占领，相国寺庙市仍然存在，但盛况不再。明代有所恢复，但明末又因开封被水淹而成为一片废墟。至清代，相国寺又部分重建，庙会逐渐恢复，货物充盈，游人毕集，成为开封城的一处胜地。所有地皮和住房由寺僧按天或按月收租，庙市只在白天进行。每年正月、二月间最为热闹，寺内摊贩密布，拥挤不堪。1927 年，冯玉祥改相国寺为“中山市场”，使之成为开封的一处商业娱乐活动场所。20 世纪 80 年代，相国寺市场得以恢复，成为全国闻名的商业批发市场。②

① 采自段玉明:《相国寺——在唐宋帝国的神圣与凡俗之间》, 巴蜀书社 2004 年版, 第 256 页。

② 参见开封市地方志编纂委员会编：《开封市志》第 6 册，北京燕山出版社 2001 年版，第 371 ～ 372 页。

十二、北京大栅栏

大栅栏，北京话读作“大拾烂儿”，位于北京前门大街西侧，东西走向，全长 270 多米，宽约 9 米，从明代开始就是北京最繁华的商业街之一。它原名“廊房四条”。乾隆年间，京城内外大小街巷设立护门栅栏。该处各店铺为保安全，在胡同两端建起了两座既高大又坚固的木栅栏，同其他地方的栅栏不一样，因此被称为“大栅栏”。时间一长，“大栅栏”一名逐渐取代了其原名，并被官方绘制的《乾隆京城全图》采用，一直流传至今。

大栅栏兴起于明前期。永乐帝迁都后，为活跃京城商贸，便将南京 2.7 万商户迁徙至北京，许其在前门、鼓楼等地建房居住和经营，时称“廊房”。前门外向西逐渐形成了四条东西走向的街巷，由北向南依次称为“廊房头条”“廊房二条”“廊房三条”和“廊房四条”。这里聚集了不少前店后坊的店铺，经营靴鞋、帽子、刺绣、丝织、挑花、熔炼金银等。嘉靖时，廊房头条至四条的商业已有相当规模，经营的商品有江南的锦缎、三梭布、纸张、瓷器以及各地的药材、干果、海味、香料、桐油、果料、生铁等。

清朝定都北京后，许多原居于内城的商人和普通民众被迁到大栅栏，这里的商业更加兴盛。雍正、乾隆以后，由于廊房头条、廊房二条地处高岗，交通不便，廊房三条只是一个死胡同，其商业逐渐转向单一行业；而廊房四条因街道低平宽阔等，其商业向着多种行业与综合商业发展，繁盛程度逐渐超过了前三条，旋又因该处之大栅栏而被习惯性地改称今名。道光年间，杨静亭在竹枝词《都门杂咏·大栅栏》中描述了其繁华景象：

画楼林立望重重，金碧辉煌瑞气浓。

箫管歇余人静后，满街齐响自鸣钟。

咸丰到光绪年间，大栅栏饭馆、烟店、药铺、靴帽店、绸缎店、干鲜水果店、洋

图 4–10　大栅栏旧照

广杂货店、戏园等应有尽有，店铺林立，鳞次栉比，热闹非常。光绪二十六年（1900 年）五月，义和团放火焚毁专卖西药的老德记大药房，结果火势无法控制，大火烧了一天一夜，包含大栅栏在内的京城前门外最繁荣的商业地带惨遭涂炭。庚子事变后，各家店铺经过修复和重建，多在光绪二十八年（1902 年）重新开业。之后几年，前门东、西两侧分别修建了京奉铁路和京汉铁路车站，两条铁路沟通了南北交通，来自全国各地的旅客和商人在此流动，大栅栏逐渐恢复了以往的繁华景象。（见图 4–10）①

大栅栏以行业齐、店铺多、档次全为特征，集中了许多著名的老字号店铺，有的甚至是从明代延续下来的，极大地提升了其知名度。如清末和民国时在这里营业的祥义绸布店、聚庆斋饽饽铺、瑞蚨祥绸布店、瑞蚨祥皮货店、厚德福饭庄、豫丰关东烟店、一品斋靴鞋店、老德记大药房、屈臣氏药房、长和厚绒线店、长盛魁干果店、精明眼镜行、东兆魁帽店、天惠斋鼻烟铺、步瀛斋鞋店、张一元文记茶庄、同仁堂、宏仁堂、达仁堂以及大观楼电影院等 20 多家店铺都是驰名北京的老字号，其中最著名者当数同仁堂药店和瑞蚨祥绸布店。

同仁堂药店由乐显扬于清康熙八年（1669 年）创建，康熙四十一年（1702 年）迁至前门大栅栏路南。雍正元年（1723 年），同仁堂供奉清宫御药房用药，独办官药近 200 年，既提高了同仁堂的声望，也为其后来的发展提供了雄厚的财力基础。同仁堂素以药品精、疗效好、讲信誉、服务佳而闻名。清嘉庆、道光年

① 采自丁维峻：《北京的老字号》，第 54 页。

间人张子秋在《续都门竹枝词》中写道：

都门药铺数同仁，丸散人人道逼真。
纵有岐黄难别味，笑他若个术通神。

瑞蚨祥绸布店开办于清光绪十九年（1893 年），原为山东章丘人孟雒川在大栅栏开办的土布庄，后经营有方，规模逐渐扩大，经营品种也日益增多，增加了绫罗绸缎、皮货等高档商品。到清末民初，瑞蚨祥已成为北京最大的绸布店。（见图 4–11）[①]此后，瑞蚨祥又分别于 1903 年、1906 年、1911 年和 1918 年在大栅栏先后开办了东鸿记茶庄、西鸿记茶庄、鸿记皮货店、鸿记绸布店四处新店，几乎占了大栅栏半条街。[②]

图 4–11　北京瑞蚨祥旧照

① 采自丁维峻：《北京的老字号》，第 179 页。

② 参见王永斌编著：《北京大栅栏》，北京燕山出版社 1991 年版，第 1 ～ 37 页；张金起：《百年大栅栏》，重庆出版社 2008 年版，第 1 ～ 60 页。

第五章 商业交通

商业繁荣与发达的商品流通密不可分。而商业交通线路的开辟是商品流通的基础，没有畅达的商业交通，大规模的商业活动就无从谈起。传统商人通过艰辛探索，构建了四通八达的水陆交通网络，不仅覆盖了全国，还扩展到国外。商业交通网络的开辟与完善还离不开国家的推动和参与，大运河的开凿即是如此。

有些交通线路长期充当某种或某几种商品的贸易通道，人们就会以商品名来命名这些古道，如“丝绸之路”“茶马古道”等，但商贸通道的意义绝不止于物资的流通。商贸通道的开辟与发展势必伴随着大规模的人员流动，随着这些人员在经商地区或国家的长期留居，其就有了移民通道的意义；人员的往来亦会带来文化的交流，从这一意义上来说，商贸通道也是文化交流之路。

一、陆上丝绸之路

陆上丝绸之路简称“丝路”，指中国古代经中亚通往南亚、西亚以及欧洲、北非的陆上商业贸易通道。它形成于公元前 2 世纪到公元 1 世纪间，至 16 世纪仍旧使用。因大量中国丝和丝织品多经此路西运，故有此称。“丝绸之路”这一名称是由德国地理学家李希霍芬（F.Richthofen）在 1877 年首先提出的，原指两汉时期中国与中亚、印度之间以丝绸贸易为媒介的交通路线。其后，德国历史学家赫尔曼在《中国和叙利亚之间的古代丝绸之路》一书中提出把丝路延伸到地中海西岸和小亚细亚，确定了其基本内涵。

“丝绸之路”的名称产生虽晚，但它所指称的这条贸易通道却很早就已存在。汉代以前，中国丝绸已经西北各民族之手少量地辗转贩运到中亚、印度。西汉武帝时，派张骞凿空西域，丝绸之路得以畅通，大量丝帛沿此路不断西运，同

图 5-1 敦煌张骞出使西域壁画摹本

时西域各国的“珍奇异物”也输入中国。（见图 5-1）[1] 此后，王莽当政时和东汉时期，西域虽几度因政局波动暂与汉朝中断联系，但商业往来未受很大影响。东汉和帝永元九年（97 年），甘英受命出使大秦（古罗马帝国），最终抵达安息西界的西海（今波斯湾）沿岸。他虽未能到达古罗马帝国，但罗马商人自此却顺着这条丝绸之路来到洛阳，标志着丝绸之路真正贯通，成为欧亚大陆便捷的经济和文化交流通道。

后世各朝，丝路上的东西交往进一步繁荣。唐代诗人张籍的《凉州词》生动描绘了当时丝绸之路的繁忙：

边城暮雨雁飞低，芦笋初生渐欲齐。

无数铃声遥过碛，应驮白练到安西。

唐都长安、洛阳及其他重要都市都有大量胡商，呈现出国际都会的风貌。（见图 5-2）从 9 世纪末到 11 世纪，东西方海上往来逐渐频繁起来，加之丝路贸易的安全难以保障，这条陆上通道的重要性慢慢降低。元朝时期，东西方驿路通畅，丝路又繁兴一时。明朝采取闭关政策，虽出

图 5-2 唐墓胡商牵驼壁画（河南洛南新区安国相王孺人唐氏墓）

① 采自国家文物局编：《丝绸之路》，文物出版社 2014 年版，第 116 页。

嘉峪关经哈密去中亚的道路未断，但陆上丝路作为中西交通路线已远不如海路重要了。

陆上丝绸之路绵延7000余公里，在中国境内约1900公里。其基本走向奠定于两汉时期，大致东起汉代长安，出陇西高原，经河西走廊到达敦煌；再由敦煌西出阳关或在玉门关分为南、北两道。南道自阳关出发进抵楼兰，沿塔克拉玛干沙漠南缘和昆仑山北麓西行，经且末（今新疆且末南）、于阗（今新疆于田）、莎车、蒲犁（今新疆塔什库尔干），出明铁盖山口，沿兴都库什山北麓喷赤河上游西至大月氏、安息（今伊朗）等地。另外，自南道还可由莎车前往罽宾国（今克什米尔）及乌弋山离（今阿富汗西北部的赫拉特一带）。北道则沿天山南麓西行，自玉门关西出过白龙堆（罗布险滩）至楼兰，经车师前王庭、焉耆、龟兹（今新疆库车）、姑墨（今新疆阿克苏）至疏勒（今新疆喀什）。由此通过捐毒（今新疆乌恰西北）翻越帕米尔高原抵大宛，由大宛西北行至康居、奄蔡。从康居南下，也可抵大月氏和安息。[①] 隋唐时期，又开辟了从瓜州北玉门关经伊州、北庭、轮台，越伊犁河至碎叶进入中亚的道路，即北新道。在上述干线外，还有许多支路。随着不同时代政治和宗教形势的演变，各路线的重要性也不同，且不断有新的道路开辟。因此，丝绸之路并不是一条明确的路，而是一个通道，或是一个交流带。这个通道是东起中国，西达欧洲，连接欧亚大陆的交通带。

陆上丝绸之路是古代东西方商贸往来的重要通道。通过这条道路，中国的丝绸、茶叶、瓷器、漆器等物品传入西方；西方的胡麻、胡桃、胡萝卜、胡瓜、葡萄、石榴、琥珀等传入中国。早在波斯阿赫门王朝时期，伊朗就已经与中国通过丝绸之路进行贸易往来。在中亚，粟特商人也十分精通丝绸之路的贸易活动。早在4世纪，中国长安等一些城市中就大量集聚着粟特商人。

① 参见陈尚胜：《五千年中外文化交流史》第1卷，世界知识出版社2001年版，第64页。

图 5–3 来自中亚的胡旋舞
（敦煌莫高窟壁画）

陆上丝绸之路不仅是东西商业贸易之路，而且还是中国和亚欧各国间政治往来、文化交流的通道。中国的“四大发明”通过丝绸之路在欧洲近代文明产生前陆续传入西方，成为资本主义生产方式发展的必要前提。中国的纺织、制瓷等工艺技术，绘画等艺术手法，儒家、道教思想，也通过此路传向西方，或多或少地给某些国家以影响。西方的音乐、舞蹈、绘画、雕塑、建筑等艺术，天文、历算、医药等科技知识，佛教、祆教、摩尼教、景教、伊斯兰教等宗教，也都通过此路先后传到中国，并产生了广泛影响。（见图 5–3）丝绸之路至今仍是东西方友好交往的重要象征。①

丝绸之路是人类文化交流史上规模空前宏大、持续时间最久远的陆上交通大动脉，由其体现的“和平合作，开放包容，互学互鉴，互利共赢”的精神千百年来薪火相传，推动了人类文明进步，是促进沿线各国繁荣发展的重要纽带，是东西方交流合作的象征，是世界各国共有的历史文化遗产。② 2013 年，中国提出了共建“丝绸之路经济带”的重大倡议，得到有关国家的积极响应，古老的丝绸之路将焕发新的生机，发挥更大的作用。

---

① 参见《中国大百科全书》总编委会编：《中国大百科全书》第 21 册，中国大百科全书出版社 2009 年第 2 版，第 45 ～ 47 页。

② 参见国家发展改革委等：《推动共建丝绸之路经济带和 21 世纪海上丝绸之路的愿景与行动》，人民出版社 2015 年版，第 1 页。

二、海上丝绸之路

海上丝绸之路简称“海上丝路”，是古代中国与世界其他地区进行经济文化交流的海上通道的统称。相对于“丝绸之路”的命名来说，“海上丝绸之路”的提法出现得更晚，直到 1913 年才由法国东方学家沙畹在其所著的《西突厥史料》一书中首次提及。

海上丝绸之路由两大干线组成：一条是东海航线，也叫“东方海上丝路”，即由中国通往朝鲜半岛、日本列岛的东海航线；另一条是南海航线，也称“南海丝路”，即由中国通往东南亚及印度洋地区的南海航线。

东方海上丝路萌芽于春秋战国时期的齐国，秦汉时期开始成熟。汉至隋唐，东方海上丝路一直通畅，具体路线是从山东半岛的登州（今山东蓬莱）出海，经庙岛群岛到辽东半岛后，再沿海岸线南下至朝鲜南部沿海，过日本对马岛抵九州。这一时期，朝鲜半岛诸国、日本与中国的官方往来，包括商贸活动都依赖这条航线。据日僧圆仁所撰《入唐求法巡礼行记》一书记载，唐代有许多民间商船活跃在中国、朝鲜半岛、日本之间的海上航线上。朝鲜半岛上的新罗人张保皋曾依靠这条航线建立了覆盖东亚地区的商业网络。宋代因战争影响，民间海上贸易受到严重干扰和阻塞，但官方的朝贡贸易和海上往来依然繁荣。

南海丝路起源于西汉时期广东的徐闻港，兴盛于唐时的广州港。到元朝时，泉州成为当时全国第一大港，也是南海丝路的典型代表。南海丝路航线最早是从徐闻、合浦出发，经南海进入马来半岛、暹罗湾、孟加拉湾，到达印度半岛南部的黄支国和今天的斯里兰卡。宋元时期，这条丝路继续向西、向南延伸，活动范围大为扩展，与非洲各国有了新的联系与交往。这一时期，沿海各港口空前繁荣，很多都开通了通往东南亚、南亚，直到中东、西亚的航线。

明朝时，海上丝绸之路的南北航线达到最大程度的交融，郑和率领的庞大

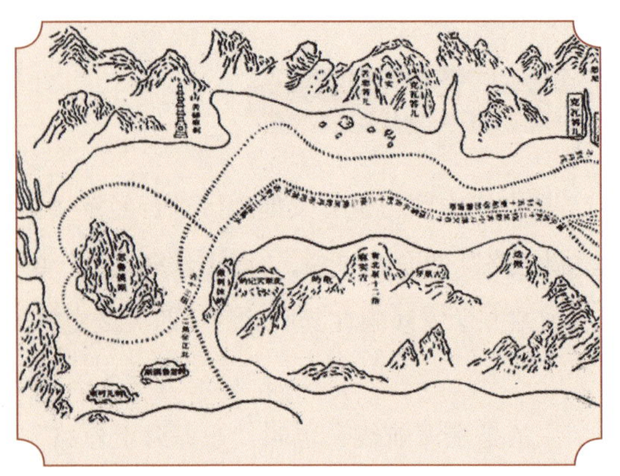

图 5–4 郑和航海图（明·茅元仪《武备志》插图，局部）

船队 20 余年间七下西洋，遍访亚非三四十个国家，开创了中国远洋航海的新时代，也使海上丝绸之路达到极盛。（见图 5–4）明末清初的海禁政策虽使海上丝路一度被阻隔，但官方与民间的商贸活动并未完全禁绝。康熙十七年（1678 年）开放海禁后，海上丝路贸易虽有一定发展，但已风光不再。南海丝路受到西方“大帆船贸易”的严重挤压，只能萎缩在东南亚一带。近代以来，中国海权沦丧，沿海口岸成为西方倾销商品的市场，海上丝路一蹶不振。

海上丝绸之路是重要的商贸交易通道，唐中叶之后已取代陆上丝绸之路的地位，成为中外经贸往来的主要通道。它虽以丝绸命名，但运送的货物并不限于丝绸。隋唐时期，丝绸是这条海上通道运送的主要大宗货物。宋元时期，除丝绸外，瓷器、茶叶已成为重要的出口货物。在东南亚、伊朗、印度、巴基斯坦以及远在非洲的摩加迪沙、桑给巴尔、埃及等地，都发现了大量的中国瓷器或瓷片。通过这条海路进入中国的主要有香料、象牙、犀角、玉米、番薯、洋葱、药物和奇禽异兽等。

图 5–5 唐·阎立本《职贡图》

因此，海上丝绸之路又称“陶瓷之路”“香瓷之路”或“香丝之路”。（见图 5–5）

海上丝绸之路也是古代中外文化交流的重要途径。唐朝的政治制度、文学艺术、宗教信仰、礼仪服饰等向韩、日传播，高丽乐、天竺乐进入中国都是通过东方海上丝路实现的。日本从 630 ～ 894 年共派遣了 19 批遣唐使，除 3 次未能成行外，其余 16 次全通过东方海上丝路进入中国学习、交流；新罗与唐朝的关系更为密切，以各种名义向唐派出使节达 126 次，而唐亦向新罗国派使节 34 次。明代郑和从西洋返回时，许多国家的使者甚至国君本人都搭乘郑和宝船来华，并带来特产珍奇，返程时又带回更多的“礼物”。

海上丝绸之路既把希腊、罗马、埃及、波斯、印度和中国等世界文明古国连在一起，又把埃及文明、两河流域文明、印度文明、美洲印加文明等世界文明的发源地和中华文明连接在一起，形成了连接亚、非、欧、美的海上大动脉，使这些古老文明通过海上大动脉的相互传播而放出异彩，给世界各族人民的文化带来巨大影响。[①]

三、大运河

大运河是中国古代贯通南北的水路交通大动脉。它起自北京，途经河北、天津、山东、江苏、浙江六省市，终至杭州，故又称“京杭运河”。它沟通了海河、黄河、淮河、长江、钱塘江五大水系，全长近 1800 公里，分为七段——北运河（包括通惠河）、南运河、会通河（包括济宁以南的泗水河段）、黄河航运段、淮扬运河（不同时代又叫“邗沟”或“江北运河”）、渡江段和江南运河，是世界上开凿时间较早、距离最长、规模最大的人工运河。

① 参见陈炎：《略论海上“丝绸之路”》，《历史研究》1982 年第 3 期；杜瑜：《海上丝路史话》，社会科学文献出版社 2011 年版，第 10 ～ 183 页。

大运河初凿于春秋，贯通于隋朝，繁荣于唐宋，取直于元代，重整于明清，经历了漫长而曲折的历史变迁。春秋末年，吴王夫差挖邗沟，开通了连接长江与淮河的运河。邗沟开通后，从战国到魏晋南北朝，历代都先后开凿了一些规模不太大的运河，其中部分运河成为大运河某些河段的基础。隋朝是大运河建设的高潮期，先后动用数百万人开挖了通济渠、永济渠，整治和疏浚了邗沟、江南运河，形成了一条以洛阳为中心，北至涿郡（今北京）、南达余杭（今浙江杭州），全长 2700 多公里的南北水运大动脉，实现了大运河的全线贯通。

唐、宋两代对大运河继续进行疏浚整修，先后修建了一批引水、蓄水工程，还培堤筑岸，以利漕运纤挽，并兴建了不少堰埭和闸，使大运河日臻完善，从而实现了长达数百年的繁荣。元朝定都大都（今北京）以后，漕运的目的地由中原转到了北方，大运河改线东移。元朝自至元二十年（1283 年）开始，用了 10 年时间先后挖通济州河、会通河、通惠河，并建设闸坝，渠化河道，不再绕行河南的开封与洛阳，完成了大运河的重大改线。改直后的大运河比隋代大运河缩短了大约 900 公里，成为现代京杭大运河的前身。

明朝永乐九年（1411 年），为解会通河水源不足，运输量受限的弊病，工部尚书宋礼于东平戴村筑坝引汶水至南旺镇向运河南北分水，解决了会通河的水源问题。为使运河免受黄河泛滥的影响，并避开 180 公里的黄河航程，隆庆元年（1567 年）开南阳新河，把南阳至留城间的一段运河从昭阳等湖西移至湖东。万历三十二年（1604 年）开泇河，运河自夏镇（今山东微山县城）经台儿庄至宿迁西入黄河。从此，大运河不再经徐州，既避免了黄河的干扰，又缩短了航程。清康熙二十七年（1688 年），河道总督靳辅从宿迁之清口开中运河，代替此段运河，实现了运河河道与黄河河道的完全分离，保证了京杭大运河的畅通。至此，大运河最后定型。咸丰五年（1855 年），黄河在河南兰封（今河南兰考）铜瓦厢决口北徙，夺山东大清河入海，大运河全线断航。清朝后期和民国时期，曾几度倡议治理运河，但未能付诸实施。

大运河是南粮北运的重要通道。明清时期，每年400万石左右的漕粮全赖此河运送。国家也容许商船航行，并准许漕船北上和回空南下时免税附带一定数量的土产货物进行交易，使运河也成为南北商贸往来的运输大动脉。道光四年（1824年）以前，平均每年通过漕船附带的南北货物达420万石，已超漕粮定额，若加上走私及民船的运量，则更为可观。临清、天津、通州是运河北段的中转枢纽，沟通了东北和西北市场。北部边疆的人参、木耳、皮张、毡货、木材、马匹等产品由陆转河大量销往内地及南方。运河南端以杭州为货物中转站，连通了东南沿海市场。广东、福建等地的货物多由陆路或水路运至杭州，再从杭州装船通过运河运至北方，北方各地的货物也多在杭州下船南运。杭州还是运河沿线与海外联系的重要港口，由此把各类商品销往东南亚、日本等地。

大运河上流动的南北货物不仅数量巨大，而且种类繁多。具体说来，可分两大类：一是农副产品。如南方的大米、柑橘、香蕉、槟榔、茶叶、木材、竹器，北方的小麦、大豆、花生、芝麻、棉花、梨、红枣、柿饼、核桃、瓜子、杏仁、药材等土特产品。二是手工业产品。如南方的瓷器、红白糖、丝绸、布匹、铁器、纸张、明矾、桐油、金银首饰、象牙雕刻、南酒、缝衣针、铜扣，北方的煤炭、食盐、陶器、毛货、皮货、麻织品等。这些货物大部分由运丁水手在沿途销售，剩余的南北商货分别由重运、回空漕船带往京师或南方售卖。如果船行迅速，不仅会使沿途商贾居民获利丰厚，而且可使南北货物得以流通；一旦船只中途迟滞，京城百货价格亦会因之上扬。运河区域崛起了一批城镇，通县、天津、德州、临清、济宁、淮安、扬州、杭州等城市迅速扩大，成为重要的贸易中心。[①]

---

① 参见《中国大百科全书》总编委会编：《中国大百科全书》，第57页；张照东：《清代漕运与南北物资交流》，《清史研究》1992年第3期；陈之安等：《运河文化论纲》，于德普主编：《运河文化（山东）文集》，山东科学技术出版社1998年版，第15～24页。

四、茶马古道

茶马古道指中国西南边陲的古道。由于唐宋以来在该古道上贸易的商品主要是茶和马，故称。

茶马古道的基本路线主要位于四川、云南、西藏境内，并可辐射广西、贵州、甘肃、青海、新疆等，国外则可直接到印度、尼泊尔、不丹和东南亚的缅甸、越南、老挝、泰国，再向外围扩展可延伸到南亚、东南亚和西南亚的一些国家。茶马古道主要有南、北两条主干线，即滇藏道和川藏道。滇藏道南起云南茶乡普洱，经下关、丽江、维西、中甸（今云南香格里拉）、德钦，西进西藏拉萨，又经亚东，越过喜马拉雅山口，经印度噶伦堡到加尔各答。川藏道以今四川雅安一带产茶区为起点，首先进入康定，在这里又分成北、南两条支线。北线从康定向北，经道孚、炉霍、甘孜、德格、江达抵达昌都（即今川藏公路的北线），再由昌都通往卫藏地区；南线则是从康定向南，经雅江、理塘、巴塘、芒康、左贡至昌都（即今川藏公路的南线），再由昌都通向卫藏地区，国外则到达尼泊尔、印度和克什米尔地区。①

茶马古道的起源可追溯至唐朝。当时，茶叶和饮茶之风传到青藏高原。藏区不产茶，所需茶叶全赖内地输入，但唐朝拥有大面积的养马草场，战马来源问题并不突出。茶马古道的大规模开通与汉藏间茶马贸易的兴起应在宋代，亦即吐蕃王朝的分裂时期。此时饮茶习俗已逐渐普及，造成藏区对茶叶需求量的骤增，而宋朝为对抗辽、夏、金的侵扰，需要大量战马。彼此的急迫需要催生了茶马贸易的兴盛。北宋时官府用川茶交换的藏区马匹每年达2万匹以上，南宋时达1万

① 参见张永国：《茶马古道与茶马贸易的历史与价值》，《西藏大学学报》2006年第2期。

匹以上；两宋时期四川年产茶 1500 万公斤中至少 750 万公斤销往藏区。[①]

崛起于北方蒙古高原的元朝不乏战马，故仅收茶叶课税，并不以茶易马，官方的茶马互市不复存在。由于青藏高原上的民众早已离不开茶，茶叶继续从四川等地沿着先前的通道源源不断地输入藏区。当时，销往藏区的茶开始形成一种新品种，即“西番茶”(即今所称“马茶”)，因其味苦，适宜制酥油茶，深受藏区民众喜爱。

明代继承了宋代垄断茶叶和以茶换马的政策，茶叶来源地从四川、陕南扩展到湖南，以川茶为主、湖茶为辅，所换马匹来源主要依赖甘青安多地区。为强化茶叶在汉藏之间的联系作用，成化六年（1470 年）明令西藏僧俗官员入贡由四川路进入。自此，川藏道成为入藏正驿，集贡道、官道为一体，成为茶叶输藏的主要通道。明代是汉藏茶马贸易的极盛期。从 1490 ～ 1601 年的百余年中，仅四川、陕西等地行销甘青藏区的茶叶，每年少则 15 万公斤，多则可达 40 万公斤。[②]

清康熙以后，茶马互市逐渐停止，但藏区对茶叶的需求却有增无减。清廷也逐渐放松对藏区茶供应的限制，使茶叶大量输入藏区，带动了汉藏贸易的全面发展。过去以茶马互市作为主要内容的贸易通道，商品种类逐渐多样化，茶马互市之道已成为马帮托运茶、羊毛、鞋靴、牛羊皮、哈达、麝香、烟草、虫草、红花等各种商品的通道。第二次世界大战中后期，滇缅交通线被日军切断，茶马古道再度受到重视，成为大西南后方主要的物资运输和贸易往来通道，为中华民族的抗战做出了不可磨灭的贡献。

千年茶马古道通过茶马贸易推动了沿线区域许多城镇的形成，促进了这些地区经济的发展。打箭炉是输藏川茶的集散地和川藏道的交通枢纽，迅速发展成一个商贾云集的城市，出现了专营茶叶的茶叶帮，专营黄金、麝香的金香帮，

① 参见石硕：《茶马古道及其历史文化价值》，《西藏研究》2002 年第 4 期。
② 参见陈光国：《青海藏族史》，青海民族出版社 1997 年版，第 325 页。

图 5-6 19 世纪末四川打箭炉全景

专营布匹、哈达的邓布帮，专营药材的山药帮，专营绸缎、皮张的府货帮，专营菜食的干菜帮，以及专营鸦片、杂货的云南帮，等等。1908 年，由打箭炉厅改为康定府。（见图 5-6）① 昌都既是川藏茶路与滇藏茶路的交汇处，又是川藏南、北两路到拉萨汇经之地，各地茶商云集，迅速成为“口外一大都会”。理塘、巴塘、道孚、炉霍等集镇都因茶叶集市和转运迅速兴起。

五、闯关东

闯关东是指清代和民国时期华北民众迫于生计向关东大地移民的活动。它既是中国历史上一次空前的移民壮举，也是山东等地商人大力拓展市场范围的壮举。

关东，泛指由今辽宁、吉林、黑龙江三省及内蒙古东部构成的东北地区，明以前多称“辽东”。清入关后，因其位于山海关以东，故称“关东”。从历史上看，内地向东北移民由来已久。从秦汉时期开始，中原每遇战乱、灾荒，便有百姓往东北避难求生。不过，一般所说的“闯关东”是指清朝和民国时期山东、河北、

① 采自北京大学图书馆编：《烟雨楼台：北京大学图书馆藏西籍中的清代建筑图像》，第 58 页。

山西、河南等地百姓去关东谋生的活动。

为恢复惨遭破坏的东北经济，也为补充满人入关造成的人口损失，顺治时清政府鼓励关内民众到东北屯垦。然而前往者的大量增加又引起了清廷的担心。康熙七年（1668 年），清廷废招垦令，正式推行封禁政策，严禁边民越过边墙打猎、采参、放牧、耕种。到康熙中期，在辽河沿线等地修成了一道壕沟，沟上植柳，或筑土为堤，堤上种柳（即“柳条边”，又叫“边墙”），择地设立关卡，阻止移民进入。尽管有边墙的阻隔与律法的惩处，但直到清中期仍有大量流民设法冲破封禁，进入东北地区谋生。咸丰、同治年间，沙俄不断侵扰北部边疆，东北防务吃紧，而人丁严重不足，这就迫使清政府改弦更张。咸丰十年（1860 年），清廷宣布移民实边，东北局部开禁。光绪二十一年（1895 年），清军在甲午战争中惨败，东北的空前危机促使清廷发布一系列招民实边的谕旨，以实际行动宣告全面开禁。光绪三十年（1904 年），借日俄战争在东北爆发之机，东北全面开禁。

1904 年以后，关内移民东北的浪潮持续高涨。因山东半岛与辽东半岛距离较近，加之山东地区人口压力大，山东人遂成闯关东的主力。自 1911 ～ 1949 年的 38 年间，山东平均每年有 48 万人闯关东，总数超过 1830 万，留居东北的山东人达 792 万。九一八事变后，日本侵略者于 1939 ～ 1941 年从山东、河北等地抓捕 400 万人赴东北做劳工，这又是一种变相的“闯关东”。到中华人民共和国成立前后，东北的移民及其衍生人口已由明末的 300 万增加到近 4000 万。

山东人闯关东主要有两条路可走：一条是浮海。胶东一带农民闯关东都是飘洋过海到大连、庄河、丹东上岸，或留在辽河流域，或作短暂停留后直接北上吉林、哈尔滨、长白山区。另一条是陆路。鲁西、冀北的农民闯关东都走陆路。多数闯关东之人根本坐不起马车，只能徒步跋涉，风餐露宿，途中艰辛难以尽述。（见图 5–7）[①]

闯关东的移民除从事农业生产外，还大量经营工商业，推动了东北工商业

① 采自刘德增：《山东移民史》，山东人民出版社 2011 年版，前插页 7。

图 5-7 山东人徒步北上闯关东照片（1929 年）

的发展和城市化进程。在前往东北的各地商人中，鲁商居于绝对优势地位。

鲁商在东北的发展可分为三个阶段：从清初至咸丰十年（1860 年）是关东鲁商帮逐渐形成的时期。清康熙四十六年（1707 年），在边外行商力田的山东人有数十万之多。清乾隆十三年（1748 年），仅在宁古塔（今黑龙江宁安）和船厂（今吉林吉林）两地，山东等省贸易佣工者就有三四万人。为保护自身利益，鲁商开始在聚居地建立山东会馆，如康熙年间建立的宁古塔山东会馆、乾隆年间建立的金州山东会馆和盖州山东会馆、道光年间建立的吉林山东会馆、咸丰年间建立的营口山东会馆等。会馆的出现标志着关东鲁商帮的形成。从清同治元年（1861 年）至清光绪二十六年（1900 年）是关东鲁商帮日益壮大的阶段。这一时期，鲁商建立了一批大商业集团。如清咸丰年间，掖县吕士适兄弟在营口先后投资设立了宏顺东、合兴东等商号。清光绪四年（1878 年）后，吕氏家族又到辽阳投资，陆续开设了“顺”字七家联号：裕顺成、德顺成、大顺成、合顺成、东顺成、顺记西栈、永顺成。从清光绪二十七年（1901 年）到民国时期，关东鲁商帮臻于鼎盛。鲁商在传统工商业的基础上开始涉足实业、航运业和金融业，并成为一时翘楚。如掖县人张廷阁 1915 年在哈尔滨创办双合盛制粉厂；1920 年投资 100 万现大洋在松花江边兴建双合盛制革厂；1924 年承办奉天航运公司；1927 年创办兴记航运公司。至 1937 年，张廷阁领导下的双合盛公司总资本已达 182 万现大洋，成为当时哈尔滨最大的民族资本集团之一。据中国银行总管理处 1919 年编的《东三省经济调查录》，到民国初年，鲁商已遍及东北各地，

且具有极强的实力，如在奉天（今辽宁沈阳）、营口、安东（今辽宁丹东）、大连、长春、哈尔滨、黑龙江、黑河等较大的商业中心城市都占据主导地位，在辽宁海城、盖平（今盖州）、岫岩厅（今岫岩满族自治县），吉林榆树、扶余、通化、宁古塔（今黑龙江宁安）、桦甸，黑龙江桦川、珠河、佳木斯镇等中小城市都有规模不小的工商业。鲁商也能深入东北广大的中小城镇和村落，日本人小越平隆就称自己“旅行满洲各处，其与目相接者，皆山东店，为山东省移住之民所开设者也”①。总之，鲁商在清代以后是东北工商业界的主角，在东北社会经济的发展过程中扮演着举足轻重的角色，发挥了极其重要的作用。

鲁商在东北经营的行业随着时代演进而不断扩大。清初，他们在关东各地主要是开杂货店经营百货生意，或长途贩运粮食、木材、人参、棉布等。随着实力的增强，经营范围也不断拓展，涉及粮栈、货栈、杂货铺、当铺、钱庄、药铺、饭铺、皮货铺等10余类行业。他们多半还经营油坊、烧锅（酿酒）、制粉等实业，主要是满足人们日常生活所需。到了清末民初，一些资本雄厚的鲁商开始投身实业、金融业、航运业等。②

六、下南洋

下南洋是指东南沿海的民众漂洋过海到东南亚一带谋生的活动。

南洋包括今新加坡、马来西亚、印度尼西亚等东南亚11国。在中国古代文献中，这一地区先后被称为“南海”“西南海”“东西洋”，清代泛称“南洋”，后沿用至20世纪中期。“下南洋”在福建、广东、台湾一带也称“过番”，意指到南洋一带谋生。

东南亚与中国山水相连，自古以来便是东南沿海民众通商、移居的主要目的地。

---

①［日］小越隆平著，克斋译：《满洲旅行记》卷下，上海广智书局1914年版，第34页。

② 参见张利民：《“闯关东”移民潮简析》，《中国社会经济史研究》1998年第2期；余同元等：《关东鲁商》，齐鲁书社2009年版，第22～87页。

《汉书·地理志》中就有中国海商进入东南亚的记载。唐宋时期，中国海商已遍布东南亚沿海地区。他们把中国的绫绢、青白瓷器、纸、笔、布、草席、凉伞等货物运销南洋诸国。时人下南洋，乘的是风帆，要依靠季候风向，有些人错过返航季风，只好在当地住下来，待次年再北返。后随着贸易的发展，为便于商品交易，渐渐有中国人居住下来，而且一住就是很多年，并娶妻生子。这些人就是早期的华侨。

元、明两朝，中国的海外贸易与海上交通远较前朝发达，下南洋经商贸易的人更多，也愈加频繁。他们留居海外发展，有的联合起来，形成华侨商人集团，在海外建立商业据点。明中后期，国家虽多次发布禁令限制出海，但沿海居民下南洋贸易的行为却有增无减。到鸦片战争前，居住在东南亚的华人已有 100 万之多。这时，华侨开始分化，其中多数人从事零售业、手工业、种植业、采矿业，大多是小本经营，获利不多；也有一些人发财致富，成为腰缠万贯的商业巨子。

真正形成规模并影响至今的移民经商活动，则是近代的“下南洋”。鸦片战争后，清政府被迫允许西方各国在东南沿海招募华工。应募者因为要订立契约，所以被称为“契约华工”。数十年间，仅东南亚地区就有约 200 万华工前往务工。民国年间，下南洋之风依然兴盛不减，数百万人到南洋从事种植园、采矿、航运、金融、制造等行业。这一时期也有不少华人以自由劳工的身份前往东南亚从事商业、手工业与农业活动。①

下南洋的中国人在侨居国从事商业活动，负责管理海外贸易，收购当地土特产，销售该国货物，从而建构了一个联系中国与海外贸易的商业网络。这些人不仅赚取了巨额财富，彻底改变了自己与家族的命运，也多为当地政府所倚重。暹罗王室就曾表示：“如果没有华侨，宫廷什么买卖也做不成。”还有相当一部分华人从事裁缝、鞋匠、金匠、银匠、雕刻师、泥水匠等手工业，从事农业、

① 参见刘平：《“下南洋”：晚清中国人走向世界的艰辛历史》，《北京日报》2014 年 3 月 10 日。

园艺和渔业的也不少。下南洋的中国人就这样成了当地经济开发的主力军。他们的勤奋与努力改变了所在国经济落后的状况。英国的海峡殖民地总督瑞天咸也承认马来半岛的繁荣昌盛都是华侨促成的。[①]

下南洋的流民运动对流出地同样影响深刻。除缓解人口增长压力外，影响主要体现在经济领域，大量的侨汇增加了家庭收入和国家的外汇收入。更深远的影响要数华侨资本对国内的投资，中国第一家机器缫丝厂——继昌隆缫丝厂就是侨商陈启沅创办的，中国第一家民族火柴厂——巧明火柴厂也由侨商卫省轩创设。1862 ～ 1949 年间，华侨资本在国内的投资额高达 7 亿元人民币（1955 年币值）。[②]时至今日，这种影响依然存在。

七、走西口

图 5–8　山西省右玉县杀虎口旧堡南门

走西口亦称“走口外”，是指山西、陕西等地民众前往长城以外的内蒙古草原垦荒、经商的谋生活动。所谓“口”，原是指明隆庆以后在长城沿线开设的互市关口，后演变成为对蒙贸易的关卡。山西商人习惯称大同以东的张家口为“东口”，称大同右玉县杀虎口（见图 5–8）[③]以西的各口为“西口”。杀虎口距离归化城（今内

① 参见李长傅：《中国殖民史》，商务印书馆 1937 年版，第 211 ～ 212 页。

② 参见林金枝：《近代华侨投资国内企业史概论》，厦门大学出版社 1988 年版，第 35 ～ 36 页。

③ 采自丰若非等：《晋商五百年 · 走西口》，山西教育出版社 2014 年版，第 6 页。

蒙古呼和浩特）比较近，所以在一些人眼里，“走西口”也就等于“去归化”。

历史上的走西口活动主要经历了两次高潮：其一为康熙年间到乾隆年间（1662～1795年）；其二为光绪年间（1875～1908年）到1936年。走西口的人一般是通过杀虎口首先进入和林格尔和清水河，然后到土默特、包头等地，也有部分人到达鄂尔多斯达拉特旗、准格尔、河套平原及大青山以北地区。晋西北和陕北神木、榆林、府谷等地的人则出长城北上进入鄂尔多斯、河套平原等地，也有一些甘肃人自宁夏渡黄河进入鄂尔多斯、河套平原。一般来说，走西口者主要有三类：一是无地或有少量贫瘠土地但收成不足以养家糊口的贫苦农民及一部分手工业者，他们是走西口的主体；二是商人；三是躲避兵役和官司的人。[①]

走西口的商人以晋中地区的人为主，按其从商特点可分为四类：一是行商，肩背车载，周游蒙境，主要从事汉蒙贸易和中俄贸易；二是坐商，一般是指在城镇开设店铺的商人，其中大部分是从事小本经营的商人，另有部分为大商人；三是从事多种经营的商人，一般拥资较巨，除在城镇开设商铺外，还开设手工业作坊和账房，有的也从事骡马运输，或开设旅店及仓库等；四是从事票号钱庄者，清中后期随着内蒙古商业贸易的发展，票号、钱庄、当铺等在内蒙古各城镇中普遍兴起，不少晋商在经营金融业的同时也逐渐渗透到商业和手工业中。

明弘治以后出现的“货郎”是走西口晋商的先行者。当时，他们三五合伙，肩挑背扛，在晋北沿边地区和蒙古草原与蒙古牧民进行易货贸易，被蒙古人称为“丹门庆”（汉语“货郎”），汉人则称他们为“走草地的买卖人”。他们资本并不雄厚，开始时只在归化、张家口一带的商品集散地活动，或合股集资购买，或赊买大商号的一些茶叶、烟酒、布帛等蒙古牧民的生活必需品，远赴蒙古大草原各地奔波兜售。天长日久，聚沙成塔，很多人终成大业。乔家、渠家、常家、曹家等众多晋商巨子都是从辽阔的蒙古大草原上发家的。大盛魁商号就是由山

① 参见王俊斌：《近代历史上的“走西口”》，《山西档案》2007年第5期。

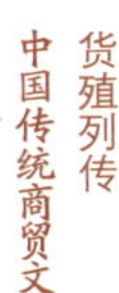

西太谷县肩挑小贩创办的，其前身不过是杀虎口的小店“吉盛堂”，后因善抓商机而发迹，获利丰厚，声名远播。

走西口的磨炼使晋商人才辈出，兴盛数百年。大盛魁与祁县乔氏“复”字商号等都在走西口商贸中把晋商的经营谋略发挥得淋漓尽致。蒙古牧民喜饮砖茶，大盛魁便自设茶庄加工“三九”砖茶；蒙古牧民需要结实耐穿的斜纹布，大盛魁便大量购进任牧民选购。走西口为山西商人带来了巨额财富。据说大盛魁的财产如果全部铸成 50 两重的银元宝，一锭挨一锭，能从库伦（今蒙古国乌兰巴托）一直铺到北京。①

走西口还打开了一条贯通俄罗斯的新商道。当时的中俄贸易中，茶叶占主要份额，早在明代，它就通过山西大同的茶马互市流入蒙古，继而输入俄国。清雍正以后，走西口的晋商开始垄断对俄茶叶贸易。道光十七年（1837 年）至十九年，每年从对俄贸易重镇恰克图输往俄国的茶叶都达 8071880 俄磅，价值 800 万卢布。（见图 5–9）② 恰克图最盛时有山西商号 60 余家。规模最大、经营最久的首推榆次常氏开办的大德玉、大升玉等商号。为更好地开展对俄贸易，他们开辟了一条以山西、河北为枢纽，南起中国福建、两湖，北越长城，横贯蒙古戈壁沙漠抵库伦，再至恰克图，进而深入俄境西伯利亚，又达彼得堡、莫斯科的国际商路。中国茶叶找到了更为广

图 5–9 清末恰克图茶叶交易市场

① 参见降大任：《走西口与晋商》，《山西社会主义学院学报》2008 年第 3 期。
② 采自张喜琴：《晋商五百年·万里茶路》，第 102 页。

阔的销售市场，从而惠及中外，名扬四海。

走西口的商人既是口外地区商业的开拓者与奠基人，也是口外商业发展最重要的支柱力量。不仅草原上星罗棋布的小城镇，就连张家口、归化、包头等塞上大商埠的兴盛都与晋商的活动息息相关。走西口的晋商销到蒙古地区的产品除茶叶外，还有布、绸缎、蔗糖、烟叶、麦粉、陶器、铁锅等，销量也相当可观。在深入蒙古大草原贩运商品的同时，走西口商人也把马、羊、骆驼、皮张、皮毛、蘑菇、药材等蒙古的土特产品运送到全国各地，仅乌兰察布盟每年销往内地的驼马就有10万余头，羊皮达40余万张。走西口的晋商还把汉民的生活方式、文化技术传授给牧民，如一些兼营手工业的晋商把熟皮、擀毡等技术带到牧区，促进了畜产品加工业的发展。①

八、赶大营

赶大营是指天津杨柳青商人从清光绪初年开始并持续到民国年间的赴新疆贸易的活动。

清末，中亚浩罕汗国军事头目阿古柏入侵新疆。光绪元年（1875年），陕甘总督加授钦差大臣左宗棠积极备战，至光绪三年（1877年）规复全疆。当时天津一带连年饥荒，兵祸不断，人们纷纷外出谋生。杨柳青一带的流动货郎就趁机联络数百名农民挑着担子，置备零售生活用品和常用中成药，跟着左宗棠的大军做小生意，因追随部队大营不断迁移，且处于西北边疆，故谓之“赶西大营”。战事停止后，已无大营可“赶”，后续的杨柳青人进疆谋生就称“上西大营”或“跑西大营”，这是“赶大营”的继续和延伸。进疆赶大营的人被称作“大营客”。杨柳青人赶大营主要集中在清光绪年间。自清军收复新疆后，涌向新疆谋业的

① 参见周建波：《旅蒙晋商在蒙古地区的开发与经营》，《中国地方志》2009年第2期。

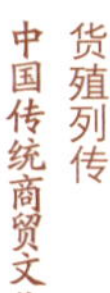

杨柳青人不绝于途，并长期沿袭肩挑小篓、边行边售的进疆方式。

赶大营货郎所做生意看似微小，但获利不菲，“一挑之货，几次转易，利即数倍，其能直至迪化者，盖已颇有积累。其魄力巨大者，即由行商而变为坐庄”①，加之善于经营，逐渐腰缠万贯。这对频受水灾、困苦不堪的杨柳青人产生了巨大号召力，人们前赴后继奔向新疆以图改善命运，一时有“三千货郎满天山”之说。1937年抗日战争全面爆发后，因交通受阻和货源断绝，赶大营迅速衰落。

光绪年间，杨柳青人赶大营的主要目的地是新疆的迪化（今新疆乌鲁木齐）。当时，从天津杨柳青出发有三条线路可达迪化：南路叫“走大路”。此路既可步行，又可乘驴、马、骡、骆驼代步。途经静海、沧州、德州、临清、馆陶、濮阳，过黄河到河南郑州、洛阳，抵达豫陕边界的潼关，再经西安、宝鸡、天水到兰州，过乌鞘岭、古浪，循长城脚下西抵凉州（今甘肃武威）、甘州（今甘肃张掖）、肃州（今甘肃酒泉），出嘉峪关，经玉门至星星峡，进入新疆的“苦八站”，之后才到哈密、迪化。此途全程4500公里，步行半年始能到达。中路走蒙古大草原。此路线从天津出发，沿北京、张家口、归化（今内蒙古呼和浩特）、百灵庙进入乌里雅苏台大草原。由此再分为两条路：一条向西经巴里坤、古城子抵迪化；另一条往西北，进入科布多经阿勒泰到塔城、伊犁。新疆战事平定后，商贩多利用此路线驼运大宗商品物资。北路叫“乘俄台”。俄台就是沙俄的火车。来去新疆的客商需要先从满洲里附近的俄国贝加尔斯克车站登车，顺西伯利亚铁路西行七昼夜抵达阿亚古斯车站，此处距新疆塔城还有250公里。再乘6天马车可进入新疆。全程约需25天，相较其他线路比较便捷。②

抗日战争前，天津商人在新疆开办的大小商号遍及全疆，先后有2000多家，号称“三千户”，多集中在北疆，且多为当年清兵进军的沿线大城。时伊犁惠远

---

① 茅盾：《新疆风土杂忆》，《茅盾全集》第12册，人民文学出版社1986年版，第146页。

② 参见谢玉明：《“赶大营”》，天津市口述史研究会等编：《丝路津商——“赶大营”资料汇编》，天津人民出版社2014年版，第51～52页。

城中居民 80% 是杨柳青人，街市店铺三四百家，九成以上由天津人开设，且有许多杨柳青人摊点，被称为“小天津”。迪化是天津商铺最多的城市，光绪二十年（1894 年）前后，该城主要大街 90% 以上的店铺是天津人所开，故该城有“小杨柳青”之称。最著名的有同盛和、复泉涌、永裕德、聚兴永、德恒泰、公聚成、升聚永、忠利祥八家津商，号称“八大家”。

“八大家”购运内地商品至新疆，资金足、规模大，南、北疆都设有分店。其中，同盛和京货店设店最早，其于光绪十一年（1885 年）创办，经销津沪百货、京广杂货、俄英洋货、绸缎布匹、海味水产等，以批发为主，于伊犁、塔城、古城子、吐鲁番、喀什噶尔、莎车、阿克苏、库车等地设分支机构。复泉涌酱园，光绪十二年（1886 年）创办，运销洋广杂货、京式糕点、酱菜山珍等，在伊犁、南疆诸地设有分号。永裕德京货店，光绪十三年（1887 年）创办，经销绸缎布匹、京广百货、土特产品、日用杂货，兼营货栈，在伊犁、喀什等地有分庄。德恒泰绸缎庄，光绪十三年（1887 年）创办，经营绸缎呢绒纱罗布匹、日用百货。① 正是通过这种大规模的商品贩运，杨柳青商人获利丰厚，“数百万资本（抗战前货币之购买力水准）者，比比皆是”②。

持续 70 余年的赶大营使 3000 余户，至少 15000 名杨柳青人移民新疆，成功开辟了从渤海之滨到天山南北的商贸大通道，使久已尘封的丝绸之路东段重新恢复了活力。赶大营奠定了新疆商业的基础，促进了边城的商业开埠，为新疆的繁荣与发展做出了历史性贡献。赶大营也促进了杨柳青乃至天津经济的繁荣，既为天津产品在万里之外找到了广阔的市场，又为天津提供了黄金、棉花、羊毛、药材等丰富的货源。

---

① 参见周泓：《晚近新疆汉人社会的生成》，《学术月刊》2014 年第 5 期。

② 茅盾：《新疆风土杂忆》，《茅盾全集》第 12 册，人民文学出版社 1986 年版，第 146 页。

第六章 商业政策

商业政策是国家对工商业和工商业者的政策，涉及国家与官私工商业及私营工商业者的关系。具体包括三个方面：一是国家对于官营工商业的政策；二是国家对于私营工商业的政策；三是国家对于私营工商业者的政策。

中国古代国家制定工商业政策的目的往往不是促进工商业的发展，而主要是满足统治者生活等的需要和增加国家的财政收入以维护统治。在此目的下，国家甚至直接参与商品生产和流通，扮演着“商人”的角色，与私营工商业者争利。先秦时期工商食官制度的主要目的就是在生产力水平较低以致剩余产品不丰富的情况下满足统治者的生活等所需。西汉武帝时开始大规模推行的禁榷、算缗与告缗、均输与平准等政策主要是为了限制当时私营工商业势力的迅猛发展，并解决当时的财政困难，国家在实施过程中直接参与盐、铁等禁榷品及其他大宗物资的生产或流通。重农抑商政策亦非真正抑制商业，其对国家充当“商人”并不限制，真正抑制的是私营工商业。市舶制则是垄断海外贸易之利的主要措施。

商业政策的制定除要考虑前述目的外，也要顾及商品经济发展的水平及商人阶层力量的壮大。故而到唐宋时期，无论是禁榷制，还是承袭均输与平准具体做法的市易法等，在具体实施过程中都允许商人参与其中，由国家完全垄断转向官商共利，这成为宋代以后禁榷制度等的基本发展趋势。

商业政策的制定有时还要基于政治统治的稳固。中古时代的坊市制就是为了将城市中的居民生活和商业活动限制在一定的区域内，通过时间和空间上的双重制约实现对城市及商业的管理。明清时期的海禁制度则是为防止沿海民众与海外发生联系而危及政治统治。

从总体上看，古代国家的商业政策大多不利于商业的发展。但先秦时期的齐国却基于本国自然资源的实际实行了“通商工之业”的国策，极大地促进了其经济的繁荣和国力的强盛。这一政策最终随着秦的统一而成为中国古代工商业发展史上的绝唱。

一、工商食官

工商食官制度是西周、春秋时期工商业发展的基本制度，同时也是国家对工商业的管理制度。

“工商食官”语出《国语·晋语》。“工”即百工，具体包括专门从事某项手工业的工匠、具体管理某项手工生产的工官和从事生产的工奴等。“商”专指官贾，既包括在市场上为国家出售商品、经营商业的官商，也包括负责官商的“司市”“贾正”之类官员。“食官”，即由官府提供生活所需。工商食官实际上是指西周、春秋时的手工业与商业活动的全过程都由官府垄断。

对官府来说，工商食官制度意味着其通过提供生产原料、工具设备和场所等，依靠工官及“司市”“贾正”等有效地控制工商业，完全占有所有工商业产品和收入，一方面可获得大量的手工产品，便于对有利于阶级统治的必需产品进行直接管理，在工商业发展水平不高的情况下优先保证掌控官府的贵族生活之需；另一方面可通过官营商业机构和人员垄断市场，操控物价，获得较高的利润。为管理方便，也便于就近为贵族服务，当时一般将这些官工和官贾集中于“国”（城市）中指定的地点居住，即《国语·齐语》所言“处商就市井”，但禁止其与贵族、平民混杂居住。

对工商食官制度下的手工业者与商人来说，工商食官的内涵远不止于其为官府加工，由官府供给生活这一项，还指这些服务于官府的手工业劳动者和商人族居世业的生活模式。首先是族居。聚族而居的主要原因，首先是可以维持一定的生产组织规模；其次是手工业劳动大多需要分工合作，且稳定的群居生活和凝聚的共同体之存在，有助于子承父业、技艺世袭。国家不破坏这些工商业者家族内部的血缘结构，也便于利用这种血缘关系对他们进行管理。其次是世业，即职业世袭，不能随便更换职业。保持手工业劳动者的职业世袭既可以保证手

工业技术的日益精湛，还可以保证官府手工业劳动者的来源。族居与世业二者相辅相成，和“食官”一起构成了“工商食官”的制度内涵。①

需要说明的是，工商食官制度只是指官营工商业在当时的工商业发展中占据绝对优势，并不是说当时不存在私人工商业，只不过后者的发展微乎其微罢了。到了春秋末期，由于社会生产水平的不断提高，独立经营的民间工商业者大量涌现，工商食官的格局受到了很大冲击，到战国时最终瓦解。

从总体上看，工商食官制度同生产力水平低下、商品经济尚不发达的社会阶段相适应，在铁制工具普遍使用之前，其存在具有合理性。就手工业来说，它促使个体经济的副业生产发展成一个独立的生产部门，并促使其水平不断提高。就商业来说，在当时农业所能提供的剩余产品数量尚属有限的状况下，官府的专卖专买在一定程度上使商品交换的品种增加。但是，由官府控制工商业，经营效益的好坏与具体承担者和直接管理者的利益相脱离，极大地限制了民间工商业的自由发展，不利于商品经济的发展和社会的进步。②

二、“通商工之业”

图 6–1　姜太公像

“通商工之业”是先秦时齐国发展经济的基本政策。以此作为发展经济、富国富民的治国方略，在各诸侯国中是绝无仅有的。

周灭商以后，为有效控制广大的疆土，实行分封政策，将有大功于周室的太公吕尚（见图 6–1）封于齐，都营丘（今山东临淄）。

① 参见陆德富：《战国时代官私手工业的经营形态》，复旦大学博士学位论文，2011 年。
② 参见马伯煌：《中国经济政策思想史》，云南人民出版社 1993 年版，第 467 ～ 468 页。

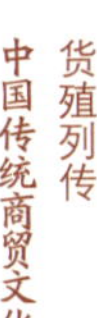

齐地多盐碱地，发展农业所需的土地条件较差，但其三面濒海，富有鱼盐之利。太公因地制宜，制定了“通商工之业，便鱼盐之利”[①]的政策，即在发展农业的同时，大力发展商工之业，谋取鱼盐之利。太公通过发展纺织、煮盐等手工业，为发展商业提供了充足的货源，并以丰富的手工业品和鱼盐换回了粮食等必需品。

从立国之始，工商业便受到齐国统治者的高度重视。进入春秋时期后，管仲相齐，继承了太公重视工商业的传统，实行“通商惠工”的开放性政策，注意发挥商业对搞活经济的作用。为发展商业，繁荣市场，齐国采取了许多积极措施和优惠政策。主要有：（1）立市建场，为商品交换提供场所。当时规定大乡要有大市场，小乡要有小市场。同时，加强市场管理，保持良好的市场秩序。（2）弛关市之征，以徕商贾。减少征税的关卡，简化入关手续，降低税率，有些情况下还完全免征。（3）修道路，建立客舍，解决商贾往来的食宿困难，以求实现天下商贾归之若流水。（4）大力发展对外贸易。充分利用齐国食盐及纺织品生产的优势，与其他诸侯国进行贸易。

“通商工之业”的政策给齐国带来了经济的繁荣和国力的强盛，为齐国成为春秋五霸之一和战国七雄之一奠定了坚实的经济基础。齐都临淄是当时繁华富庶、人口众多的大城市，也是当时列国间的贸易中心。

“通商工之业”的政策使齐国的工商业经营达到了很高的水平，丰富的经营实践推动了经济理论的发展与成熟，在此基础上产生了以管仲的经济思想及实践为核心的“轻重”理论，内容几乎涉及古代国家对社会经济进行宏观调控的所有重大问题。后世众多的政治家、理财家都以之作为制定经济政策的指导理论。对中国历史发展影响极大的重农抑商、禁榷制等政策都是“轻重”理论的具体实践。

“通商工之业”的政策还促成了齐国的工商业传统，进而推动了齐人商业精神的形成，并促使齐人功利性格和齐地逐利民风的形成。这种精神传统对后世

① 《史记·齐太公世家》。

山东社会的影响很大，甚至一直延续到今天。近代以来，胶东地区的崛起与繁荣，似乎让我们看到了当初齐人商业精神的复活。

三、重农抑商

重农抑商是中国历代王朝为维护财政利益和政治统治而推行的基本经济政策。

重农抑商政策包括重农政策和抑商政策两个方面：重农是指重视农业生产，以农业为社会经济的“根本”，视农业为“本业”，又称为“重本”；抑商是指抑制民间私营工商业的发展与壮大，以民间私营工商业为社会经济的“支末”，视其为“末业”，又称为“抑末”。重农抑商由此又称为“重本抑末”。重农抑商政策把重农和抑商统一起来，主张要实现重农就必须抑商，或者说必须实施抑商才能实现重农，抑商服务于重农。

重农抑商成为国家政策并得到切实推行，开始于管仲在齐国的改革。后来，商鞅在秦国变法时，将重农抑商政策作为国家的基本政策强力推行，实行了更加严厉、全面的具体措施，标志着重农抑商政策的全面成形。到韩非子（约前280～前233年）主政时，秦国明确了“农本工商末”政策，把工商业者视为国家的“五蠹”之一，明确主张铲除“五蠹之民”，抑商政策的极端化进一步强化。秦始皇统一全国后，在全国范围内推行“勤劳本事，上农除末”政策，甚至把商人和罪犯一同看待，多次遣发商人等到边境戍守，对商人加以严酷打击。

秦朝自商鞅变法以来的重农抑商政策，标志着中国古代国家重农抑商政策臻于成熟，对中国古代经济发展进程和社会发展进程产生了重大影响。自秦朝以后的历代王朝都将重农抑商政策作为一项基本国策加以推行，并由这一基本政策衍化出“轻商”“贱商”“鄙商”的观念和意识，形成一个包括意识、观念、思想和政策在内的有机整体，根深蒂固。一直到鸦片战争爆发前后，重农抑商政策才开始走向破产。重农抑商政策基本上与中国历代王朝相始终，其中秦朝、汉朝、唐朝、明朝、清朝

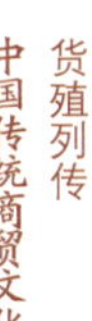

时期的重农抑商政策具有典型性，突出反映了国家对社会经济的干预和操控。

历代统治者把发展农业作为国家大事来抓，采取鼓励农业和抑制民间私营工商业的措施，将尽可能多的劳动人手固着于土地之上，最大限度地实现劳动力资源与土地资源的直接结合，以此来切实稳固和推动农业生产的发展，并从根本上维护国家政治统治，这是十分必要的，也是必然的。但是，历代王朝推行重农抑商政策，运用政治权力，采取超经济方式对民间私营工商业实施抑制打击，本质上是与社会经济整体发展要求和发展规律相矛盾的。重农抑商政策存在明显的思想认识缺陷和政策缺陷，即把农业与民间私营工商业简单对立起来，把民间私营工商业机械地看成是对农业具有危害性和破坏性的力量，只看到了农业与民间私营工商业之间的矛盾对立，而没有看到农业与民间私营工商业之间的联系互补，没有看到民间私营工商业对农业的促进拉动作用。这种认识缺陷和政策缺陷成为不少王朝推行抑商政策并严厉到极端化的思想根源。也可以说，由于思想认识上只看到了民间私营工商业对农业的危害，并一味强调夸大了这种危害，所以许多王朝在推行抑商政策时往往会走向极端化。历代推行的禁榷政策都是极端化的抑商政策。重农抑商政策的长期推行，严重干扰了社会经济的运行态势和运行结构，阻碍了社会的发展进步。①

四、禁榷制

禁榷制，今称“专卖制”，指国家对某些大宗商品的运销乃至生产限定专门机构独占经营和管理的制度。这样既可实现政府对经济的干预，也可与商人争利，增加国家财政收入。

① 参见刘玉峰:《中国历代经济政策得失》，齐涛主编:《资政通鉴》，泰山出版社2009年版，第55～71页。

禁，即禁止；榷，即独木桥。两者连用指某行业由官府垄断，禁止私人经营，利出一孔，犹如过独木桥。一般认为禁榷制源于春秋时期齐国管仲实行的“官山海”之策，即把山海资源收归国有，实行盐铁专卖。此后，禁榷制度为多个朝代或政权所采用，目的主要是通过垄断经营获得更为丰厚的财政收入。在历史上实行禁榷制的王朝中，以西汉、唐、宋最为典型。

西汉是禁榷制的定型期。汉初允许自由经营工商业，出现了许多因经营盐铁而巨富的富商大贾。汉武帝即位后，大举对外用兵，加上自然灾害频发及大兴土木，财政日益紧张，急需开辟新的财源。元狩四年（前 119 年），汉武帝任用齐地大盐商东郭咸阳和南阳的大冶铁商孔仅为大农丞，领盐铁事，让他们与桑弘羊共同策划盐铁官营事宜。具体做法是：在全国设立盐官（见图 6–2）和铁官专职负责盐铁事宜，铁器生产和销售统一由官府经营，禁止民间私营；盐允许私人生产，但产品由官府收购和销售。这项政策对当时获利最大，同时也是对国计民生影响最大、商品化程度最高的两种商品实行禁榷，很大程度上堵塞了私营盐铁的富商大贾的获利之途，从而把以前绝大部分流入盐铁私商手中的丰厚利润转入国库，为国家开辟了新的稳定财源。当时还实行了酒的禁榷，规定酒由官府自酿自卖，不许私人经营。武帝时的禁榷制度无论是在政策的具体内容和运作模式上，还是在禁榷商品的选择上都为后世提供了一个可供借鉴和参考的范例 。

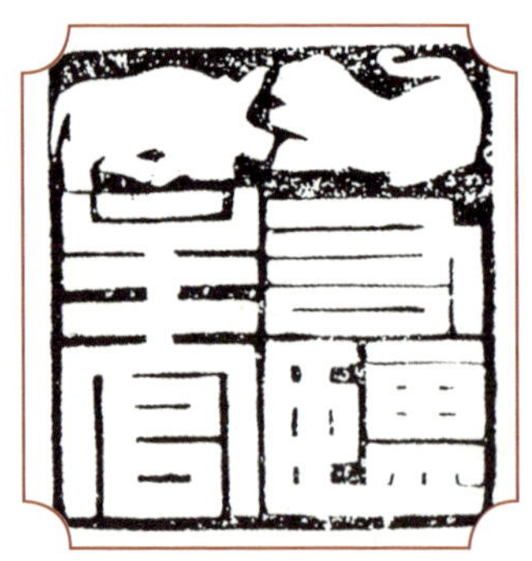

图 6–2 汉代“右主盐官”铜印印文（山东莱州出土）

唐代禁榷制有了进一步的发展。唐前期并未实行禁榷，但安史之乱后，国家财政日益困难，为广开财源，朝廷不仅对盐、酒实行禁榷，还基于当时饮茶之风盛行，从唐文宗太和年间开始把茶也纳入了禁榷的范围。从运作模式上看，唐代盐法由官营官销的直接专卖制转向官收商运商销的间接专卖制，由官府独利转变为官商共利，反映了禁榷制的发展趋势，对后世

影响很大。唐肃宗乾元元年（758 年），任命第五琦为盐铁转运使，开始榷盐，其仍采用汉武帝时的官营官销制，食盐的生产、收购、销售完全由官府控制。这种做法需要设置大量的机构和人员，增加了营销成本，效益不高，于是就有了理财名臣刘晏对盐法的改革。刘晏将商人和商业机制引入榷盐法，改官收官运官销为官收商运商销，国家只掌握食盐生产和总批发两个环节，将榷税寓于批发价格之中。刘晏的做法不仅可节省国家的财政开支，还可提高商人的积极性，使盐商成为国家榷盐制度的有力推行者。他的盐法改革最终取得了巨大成功，使盐利成为唐王朝财政的支柱之一。

宋代禁榷制在唐代的基础上继续发展和扩大。首先是禁榷的范围扩大，除盐、酒、茶外，香料、矾、醋等都被纳入其中。其次是专卖方式的复杂多变，虽几经波折，但总的来看仍是向着间接专卖制发展。除酒实行官酿官卖和民户买扑经营并行的制度外，其他商品的专卖几乎都实行了允许商人参与其中的钞引制。再次是专卖收入在宋代已接近两税收入，与两税一起构成宋代财政的两大支柱。

明清时期，禁榷制在商品经济的冲击下逐渐走向衰落。明初即废除了酒的专卖，只对关系国家大政的重要产品如盐、茶进行专卖。在运作模式上，则从明初的严密、封闭向明中后期与清前期的松弛、开放转变。食盐专卖由明初的开中制演变为纲运制，到清中叶纲法趋于瓦解，为自由通商的票法所代替；同治、光绪年间，纲法又“复活”。（见图 6–3）[①] 茶叶专卖在明初控制

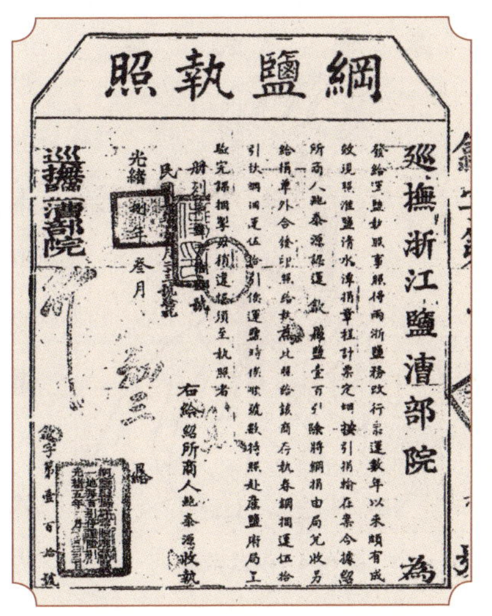
綱鹽執照
巡撫浙江鹽漕部院 為
光緒 年 叁月
鹽漕部院

图 6–3 清光绪年间的纲盐执照

① 采自王振忠：《徽州社会文化史探微》，上海社会科学院出版社 2002 年版，第 633 页。

极为严密，中后期由于“召商买茶”的实行，民间商人开始介入官方控制极严的茶马贸易中，最后导致商买茶制度的形成。至清中叶，官茶马贸易最终被废除，内地茶叶专卖更是有名无实，基本为民间自由贸易所取代。

禁榷制虽然增加了历代王朝的财政收入，在某种程度上有利于国家的稳定和发展，但这种国家利用政治权力对一些商品实行垄断的做法与商品经济的发展趋势相矛盾，以致最终影响了社会经济的发展，其必然因为商品经济的冲击而走向衰微。①

五、算缗与告缗

算缗是西汉武帝（见图 6–4）时为解决财政困难而实施的向工商业者征收财产税的政策。告缗是为确保算缗的实施而采取的辅助措施。

图 6–4　汉武帝像

“缗”，本义为丝，当时人们以之串钱，故被用作货币和计税单位。缗钱就是用丝串起来的钱。一串一千钱，即“一缗”或“一贯”。算，本义是“数”，汉代常用作征收赋税的计算单位，每算数额不尽相同；或用作动词，意指征税。所谓算缗就是向工商业者征收财产税；告缗则是向官府告发隐匿财产者。

汉武帝即位后，发动了对匈奴的战争，加上大兴土木与自然灾害频发，使得财政入不敷出。为解决危机，其试图通过造皮币、白金，废半两

① 参见林文勋等：《中国古代专卖制度与商品经济》，云南大学出版社 2003 年版，第 1 ～ 376 页。

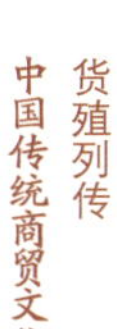

钱，更铸三铢钱等币制改革措施从富商大贾手中要钱。令其始料未及的是，这不仅未能增加财政收入，反而为商人和高利贷者提供了囤积居奇的良机，使之大发横财。于是，汉武帝在元狩四年（前 119 年）接受御史大夫张汤和侍中桑弘羊的建议，颁布了旨在打击富商大贾的算缗和告缗令。具体内容如下：

（1）凡从事物品买卖，放债取利，在都市囤积货物或进行贩卖营利的工商业主、高利贷者、囤积商等，不论是否经过登记取得经营商业的权利和身份，即不论有无市籍，都要据实向政府呈报自己的财产数量，并规定凡二缗抽取一算（即 120 文）。一般手工业者，其所有物品折价计钱，每四缗抽取一算。

（2）除官吏、掌教化的乡官三老和北方边防骑士外，凡有轺车（一种轻便的小车）的，一乘抽取一算；贩运商的轺车，一乘抽取两算；船长 5 丈以上的，每艘抽取一算。

（3）隐瞒财产不报，或呈报不实的人，罚戍边 1 年，并没收财产。敢于告发者，政府赏给其没收财产的一半。

（4）禁止有市籍的商人及其家属占有土地，违抗法令者没收其包括土地和奴婢在内的全部财产。

尽管在此之前，西汉已实施过算轺车和商人缗钱的临时性措施，但此次算缗以“令”的方式发布，表明其将作为制度长期实行，内容上也有很大变化。首先，征税对象范围扩大。以前只限于有市籍的商人，而这次是不管有无市籍，凡是从事工商业和高利贷活动的人一概纳税；不仅仅针对商人手中的现钱征税，而是扩大到其所有财产。其次，税率提高。以前是每万钱抽取一算，而这次规定商人 2000 缗就要出一算，税率提高了 5 倍。[①]

法令公布后，全国只有河南一个经营畜牧业发家的商人卜式积极配合，其他富商大贾皆争相隐匿财产，以偷税漏税。法令中虽有告缗的内容，但似乎未能切

① 参见安作璋：《算缗与告缗：谈西汉的抑商政策》，《文史知识》1982 年第 12 期。

实推行。元鼎三年（前 114 年），国家又重申了告缗令，从而掀起了一场声势颇大的告缗运动，持续达 3 年，结果告缗遍天下，中等以上的商贾之家大都被告发，其上亿的财物及大量的田宅和成千上万的奴婢被没收，不少商贾倾家荡产。

算缗还可说是正当征税，一直延续到汉末；而告缗却是明火执仗的抢劫，不能长期实行，只能偶尔为之。西汉政府凭借政权的力量将大工商业主和高利贷者的财物收归国有，使国家收入大大增加，对于缓解财政危机，抑制可能在经济上与政府抗衡的商人的实力有明显的效用。但这是一次空前的抑商运动，极大地限制了工商业者的经营活动，一度导致商人减少和物价腾贵现象的发生，民众也不再蓄积财物从事经营，只图一时吃穿得好一些，因之迟滞了商品经济的发展。

算缗和告缗对后世产生了深远影响。首先，富商大贾经过算缗、告缗的打击后，转而以经营田产为主，大都以地主的合法身份出现，外事田业，内殖财货，使商业资本更加紧密地依附于地主经济。[①] 其次，告缗“这种以强制手段剥夺一部分民众财产以充实国库的做法……在历史上开了一个不好的先例。中国传统专制国家这一行政习惯的形成，显然受到汉武帝政治成功的启示”[②]。“并且，如果政府经常用这种办法解决财政问题，势必降低政府的公信度，打乱经济的正常运行，为社会发展带来无穷的后患。”[③]

六、均输法和平准法

均输法和平准法都是西汉武帝时在理财家桑弘羊主持下推行的由国家参与

① 参见冷鹏飞：《中国秦汉经济史》，人民出版社 1994 年版，第 102 页。

② 王子今：《走向大一统的秦汉政治》，齐涛主编：《中国政治通史》第 3 卷，泰山出版社 2003 年版，第 144 页。

③ 齐涛主编：《中国古代经济史》，山东大学出版社 2016 年版，第 264 页。

或控制商业经营以增加财政收入的举措。

均输法是指国家利用各地贡赋收入为本钱，对某些大宗商品进行地区间远距离的贩运贸易，以调剂物资余缺。

汉代规定各郡国每年都要向中央贡输土特产，但往往出现如下情况：道远的郡国所耗运费往往超过贡物的价值；贡物因在长途运输中受损或变质而造成浪费；有些在当地属上品的贡物运到京城后，与他地同类贡物相比，却属不值钱的次品。此举既劳民伤财，也使国家蒙受较大损失。

元鼎二年（前 115 年），桑弘羊任大农丞。为解决贡输之弊端，他建议推行均输法，获得汉武帝批准，从而在一些地方试行。具体做法是：各郡国把贡物按当地正常的市价折合为一定数量的土特产品，不必再运至都城，而是就地交给均输官，由其运往缺少这些物品的地区出售。这实际上是官府直接从事运输贸易，与商人争利。元封元年（前 110 年），桑弘羊以搜粟都尉代理主管全国财政经济的大农令后，便在全国各地均设立均输官，由大农部丞数十人划片垂直管理，在全国建立了一个官营商业网，使均输得以普遍推行。

均输法为国家开辟了新的利源，实施了仅 1 年就取得显著成效，给国家上缴的利润达 500 余万匹绢帛，不仅提高了财政收入，还进一步减少了原先郡国贡输时人力和物力的浪费。

元封元年，桑弘羊又向汉武帝奏准实施平准法，实际上就是由官府来吞吐物资，平抑价格。具体做法是：在大农领导下于长安设置一个名叫“平准”的机构，由平准令负责。各地运至京城的贡物，均输官所购物品运往京师的部分，大农诸官掌握的物资，官手工业产品中用来出售的部分都储存于其中。当长安市场上某商品价格上涨，平准就以较低的价格抛售；若某商品价格过低，平准就大量收买，使物价保持相对稳定，并强化对市场的控制和管理。

均输与平准都是汉武帝统制经济、垄断财利的政策和措施。它们的意义在于：首先，使国家直接控制市场，增加了收入；其次，能使积压的货物随时得

以调剂并流通，加上部分贡物或租赋商品化，又使市场呈现某种形式的繁荣；再次，可以限制商业资本和私营商品经济的发展，阻塞兼并，达到重农抑商的目的。①

桑弘羊的均输法和平准法有很大影响，后世许多理财家都效仿其法。

唐刘晏曾继承平准法，在各道设置巡院作为市场管理机构，要求巡院把商品供求、价格高低变化及其他经济信息及时上报，由此指挥各地巡院吞吐物资、调剂供求,“权万货轻重”，以保持物价的稳定和市场秩序的正常。

北宋王安石变法时，就实行了旨在保证京城供应的均输法。北宋建立后，财赋物资仰给东南，在淮南路、江南东路、江南西路、两浙路、荆湖南路、荆湖北路六路设置发运使，负责采购各类物资并运至京师。其法日久生弊：一是发运使既没有掌握京师诸仓的物资储备情况，也不清楚朝廷对各种物资的具体需求情况；二是发运使每年采购运输的物资固定而不能变通，在丰收物贱之年、便于运输之地不敢多采购，而在歉收物贵之年、运输困难之地又不能少采购。这就经常造成贡输物资与实际需求之间的严重脱节，或导致巨大的财政浪费，或为一些善于投机钻营的商人抬高物价,获取暴利提供了机会。熙宁二年(1069年)七月，为革除上述弊端，宋神宗根据王安石的建议颁行均输法，具体做法是扩大发运使的权限，让其在预先了解京师库藏状况和实际需求的前提下，由国库拨给资本，根据东南六路财赋的具体情况合理安排杂买、税敛、上供，既要做到“徙贵就贱”(即在灾荒歉收、物价高涨的地区折征现钱，再用现钱到丰收的地区贱价购买上供物资),又要做到“用近易远”(即在多个地区同时丰收物贱时，就到距离较近、交通便利的地区购买)。均输法把政府采购和官营商业运作结合在一起，强化了国家对商品流通和交易领域的监管调控，提高了财政资金使用效率，增加了国家财政收入，排挤限制了富商大贾的经营空间和对市场的操纵

① 参见罗义俊：《汉武帝评传》，学林出版社2008年版，第167～168页。

控制。[①]无论是在设计理念上，还是在具体做法上，王安石的均输法都明显地借鉴了桑弘羊的思路和做法。

七、坊市制

坊市制是中国古代城市中划分居住区和商业区的市场和城市管理制度。

中国古代城市的规划，首先是确定官府各机构的中心地位；然后是居民区，谓之“里”或“坊”；再就是把居民区与市场分开，即坊、市分治。坊、里与市都有一个固定不变的范围，形状大体为正南正北的豆腐块式地区。其大小基本一致，四周有墙包围，各有一定的门径出入。无论坊、里之门，还是市门，出入都有专人监督。市场的集散与市门的启闭都有固定的时间。市场内店铺排列成行，谓之次、肆或列肆。卖买皆市开而入，市罢而散。这种将居民区与商贸区严格划分为坊、市，商业贸易只能在固定的市内进行，坊与市有固定范围与固定形制的城市规划与管理制度，就是坊市制。

在城市设置固定市场的制度，至晚从战国时的秦国就开始了。《史记·秦始皇本纪》载，秦献公七年（前 378 年）“初行为市”，这就是建固定市场于秦国都城之始。商鞅变法时的新都咸阳也建立了固定的市。市内有排列整齐的店铺，设有专门的官吏主管。诸商贾也同一般居民一样按什伍组织编制户口，设有列伍长，实行连坐之制。这种商贾的户籍大约就是所谓的“市籍”。

汉代继承了秦的固定市场制度。西汉都城长安城内有东市、西市、柳市、直市、高市等 9 个固定市场，市有市墙，市内有高楼，以便官员监视市内动态。其他城市也有类似的“市”的设置。市设有市门，以总出入；设有市长、市丞、市掾等官吏，以司监督；更有市楼，又叫“旗亭”，既便于监视，又可在楼上插旗表示开市；

① 参见刘玉峰：《中国历代经济政策得失》，齐涛主编：《资政通鉴》，第 295 ～ 297 页。

市内店铺集中，排列整齐，专为商贾居住之地。商贾按经营商品性质的不同又划分为隧或肆，即班固《西京赋》所云“九市开场，货别隧分”。（见图 6–5）[1] 市场贸易有固定时间，一般均在白天进行，交易三四次不等，夜晚闭户。与固定市场并存的是一般居民区“里”。秦汉城市的居民区都称为“里”或“闾里”，长安有160个里。每里有垣墙，里门有里监门看守，里内宅院布局比较规则齐整。秦汉时把“市”与“里”截然划分，使之互不相涉和互不混杂的城市结构，就是当时的坊市制度。[2]

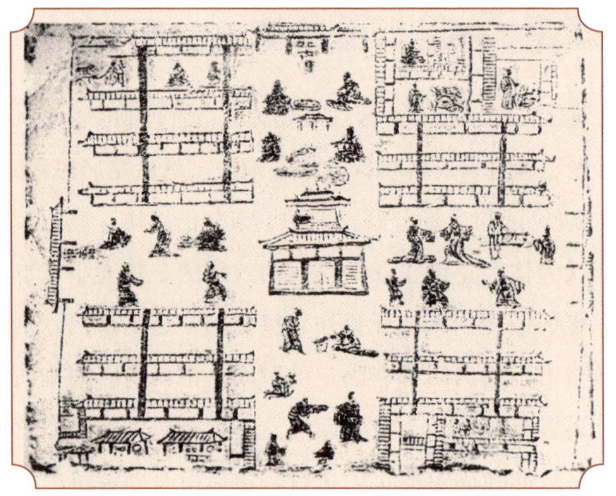

图 6–5　汉代市井画像砖（四川成都市郊出土）

魏晋南北朝时期，城市中的坊里愈来愈向规则齐整发展。曹魏邺城已由东西大街分成南、北两部分，北部为宫殿官署区，居民区集中位于城南，已划分为若干正方的坊里，有 3 个市，已形成棋盘式街道布局的雏形。北魏洛阳的规划布局与曹魏邺城一脉相承，坊制亦更加严密，且明令不许毁坊开门，城内方 300 步为 1 里，共 220 里，可见其规划布局已更向棋盘式方正格局发展了。另外，此时的坊里开始混称，《魏书》记洛阳的居民区划即有坊。[3]

唐代完全接续了隋京师大兴城和东都洛阳郭城内划分若干坊、市的制度。在唐都长安，坊是让城市住民分区居住以实行有效管理的城市基本区划单位。形态上就

---

① 采自龚廷万等编著：《巴蜀汉代画像集》，文物出版社 1998 年版，图版 27。

② 参见白寿彝、高敏、安作璋主编：《中国通史》第 4 卷《中古时代 · 秦汉时期》，上海人民出版社 1995 年版，第 659 ～ 666 页。

③ 参见盛会莲：《唐代坊市制度的发展变化》，《西北师大学报》2000 年第 3 期。

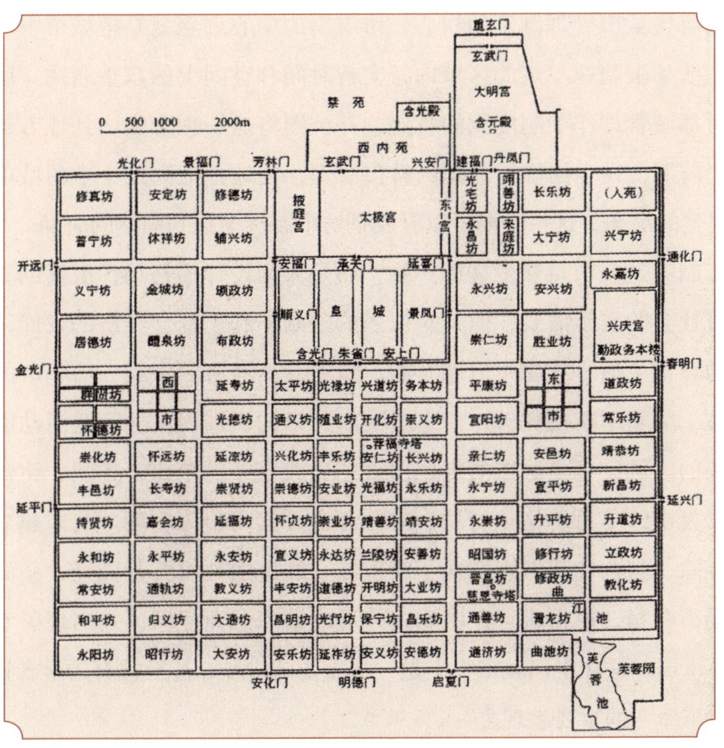

图 6–6 唐都长安布局图

是城内划分为若干坊，每坊 1 里见方，建坊墙以围之，开设坊门，依时启闭，以限制出入。坊门一般不准开向大街。坊内设十字街，将坊划分为 4 个建筑区，以安排官房、民舍、苑囿或崇祀场所。每坊设坊正掌管开启坊门的钥匙，处理坊内事务。坊门晨启夜闭，禁止人们夜间在街上行走。长安城内的市场也设在专门划定的市坊内，分别称为“东市”“西市”，每市各占两坊之地，四边各 600 步，四面各开两门，连结坊内四条街道交叉成“井”字形,把市分为 9 区。管理市政的市署位于市中心区，设旗亭市楼。同业店肆按街区聚而成行，中午开始交易，日落前停止。（见图 6–6）①

① 采自金秋鹏主编：《中国科学技术史 · 图录卷》，科学出版社 2008 年版，第 258 页。

作为唐代城市管理制度的核心，坊市制的中心理念就是把城市中的居民生活和商业活动限制在一定的区域内，实行时间和空间上的双重制约。唐代还从法律上对都城管理作了制度化的肯定，并试图将这一理念推广到地方建制城市中去。唐前期，在全国推行封闭的城市管理，使地方上大大小小的城市外郭都趋向于规整的形态，这一时期可以看成是坊市制逐渐达到鼎盛的时期。①

坊市制不是城市自然发展的产物，而是人为设计的格局，虽其创立之初适应了当时社会的实际需要，但其对市场的限制不利于社会经济的发展，也不便于人们的日常生活。从唐中后期开始，随着商品经济的发展，坊和市的界限逐渐被打破，坊墙不断被突破，街道屡被新开设的店铺侵占，商业活动逐渐扩展到市以外的区域，不少城市的郊区出现了比较繁荣的草市，扬州、汴州等大城市出现了夜市，不再严格执行坊、市分开，日落闭市等制度。北宋建立后，坊市制被废除，商业空间形态变成了街市制。城里随处可开设商铺，小商贩也可在各处沿街叫卖，夜市盛行，城厢内外形成繁华的商业区，并出现了专业性的批发交易市场。这在中国城市史上是一次重要的进步，甚至被有的学者视为“中世纪城市革命”的重要表现之一。

八、市易法

市易法是王安石（见图 6–7）在商业和借贷业领域实施的改革措施。

北宋前期，随着商业和借贷业的发展，商税在财政中的地位日趋重要。特别是仁宗以后，财政因“三冗”（即冗官、冗兵、冗费）问题日益紧张，国家更加重视商业和借贷业的发展。同时，商业和借贷业的发展也存在商人违法增利、

① 参见李孝聪：《唐代城市的形态与地域结构——以坊市制的演变为线索》，李孝聪主编：《唐代地域结构与运作空间》，上海辞书出版社 2003 年版，第 248 ～ 306 页。

垄断物价，豪强大户取倍称之息、侵占田地、夺人妻子等问题。因此，王安石为增加国家财政收入，从商人手中夺回对物资的定价权及物价起落的操纵之权，在商业和借贷业领域实行了市易法的改革。

图 6–7　王安石像

市易法于熙宁五年（1072 年）三月二十六日颁行。主要内容有：（1）在京师设立市易务，设提举官、监官和勾当公事官。个别监官和勾当公事官由守法商人充当。招募各行铺、牙人充当市易务行人、牙人，在提举官监督下，承担评议物价和收购滞销货物的工作。（2）担任市易务监官和勾当公事官的商人、投充市易务的牙人及各行商贩都可以向市易务请贷官钱。为确保官钱偿还和官物免受损失，借贷赊请必须以田产为抵押，或向人借金银作抵押；一般商贩 5 人以上结成一保可向市易务赊购货物售卖获利。半年偿还的利息率为 10%，一年偿还的利息率为 20%；过期不偿者，每月另加 2% 的罚金。（3）收购和出卖商人难以脱手的货物。外来商人若如愿将无法脱手的货物卖给官府，准许到市易务投卖，由牙人同客商一道评议价钱，根据行人的需要量，市易务支钱收买；客商如愿以市易务所存各种货物进行交换，亦可商议。即使不是行人所需货物，只要可以蓄存变卖，也可由市易务收买，按当时的市场价出卖，不得过分抬价。三司诸库所需物资，如果在市易务购买比向外地购买方便且能节省费用，也可以在市易务一并收购。

二十七日，即在京师设立了市易务，任命吕嘉问为提举在京市易务。神宗旋即命令内藏库拨出 100 万贯现钱，充作市易务收购滞销货物和“结保赊请”的本钱。吕嘉问以增加财政收入为指导方针，积极展开经营，在不到两年半的时间里，就使市易务发生了很大变化。主要表现在：首先是组织体系扩大。在

京市易务合并了榷货务、都商税院、杂卖场、杂买务等与商业有关的财税机构，由此成为京师商业的管理者和经营者，并升格为都提举市易司；全国重要的商业中心及沿边各地也相继成立了市易务，使其业务突破了原来局限于京师的设计。其次是业务范围扩大，即征收市利钱和免行钱。前者是随商税征收的一种杂税。原来规定每纳商税 100 文附带征收市利钱 6 文，市易务规定不足 10 文的均按 10 文征收；实际执行时，却变成了即使商税额不足 10 文也要征收市利钱 10 文。后者是城市行户的一项负担。行是城市商人的同业组织，其职能之一就是在向官府提供物资时应付各种敲诈勒索。行户交纳免行钱后，由官府雇人供市，以避免官吏侵扰。

从内容上看，市易法大致上是借鉴汉代桑弘羊推行的平准法而制定的。其实施到元丰末年，在经营范围上构成了一个全国性的市场经营网络。在经营方式上，市易务完全变成了经营者，其贩运的物资遍及各地，在一些地区甚至形成了垄断经营。另外，市易务官员极力追求利润，这都使立法的本意和实际状况形成了截然相反的局面。元祐年间，市易法被废除。徽宗时一度复行，仍以增加财政收入为目标，但问题依旧，持续到北宋灭亡。南宋建立后，市易法被明令废止。①

九、海 禁

海禁是明、清两代实行的禁止中国商民出海贸易的政策。

明朝建立之初并未实行海禁。朱元璋在称帝前一年甚至还曾设太仓市舶司管理海外贸易。从洪武四年（1371 年）开始，因张士诚、方国珍余部及倭寇对

① 参见梁庚尧：《市易法述》，《宋代社会经济史论集》上册，（台北）允晨文化实业股份有限公司 1997 年版，第 104 ～ 239 页；李金水：《王安石经济变法研究》，福建人民出版社 2007 年版，第 329 ～ 461 页。

沿海地区的骚扰，明太祖下诏禁止民众出海贸易，“片板不许入海”①。此后，每过两三年就会重申海禁。朱元璋还禁止民众使用和贩卖外国货，以便从根本上取缔其在中国的市场。

明成祖即位后，虽然派郑和率庞大的船队七次出海远航，但海禁政策依旧实施。他还下令将远洋海船的桅杆砍断而改成平头船，从根本上消除民众出海的能力。宣德八年（1433年）七月，在郑和第七次下西洋回国后的第三天，朝廷颁布了一道严厉的禁海令，明确规定告发私自出海者可得到其一半的资产。从此，海禁更加严厉。继任的皇帝也不断重申海禁令。嘉靖二年（1523年），发生了日本贡使互争真伪的“争贡之役”，使团人员在宁波、绍兴等地烧杀抢掠，东南沿海为之大震，嘉靖帝由此将闽、浙、粤三地市舶司尽行废除，由官方控制的唯一的公开贸易渠道也被堵死，海禁顿时变得格外严厉。一些出海商人为继续走私，便组成大大小小的海商集团与朝廷对抗。由于其中夹杂着少数倭寇，于是这场战乱被笼统地称为“嘉靖倭患”。它实际上是一场海禁和反海禁的斗争。这种局面一直延续到隆庆帝即位。隆庆元年（1567年），朝廷接受福建巡抚涂泽民的建议，在福建漳州月港局部开放海禁，允许漳、泉两州百姓出海贸易，持续了50多年。万历时，由于荷兰人占领台湾，加上走私猖獗，海防紧张，月港贸易被停止，海禁又被恢复，一直延续到明末。但这已不能阻止私人贸易的迅速发展，到明末甚至出现了郑芝龙那样的庞大的海商集团。②

明代为确保海禁的实施，甚至禁止沿海民众下海捕鱼，或强迫沿海居民大量内迁，长期的海禁使沿海地区的民众蒙受了几个世纪的巨大痛苦。海禁还扼杀了自宋元以来发展起来的中国民间商人的海外贸易，遏制了中国商业资本的正常发展，在西欧通过海洋获得迅速发展的时代，中国的海洋力量却遭到削弱，

① 《明史·朱纨传》。

② 参见晁中辰：《明代海外贸易研究》，故宫出版社2012年版，第1～269页。

从而将通过海外贸易谋求本国发展的机遇抛弃了。[1]

清朝建立后，为防范台湾的郑成功反清势力，于顺治十三年（1656 年）发布了任何船只皆不许入海的命令，并大规模地将沿海民众内迁 30 ～ 50 里。康熙二十二年（1683 年），台湾重归统一后，康熙帝应沿海各省疆吏之请，适时地开放海禁，允许出海贸易，旋即设立了闽、粤、江、浙四海关。到了康熙晚年，政策又发生变化，禁止到南洋贸易。雍正时虽开放了南洋之禁，但加强了对外商的管理和防范，一直延续到乾隆年间。乾隆二十二年（1757 年）下令关闭海口，仅开广州一地对外贸易，开始实行闭关锁国的政策。这种消极防御的经贸政策只会阻碍自身的发展进程，并不能抵挡住西方列强的坚船利炮。

十、市舶制

市舶制是中国古代关于海上对外贸易的管理制度，其肇始和发展于唐代，完善并成熟于宋元，衰落于明代。

市舶使最初出现于唐玄宗开元二年（714 年），始置于安南，开元十年后移置于海外贸易中心广州。市舶使最初只是为皇室采购舶来珍异物品的专使，几乎不参与市舶管理。至于对进港蕃舶的检查、征税，对蕃商的款待，对大量舶货的购买及相关法规的制定，由广州地方长官全面负责。随着朝廷对市舶收入需求的不断增长，市舶使的职权不断扩展和增强。德宗时期，除要完成贡献珍异这一主要任务之外，其职权已扩及至与地方长官共同管理外商与外贸事务。[2]

市舶制发展到宋代已比较完善。具体表现为：市舶机构数量增加，官员设置日趋完善，职权更加清晰，相关制度日益完备等方面。

---

① 参见陈尚胜:《“怀夷”与“抑商”：明代海洋力量兴衰研究》，山东人民出版社 1997 年版，第 24 ～ 41 页。

② 参见黎虎：《唐代的市舶使与市舶管理》，《历史研究》1998 年第 3 期。

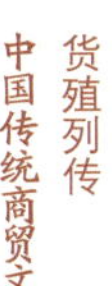

宋代管理海外贸易的机构叫“市舶司”或“提举市舶司”。北宋开宝四年（971 年），首先在广州设立，即广南路市舶司。咸平二年（999 年），杭州、明州（今浙江宁波）相继置市舶司，即两浙路市舶司。元祐二年（1087 年），又在泉州设市舶司，即福建路市舶司。以上合称“三路舶司”。元祐三年（1088 年），又在密州板桥镇（今属山东胶州）设市舶司，这是唯一设于北方的市舶司。另在秀州华亭县等一些新起的小口岸设有市舶务或场，作为市舶司的下属机构，具体负责课税检查。南宋时，因密州落入金人之手，该处市舶司不复存在。乾道元年（1165 年）罢杭、明两处市舶司，但仍保留各处的舶务和舶场，市舶司集中在广州与泉州。（见图 6–8）①

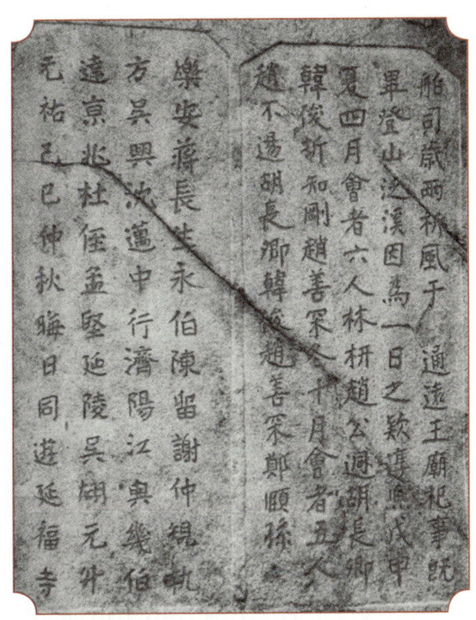
图 6–8　南宋泉州市舶司官员祈风题记

至于市舶司的主管官员提举市舶使，从宋初至元丰三年（1080 年）多由地方州郡长官兼领，官属亦非专职，这时的市舶司犹如虚设，很难谈得上对海外贸易进行系统的管理；元丰三年至崇宁初，提举市舶使由转运使兼领，其主持下的市舶司开始形成为一个常设且权力集中的专门机构，不受州郡官吏的牵制，直接听命于中央，可比较有效地协调各方面的关系，有利于贯彻朝廷的各项决策，对海外贸易实行统一的管理；徽宗崇宁年间改行“专置提举”制，即由朝廷派人担任专职的提举市舶，进一步将市舶司置于朝廷的直接控制之下，使市舶司

① 采自国家文物局编：《海上丝绸之路》，文物出版社 2014 年版，第 159 页。

成为中央的派出机构，有“朝廷之外府”之称，一直延续到南宋灭亡。[①]

宋代市舶司的职能主要有：第一，颁发“公凭”“官券”等许可证，查处漏船。进出口商舶必须持有市舶司发给的允许进港或出洋的公凭。商人出海贩易，要到市舶司请给官券，违反者没收货物。第二，征收舶税。宋代征收进口税，称为“抽解”，也叫“抽分”。货分粗、细两色抽解，粗色指一般进口货物，细色是名贵进口货物，税率不等，一般为1/15或1/10，高者达3/10或4/10。第三，收买舶货。市舶司对粗、细货物抽解后，余下部分根据货品的好坏及朝廷的需求而适当收购，并出售牟利。收购后的部分允许民间贸易。第四，招徕互市，对外商以礼相待。市舶司要向外商解释外贸法规，晓喻外商遵守，并给予一定的礼宾待遇，以吸引外来商客。早在宋初，对离境的外来商船已由地方长官和市舶司提举官出面设宴送行，宴请对象有番汉纲首（中外货主）、作头（船长）、梢工（海员）等。这一制度先在广南市舶司实行，后又在福建市舶司推行。宴请所费不多，收效却颇大。

从职能上看，市舶司是将管理对外贸易和从事进出口业务结合在一起的职能机构。颁发凭引和抽解等原是海关的职能，收买舶货却是进出口业务，二者都归市舶司掌管。这样，海关和外贸的结合就成为中国市舶制度的主要特征之一。[②]

宋代还专门制定了中国历史上第一部规范进出口贸易的成文法规——《元丰市舶条例》，内容涉及船舶出海与入港、舶货抽解和博买、官吏奖惩及禁止私营海外贸易等多个方面，其中还有对私营海商的规定，以法律形式肯定了民间海商的合法地位。该条例是对宋以前市舶制度的总结，其推行标志着宋代海外贸易发展到一个崭新的阶段，对后来的市舶制度产生了极其深远的影响。

元朝市舶制承袭宋制。其设立的第一个市舶司在泉州，时间为至元十四年（1277年），后又在庆元、上海、澉浦、杭州、温州、广州等地设立，但各市舶司兴废无常，

---

① 参见廖大珂：《试论宋代市舶司官制的演变》，《历史研究》1998年第3期。

② 参见刘佛丁等：《中华文化通志·工商制度志》，上海人民出版社1998年版，第189～191页。

最后只保留了泉州、庆元、广州三处。至元三十年（1293 年），以宋代市舶法为蓝本制定了《市舶司则法》22 条，基本内容与宋代市舶法基本相同，但更加严密。

明代曾先后在黄渡、宁波、泉州、广州、云屯、福州诸港设立市舶司，负责勘合（明代的一种制度，目的在于区别外国官方与民间的贸易船舶）、关税和贸易管理。明代市舶制可以正德为界分为前、后两个阶段：

与宋元时期相比，明正德以前的市舶制表现出明显的官方贸易特征。首先，其目的不是发展海外贸易，而是政治上的怀柔远人，对外国货物完全免税。其次，将外国来华贸易限制在严格的“贡舶”贸易范围内，即只允许官方贸易存在。外国贸易船舶进港必须持有明王朝颁给的“勘合”和本国的“表文”。再次，就管理内容来说，明前期市舶司除排斥外国非朝贡商人来华贸易外，还严厉禁止中国商人出海贸易。

正德以后，以上几个方面都有变化。市舶司的任务已从原来单纯的“怀柔远人”转变为增加财政收入，并逐渐建立了一套进出口关税制度，同时适度放开外国非朝贡商人来华贸易和中国商船出海。随着明中后期海外贸易的发展，市舶司难以对海外贸易进行各种管理，其职能不可避免地发生了分解与转移。市舶司保留了检验进出口船舶与征收关税的职能，奠定了清代海关制度的职能基础；市场管理职能则逐渐被官方牙行垄断，经过一番发展，形成了清代的行商制度。[①] 到明末清初，市舶制最终被废除。

市舶制作为古代最重要的海外贸易管理制度，对海外贸易的发展起过一定的积极作用，但从总体上看，市舶司只是历代王朝控制对外贸易以获得更多垄断收益、加强专制集权统治的工具，其置废往往只是被动地因应海外贸易的发展，并不是为着发展外贸；其逐渐强化的垄断性与外贸发展所需要的自由和宽松环境相违背，在很多时候还限制和剥夺民间自由贸易的权利，最终阻碍了外贸的发展。

---

① 参见陈尚胜：《论明代市舶司制度的演变》，《文史哲》1986 年第 2 期。

第七章 货币与度量衡

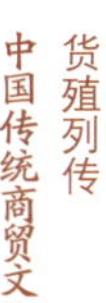

货币是在商品交换的长期发展过程中起一般等价物作用的特殊商品。远古时代的交换采取以物易物的形式，但这种交换具有偶然性。随着交换的发展，就需要确定一种大家都愿意接受的商品，然后用它去交换自己需要的商品，这种商品就具有了货币的性质。

最原始的货币是贝币。春秋中后期，金属铸币开始取代贝币，并形成了刀币、布币、圜钱等区域性的货币体系。秦统一后，开创了黄金与铜钱并列的复本位货币制度。汉承秦制，只是形制等屡有变更。魏晋南北朝时期币制混乱，金属货币受到实物货币的冲击。隋唐时期币制比较统一，唐高祖时铸行的开元通宝对后世影响尤大。宋代金属货币得到了很大发展，并产生了世界上最早的纸币。明代银、钱、钞并行。清代以银两、制钱为平行本位币，小额交易用制钱，大额交易用银两。总之，中国古代货币在漫长的发展过程中经历了极为复杂的变化。从币材上看，先后有贝，铜、铁、金、银等金属，纸等；从形制上看，有刀币、布币、圜钱、圆形方孔钱（半两、五铢钱、通宝、制钱）等；从类型上看，有实物货币、金属货币和代用货币（纸币）等。

货币的使命是充当周而复始的商品流通的“永动机”，货币流通是商品流通的表现形式，商品流通需要通过货币流通来实现。随着商品经济的发展，货币流通在数量上越来越大，在复杂程度上越来越高，这就需要一些金融机构来办理货币的流通、汇兑等事务。传统社会中主要的金融机构是钱庄和票号，此外还有从事消费抵押信用的当铺，办理短期小额信用放款的印局，从事对工商业者、印局、钱庄及官吏放款的账局等，近代又出现了银行。它们为货币流通提供了诸多便利，都有利于商业的发展。

度量衡是中国古代计量长短、容积、轻重的统称，对商业发展具有重要意义。度用于测长短；量用于量容积、体积；衡用于称重量。度量衡制度在原始社会末期已初步形成。春秋战国时，诸侯割据，度量衡多制并存，十分混乱。秦朝将秦国的度量衡制推广到全国，使之实现了统一，在计量史上具有里程碑式的

意义。汉承秦制，魏晋沿用汉制。南北朝时期，度量衡制有很大变化，南朝沿用汉制，北朝度量衡量值急剧增长。隋朝继承了北周之制，比汉代度量衡量值增加很多，因此成为“大制”，而汉制成为“小制”。唐朝以法典的形式将隋朝的大小计量制固定下来，并建立了严格的度量衡管理制度。北宋核定统一度量衡，南宋和元代基本上沿用。明、清两朝沿用宋制，并使之更加精细，大小制之分逐渐消失。清中叶之前，度量衡制基本稳定。清末，由于国外制度纷纷涌入，度量衡制日渐混乱。虽然多个朝代的中央政府都颁布了统一的度量衡制，但在实际使用过程中地方性和行业性差异比较明显。①

一、贝 币

贝币又称“货贝”“贝化”，是中国古代最原始的货币。正如宋陆游诗云：“古者贝为货，庶物赖以通。”②

贝，主要指海贝，种类不一。最初为装饰品，在原始社会后期开始作为萌芽状态的货币使用。夏、商、西周时期作为主要货币广泛流通。贝币光洁美观，小巧玲珑，坚固耐磨，便于携带、计数和储存。贝币的计量单位为枚或朋，一朋的数量有二贝、五贝、十贝等说法。1959 年，郭沫若先生参观了河南安阳后冈圆形殉葬坑后，赋诗记其事云：“宝贝三堆难计数，十贝为朋不模糊。”③表明他主张“十贝为朋”之说。

夏代，贝已成为主要货币。汉代桓宽《盐铁论·错币》篇即称：“夏后以玄贝。”玄贝即黑色的贝。汉字中与钱财有关的财、货、赏、赐、债、贸、贪、贿、赂等字中均含有“贝”，或可反映汉字初创时已用贝充当货币的史实。

---

① 参见丘光明等：《中国科学技术史·度量衡卷》，科学出版社 2001 年版，第 6 ～ 13 页。
② （宋）陆游：《陆游集·剑南诗稿》卷六四《书巢五咏》，中华书局 1976 年版，第 1539 页。
③ 郭沫若：《安阳圆坑墓中鼎铭考释》，《考古学报》1960 年第 1 期。

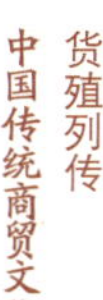

商代，贝币使用更为普遍。1976年，在安阳小屯村妇好墓中发掘出了随葬海贝6880余枚。这些贝币有大（长约2.4厘米）、小（长约1.5厘米）两种，以大者居多。据鉴定，它们分别出于台湾、南海以至更远的海域。[①]

西周的主要货币形态仍是贝币，而且使用量大大超过了殷商时期。当时青铜器铭文中已经有了关于贝币价值和购买力的明确记载。

随着商品经济的发展，货贝需求量猛增，海贝已不能满足需要，由此出现了仿制贝，即贝币的仿制品，有骨贝、蚌贝、石贝、玉贝、陶贝、铜贝、金贝、银贝等。[②] 河南安阳和山西保德出土的3000年前的商代铜贝，是中国最早的金属铸币，也是迄今所见世界上最早的金属货币。

春秋战国时期，随着刀币、布币、蚁鼻钱等金属货币的兴起，贝币日渐衰落，但仍在使用。韩、赵、魏及齐、鲁等国均铸有铜质空心无文仿贝，其中鲁国所铸铜贝为该国主要流通货币。（见图7–1）[③]

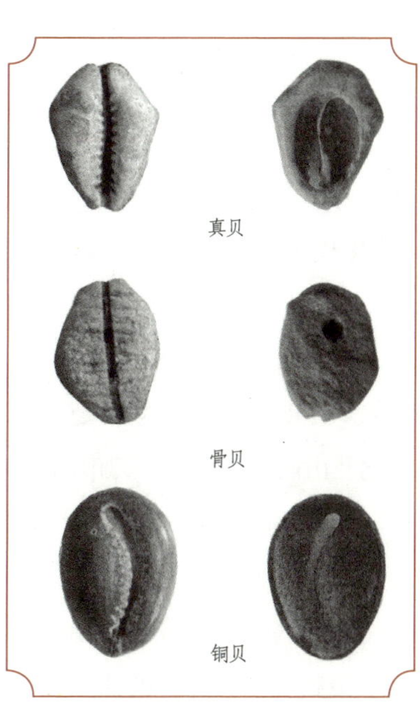

图7–1　先秦时期的真贝、骨贝和铜贝

秦始皇统一货币时，废除贝币。西汉末年王莽币制改革时，废除五铢钱及刀币，另发行宝货，其中有贝货五品，即按贝的大小分为五品。由于第五品太小，不能算

① 参见中国社会科学院考古研究所编著:《殷墟妇好墓》,文物出版社1980年版,第220页。

② 参见彭信威：《中国货币史》，上海人民出版社2007年版，第18～20页；乔志敏：《“贝”“朋”新论》，《中原文物》1988年第2期。

③ 采自中国人民银行《中国历代货币》编辑组编：《中国历代货币：公元前二十一世纪—公元二十世纪》，第1页。

贝货，实际是前四品，依次为大贝、壮贝、幺贝、小贝。它们各有一定的尺寸和折钱的标准。至元明时期，云南一带仍使用贝币。

二、刀币

宋人刘敞有诗曰：

君不见九府圜法倾东邻，齐公大刀又日新。

君不见黄牛白腹荡沧海，亡新错刀忽遽改。

一盈一虚更贸迁，势如流波不复还。

迩来上下各千岁，何异俛仰须臾间。①

此诗乃作者为从友人那里得到了沂州出土的两枚古刀币而作。这两枚古刀币一是铸行较早的齐大刀，一是最后的刀币——王莽篡汉后改革币制所铸的金错刀，两者相隔上千年，恰好反映了刀币的兴衰历程。

刀币又称“刀货”，是中国古代金属铸币的雏形，由生产或生活工具刀演变而来。刀币主要由齐、燕、赵、中山等诸侯国铸造，流通于今山东、河北、内蒙古、东北及山西西部等地。刀币的共同特征为：柄端有圆形或椭圆形环，柄上有裂沟。随着时间的推移，刀币由体大厚重逐渐变为体小薄轻，刃的外部增加了外郭。

刀币种类很多，主要有以下三种：

一是齐刀。由齐国铸造，流通于齐国及邻近地区，大约始于齐桓公时期，终于秦朝统一。齐刀的体型较大，又称“大刀”，一般长 17.8 ～ 18.7 厘米，重约 40 克，大者重达 53 克。齐刀分为六字刀（造邦刀）、四字刀、三字刀、即墨刀、安阳刀、簟邦刀六种，刀面有 3 ～ 6 个字的铭文，如“齐法化”“齐之法化”等。

① （宋）刘敞：《公是集》卷十八《与圣俞君章枢言持国饮因以太公大刀王莽错刀示之》，《丛书集成初编》本。

（见图 7–2）[1]齐刀是刀币中最精美的。

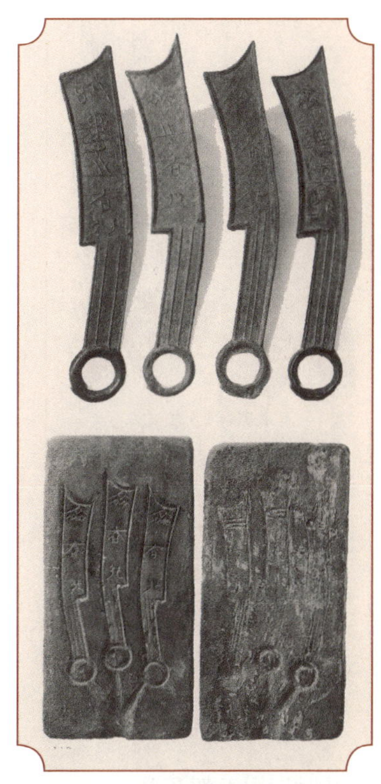

图 7–2　齐刀币及其陶范（山东临淄齐故城出土）

二是燕刀。由燕国铸造，流通于燕国等地。与齐刀相比，燕刀铸造时间较晚，大约始于春秋末期至战国前期。据形制不同，分为尖首刀、针首刀、明刀三类。尖首刀以刀首呈尖锐状得名，为燕国较早的铸币，出土量较大，主要集中在今河北北部张家口、承德和辽宁西部凌源一带。针首刀以其刀首尖锐如针得名，铸期短暂，铸量不大，出土较少。明刀以刀面上模铸“明”字得名，是燕国的主要铸币，地域分布广泛，出土数量多。燕刀是刀币中流通空间最为广阔的，也是出土数量最多的，不仅覆盖了整个燕国，还流通到了齐、赵、中山等国，战国晚期还流通到了朝鲜半岛和日本。[2]

三是赵刀，即直刀，又称“圆首刀”“钝首刀”，由赵国铸造。赵国原本以布币为主，战国中期刀币与布币并行。赵刀刀身平直，圆首，形体轻薄，刃、背略有弧度，刀面多模铸地名，其中以“甘丹”刀和“白人”刀流通时间较长，数量较大，出土较多。

秦始皇统一币制时，废刀、布、帛等币。王莽新朝进行币制改革，仿制古币，曾铸金错刀、栔刀等铜币，不久即废。[3]

① 采自刘振清主编：《齐鲁文化：东方思想的摇篮》，上海远东出版社、商务印书馆（香港）有限公司 1998 年版，第 78 页。

② 参见彭信威：《中国货币史》，第 31 页。

③ 参见李如森：《中国古代铸币》，吉林大学出版社 1998 年版，第 64 ～ 83 页。

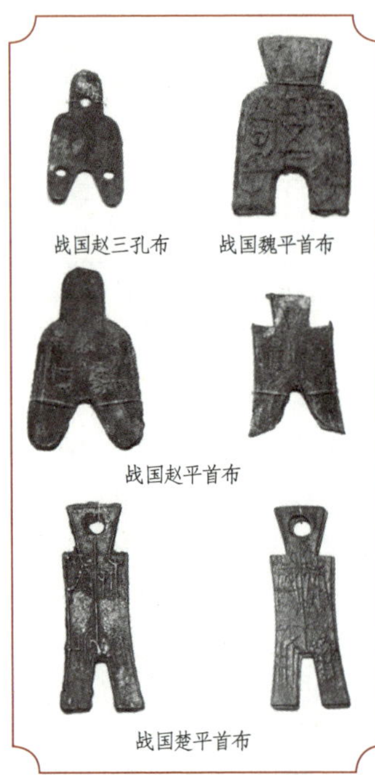

图 7–3　形状各异的先秦布币（中国国家博物馆藏）

三、布　币

布币是东周时期的青铜铲形货币，从青铜铲草农具镈演变而来。因形状似铲，又称“铲布”。春秋晚期出现，战国中期广泛流通，主要在三晋、燕、秦、楚国北部、两周（洛阳西郊和东郊的王畿地区）等地区通行。与刀币相比，布币的流通范围更广。古代中原民众以农业为主，故用农具为货币；中国东北部和东部的民众多从事渔猎，故用刀具为货币。（见图 7–3）

布币的发展经历了四个阶段。

第一，原始布，又名“大铲布”。它尚未脱离农具原状，体大銎（装柄的孔）短，厚重粗糙。约在商朝后期及西周初期已经存在，主要流通于春秋时期周王朝及晋、卫、郑、宋等国。

第二，空首布，又称“铲布”。与原始布相比，空首布形体变小，轻薄整齐，制作精良。西周晚期开始出现，春秋战国时比较流行，主要流通于周王室以及韩、赵、魏、宋等国。

第三，平首布，又称“实首布”。与空首布相比，形体更小、更薄，更加精美平整，基本上已经脱离了农具镈的实物形态。春秋末期开始出现，战国中晚期比较盛行，除三晋、两周地区外，还流通于燕国、楚国北部、秦国等地区。

第四，三孔布，属于圆足布的一种，布首和两足各有一孔，以备穿绳。三孔布的背面有表示币值的数字，大布为“一两”，小布为“十二朱（铢）”，即半两。三孔布在中国货币史上有其特殊的重要性，是中国最早的带有纪重或纪值铭文

（铢或两）的钱币，是秦半两钱的起源。三孔布铸造于战国晚期，因为铸造和流通的时间比较短，故传世和出土量极少。

秦始皇统一全国后，统一币制，布币退出流通领域。后王莽复古，一度重造布币，但流通时间很短。①

四、圜 钱

圜钱，也称“环钱”“圜金”，即圆形铜钱。一般认为其起源于原始社会时期的玉璧和纺织工具纺轮。

圜钱的基本形制为扁平圆形，中央有穿孔，有肉（钱身）有好（穿孔）。圜钱边缘开始无郭，后来有郭。与布币、刀币相比，圜钱贯串便利，便于携带；在流通中磨损较小，便于流通。圜钱的正面有钱文，表示地名、币值、重量以及其他信息。圜钱背面多为光背，少数有符号。根据形制、大小及使用习惯等，可分为以下三种：

第一，布币流通区的圜钱。基本形制为圆钱圆孔，后逐渐演变为方孔，主要流通于东周、韩、魏等国。这种圜钱的单位为釿。圜钱钱文有多种，其中“垣”“共”两种圜钱出土最多。（见图 7–4）

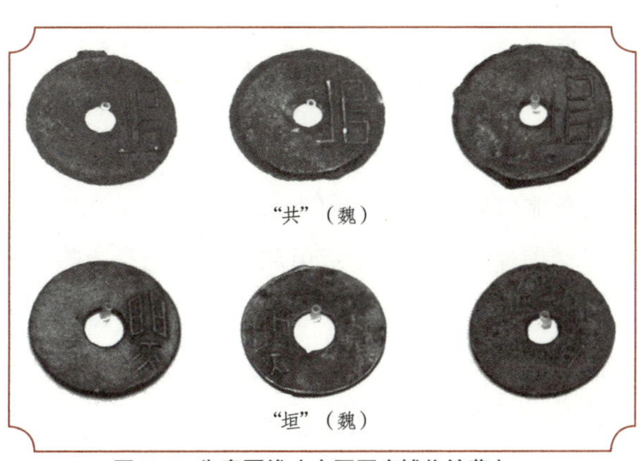

图 7–4　先秦圜钱（中国国家博物馆藏）

第二，刀币流通区或

① 参见郭彦岗：《中国历代货币》，商务印书馆 1998 年版，第 6 ～ 20 页。

刀币、布币并行区的圜钱。基本形制为圆形方孔，且币面有郭，主要流通于齐、燕、赵等国。以刀币“化”来计算币值。齐国圜钱背面平素，面文“賹化”，分为“賹化”“賹四化”“賹六化”三等。燕国圜钱铸造发行于燕国晚期，分为“匽”“匽化”“一化”三种。

第三，秦圜钱。基本形制为圆形圆孔，无郭，钱上只纪货币单位而不纪地名，货币单位为铢、两。秦国圜钱主要有圆孔“一两型”和方孔“半两型”两种，圆孔“一两型”年代在前，后逐渐被方孔“半两型”代替。秦圜钱是秦半两钱的原型，是承上启下的金属铸币，奠定了中国2000多年来圆形方孔钱的主要形态，对中国货币乃至东南亚诸国货币产生了深远影响。[①]

五、半两钱

半两钱是流行于战国中期到西汉早期的金属铸造货币，基本形制为圆形方孔，钱面上有“半两”二字，表示每枚钱币重量为当时的半两（12铢），属于纪重铜钱。

早在战国中期，最晚不迟于秦惠文王二年（前336年），秦国即已铸行半两钱。战国时的半两钱体型较大，直径在3厘米以上，大小、轻重、厚薄不一，多发现于秦地和秦军经略六国的道路上。

秦朝建立后，统一货币制度。首先是废除六国旧币，结束了战国时期纷乱的货币制度，规定珠玉、龟贝、银锡等不得再充当货币。其次是把秦国的货币制度推广到全国，规定以黄金为上币，半两钱为下币，由国家统一铸造发行，禁止民间私铸。半两钱迅速在全国流通开来。货币统一对巩固国家统一，促进各地经济发展和商品流通具有重要作用。

---

① 参见千家驹等：《中国货币演变史》，上海人民出版社2005年版，第27页。

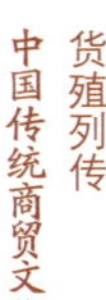

由于秦朝国运较短，国势迅速转衰，同时出于商品流通的需要，半两钱随之缩小，直径多在 3 厘米以下，重量亦减轻，多不能达到 12 铢。秦代货币还有黄金，单位为镒，每镒 20 两，用于大额支付和赏赐。一枚秦半两钱折合 0.16 铢黄金。秦半两钱流通量很大，今天出土数量很多。

西汉初年，仍以半两钱为国家法定货币，但由于汉初诸侯国林立，允许民间铸钱，致使币制比较混乱。自汉高祖元年（前 206 年）至武帝元狩五年（前 118 年）的 80 余年间，币制多次变更，先后铸行以下货币：

榆荚钱，即“榆荚半两”，以肉薄、广穿、形同榆荚而得名。钱文“半两”，钱身轻小粗劣，重 1 ～ 2 铢，即 2 克左右。当时甫遭战乱，经济尚未恢复，物资匮乏，奸商囤积居奇，钱又如此恶劣，以致物价飞涨，每石米高达万钱，造成了汉代第一次通货膨胀。

八铢半两，又称“八分钱”，高后二年（前 186 年）铸，钱文仍为“半两”，铸造质量比榆荚钱大为改进，重 8 铢，文字薄平，大样薄肉，约比秦半两减重 1/3。

五分钱，高后六年（前 182 年）铸，钱文“半两”，减重到秦半两钱的 1/5，实为类似榆荚钱的轻小恶钱。到文帝初年，货币又一次贬值，出现了第二次通货膨胀。

四铢钱，文帝五年（前 175 年）取消五分钱，改铸四铢半两，文曰“半两”，重 4 铢，准民间与诸侯自铸，由是吴王刘濞和宠臣邓通大量铸钱，一度出现了“吴邓钱遍天下”的局面。

三铢钱，汉武帝建元元年（前 140 年）因内外用兵，财政困窘而铸，文为“三铢”，重如其文，钱愈轻而物愈贵，造成了西汉前期第三次通货膨胀。建元五年（前 136 年）取消，仍铸行四铢半两，实重 4 铢，为秦半两的 1/3，又叫“三分钱”。不久，因财政需要，复铸三铢钱。元狩五年（前 118 年）再次取消。[①]

---

① 参见郭彦岗：《中国历代货币》，第 23 ～ 25 页。

以上钱虽仍以“半两”为名，但其名义含量与币材重量已经脱离，名不副实，或过重，或过轻，均不符合当时流通的实际需要。直到汉武帝元狩五年（前 118 年）发行五铢钱，半两钱才完成了历史使命。

半两钱是中国古代首次实现全国统一流通的钱币形态，也是战国时期的秦国及秦灭六国之后的秦朝和西汉前期社会经济生活、商品交换活动中最核心的价值尺度和流通手段。半两钱确定的方孔圆钱形制在中国使用了 2000 余年，是中国最稳定的货币形式，由此为金钱赢得了“孔方兄”的美名，对后世产生了深远影响。①

六、五铢钱

五铢钱是指流通于西汉早期至唐朝初年的圆形方孔铜币。钱面铸有篆体“五铢”二字，钱重五铢（约 3.33 克），外郭同文字一样高低，可保证钱文不受磨损。

汉武帝元狩五年（前 118 年），罢半两钱，令郡国（即地方政府）铸行五铢钱。其形制同半两钱，亦为圆形方孔，有内、外郭，轻重大小适度。（见图 7–5）②元鼎四年（前 113 年），汉武帝采用桑弘羊建议，将铸币权收归中央，由上林苑的钟官、辨铜、技巧三官统一督造；废除以前的各种钱币，通令收回销毁。上林三官五铢钱这种由中央统一铸造发行的标准官炉钱，重约 4 克，制作精整，郭纹细致，文字古朴遒劲，轻重适中，颇受欢迎。

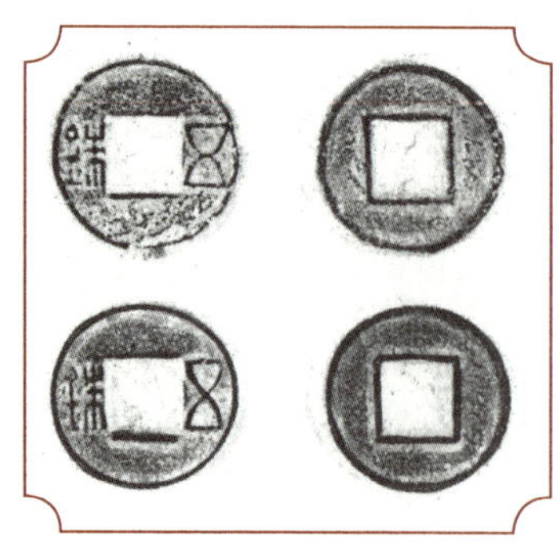

图 7–5　西汉五铢钱

① 参见石俊志：《半两钱制度研究》，中国金融出版社 2009 年版，第 1 页。

② 采自上海博物馆青铜器研究部编：《上海博物馆藏钱币 · 秦汉钱币》，上海书画出版社 1994 年版，第 177 页。

武帝以后的昭、宣、元、成、哀、平六帝继续铸造发行上林三官五铢钱，总体形制不变，只是钱文书法和穿孔等稍有变化，货币质量和币制稳定。到平帝时，西汉共铸造五铢钱 280 余亿枚。目前，上林三官五铢钱及钱范出土较多。

五铢钱的诞生及上林三官五铢钱的定型定制，肯定了铸币权的集中统一。五铢钱轻重适宜，量足、成色好，利于流通和长久使用，由此开创了自汉武帝至隋长达 700 多年的“五铢钱时代”。虽然各代均铸有五铢钱，但形状、大小不尽相同。

王莽建立新朝后，先后四次改革币制。在始建国元年（9 年）的第二次改革中，废除五铢钱，导致了币制混乱。民间杂用谷帛、金及五铢钱，有些地方还自己铸行五铢钱，如淮阳王的“更始五铢”、公孙述的“铸铁五铢”等。东汉光武帝建武十六年（40 年），重新铸行五铢钱，以后各朝均照办，在稳定币制等方面发挥了重要作用。

三国两晋时期，由于政治上的分裂和经济上的不稳定，各国自行铸造发行货币，其中部分政权铸行五铢钱。曹魏文帝和明帝时期铸造发行过一段时期的五铢钱。蜀汉建国后，先后铸行“直百五铢”“直百”“蜀五铢”三种钱币。孙吴没有铸造五铢钱，而是铸行大钱。西晋和东晋沿用曹魏的五铢钱和孙吴铸行的大钱。

南朝除齐外，宋、梁、陈均短暂铸行五铢钱。北朝各政权中，北魏先后铸行太和五铢、永平五铢、永安五铢，东魏铸有永安五铢，西魏铸有永安五铢和西魏五铢，北齐铸有常平五铢等。

隋朝建立后，整顿币制。开皇元年（581 年），禁止以前各种旧钱的流通，重新铸行五铢钱，称“开皇五铢”。为保证新钱质量，明文规定每千钱重 4.2 斤，令京城四周各关卡及各地市场各置百钱为样，凡不符合新标准的钱一律没收，熔化为铜。开皇五铢因此又称“置样五铢”。开皇五铢制作精整，形体大小、轻重不一，标准者钱径一般为 2.5 厘米，重 3 ～ 3.4 克。隋炀帝大业年间铸行“五

铢白钱”，其形制与开皇五铢基本相同，但由于币材配剂中锡、铅的含量增加，钱色发白，因此称为“白钱”。

唐高祖武德四年（621年），废五铢钱，改铸开元通宝，五铢钱逐渐退出了历史舞台。[①]

七、通 宝

通宝又叫“元宝”“重宝”等，意为“通行的宝货”，是中国古代使用时间最长的一种金属铸币，始于唐高祖武德年间铸造的开元通宝，终于清末民初。

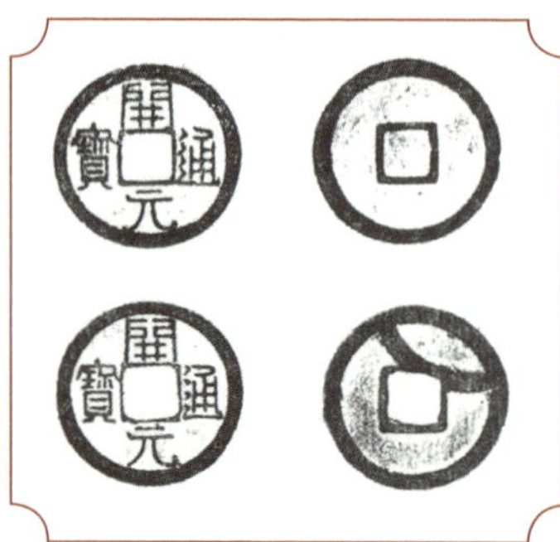

图 7-6 唐开元通宝

唐高祖武德四年（621年），废止隋五铢钱，铸行“开元通宝”（见图7-6）[②]，意为开辟新纪元的通行宝货。开元通宝是标准的圆形方孔钱，其形制与书法以汉代上林三官五铢钱为样本，外圆内方，有肉有好，有内、外郭，直径8分（2.4厘米），重2铢4累（约4克），1000枚重3.2公斤，这成为以后历代王朝的铸钱标准。开元通宝的成色标准为：铜占83.32%，白蜡占14.56%，黑锡占2.12%。

开元通宝的出现是中国货币史上的重要变革，此后不再以重量为钱币名称，为后世钱币减重埋下伏笔，消除了钱名重量同钱的实际重量不符时导致的诸多麻烦。开元通宝虽非年号钱，但其后更多的通宝都是以年号命名。

由于形制、大小、轻重适中，制作精整，质量可靠，开元通宝在民间和市

① 参见李如森：《中国古代铸币》，第187～196页。

② 采自上海博物馆青铜器研究部编：《上海博物馆藏钱币·魏晋隋唐钱币》，第181页。

场上很受欢迎。初唐时期的开元通宝轮廓深峻，文字精美；盛唐时期的开元通宝轮廓如同早期，背面有星、月及其他花纹；安史之乱后的开元通宝外郭较阔、粗糙，铸造草率，多有错范。① 开元通宝在唐墓和窖藏中出土量较大。除开元通宝外，唐朝还铸行过“乾封泉宝”“乾元重宝”“大历元宝”“大历通宝”“建中通宝”“建中元宝”“咸通玄宝”等。唐末黄巢起义军建立大齐政权，铸行过“大齐通宝”。

五代十国各政权也铸行通宝。后梁铸“开平通宝”，后唐铸“天成元宝”，后晋铸“天福元宝”，后汉铸“汉元通宝”，后周铸“周元通宝”。十国通宝比较杂乱。

宋太祖铸行“宋元通宝”，开北宋铸行元宝之先河。之后各位皇帝即位、改年号便铸行新的通宝钱，其中既有国号钱，如仁宗时期的“皇宋通宝”，也有年号钱，如仁宗朝铸行的“至和通宝”“嘉祐通宝”等 11 种年号钱。北宋九帝改年号 35 次，铸行了 28 种年号钱。徽宗时铸钱种类最多，币值混乱，引发数十年的恶性通货膨胀，导致经济崩溃，铜钱多被官府和民间藏匿。朝廷强令推行铁夹锡铁钱，屡遭拒用。南宋九帝改年号 22 次，铸行了 18 种年号钱。铸行的元宝钱主要有：高宗朝的“建炎通宝”“建炎元宝”“绍兴通宝”和“绍兴元宝”，孝宗朝的“隆兴元宝”“乾道元宝”等。宋代通宝钱出土很多。

辽、夏、金、元等少数民族政权也发行汉文通宝。蒙古入主中原前，曾铸“大朝通宝”。元朝建立后，铸行“至元通宝”“元贞通宝”等。元末农民起义军也铸有通宝钱，如刘福通铸有“龙凤通宝”，张士诚铸有“天佑通宝”，徐寿辉铸有“天启通宝”“天定通宝”，陈友谅铸有“大义通宝”。

明、清两代官炉铸造的铜钱仍属通宝钱体系，因其形式、文字、重量、成色均有定制，故称“制钱”。

明朝建立后，铸有“洪武通宝”“永乐通宝”等。洪武通宝分小平、折二、折三、

① 参见朱活：《古钱新典》上册，三秦出版社 1994 年版，第 265 页。

图 7–7 明“洪武通宝”

折五、当十五种，这是纪重，小平钱为一钱，折二为二钱，当十即一两。（见图 7–7）嘉靖以后，钱制逐渐混乱，新铸通宝质量不高，官民竞铸恶钱牟利。南明铸有“弘光通宝”“大明通宝”“隆武通宝”“永历通宝”等。郑成功曾沿用永历年号，在日本长崎铸行“永历通宝”钱。明末农民起义军也铸行通宝，如李自成铸“永昌通宝”，张献忠铸“大顺通宝”。

满族入关前已铸行通宝——1616 年铸汉文“天命通宝”。入关后，在工部设宝源局，在户部设宝泉局，开铸“顺治通宝”。此后，康熙、雍正、乾隆、嘉庆、道光、咸丰、同治、光绪、宣统均铸行通宝钱，皆以年号称。基本形制为圆形方孔，面文汉字，楷书，直读；钱背为满文，左为“宝”字，右为宝泉、宝源及各省局名。辛亥革命后，云南、福建还曾试铸“民国通宝”。①

八、金银货币

金银作为币材，具有其他金属无可比拟的优越性：价值大，体积小，易于分割，便于携带和储藏，质量经久不变，也不影响制造生产工具、生活用具及铸造兵器的需要。金银货币与铜币相辅而行，在中国货币史上具有极其重要的地位。

商周时期可能已经以金银为货币，但目前发现的最早的金银铸币出现于战国时的楚国，绝大部分为金币，少数为银币。楚国金币分金版和金饼两种。金版是一种称量货币，使用时切割成大小、形状不一的碎块，通过称量求得其价值，有龟背形、长方形、方形、圆饼形等，中多钤印标记楚国地名。（见

① 参见郭彦岗：《中国历代货币》，第 62 ～ 110 页。

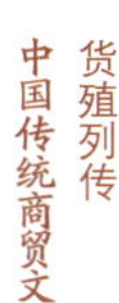

图 7–8）其铸行时间长，流通范围广，在安徽、江苏、湖南、湖北、河南等楚国故地出土较多。金饼呈圆饼状，也是称量货币，出土时往往呈碎块状，为切割使用所致。

图 7–8　楚国金币（安徽寿县出土）

秦朝建立后，统一货币，以黄金为上币。西汉已大量使用黄金，当时的黄金铸币主要有金饼、马蹄金、麟趾金、五铢钱等。（见图 7–9）汉初，白银依然不能作为货币使用。直到武帝时期，方以白银为币材铸造白金三品。王莽币制改革时，白银和黄金具有相同的地位，白银以“流”为单位，8 两为 1 流。东汉将银作为称量货币，对银的使用比西汉更加普遍，当时所铸银锭分船形和条形两种。

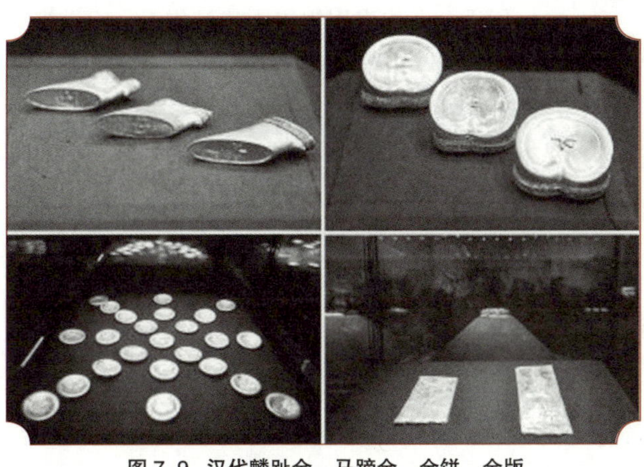

图 7–9　汉代麟趾金、马蹄金、金饼、金版（江西南昌海昏侯墓出土）

魏晋南北朝时期，金银铸币分为三种：一为圆形方孔形，形制类似五铢钱，只是币材不同；二为圆饼形，是西汉麟趾金的遗存；三为铤形（长方形条状），开拓了后世金银铤形制之先河，产生了深远影响。金价格已有上涨，银计量单位由斤变为两。

唐代以钱帛为主要的流通手段，金银不是价值尺度，不能直接用黄金或白银来表示价值。唐代金银铸币的形制分为三种：一为铤状，即四边平齐的长条型，出土

较多;二为饼状，即金银饼，出土也不少;三为圆形方孔形，主要是金银“开元通宝”。

至宋代，金银铸币使用更加广泛，其中白银比黄金使用更广泛，在长距离贸易和大批量贸易中尤为突出。[①] 宋代金银铸币的形制与唐代相近。第一种为铤状，这是最常用的形制（见图 7–10）[②]；第二种为饼状和牌状；第三种为马蹄金等状；第四种为圆形方孔金银钱。

图 7–10　宋代银铤

金元时期，白银的货币作用日趋加强。金章宗承安二年（1197 年）铸造“承安宝货”银锭，从 1 两到 10 两分为 5 等，每两折钱 2 贯。这是自西汉武帝以来第一次正式以银为法定货币。元代沿用银铤为称量货币。元世祖至元三年（1266 年），诸路交钞都提举杨湜请将平准库的白银铸成锭，每锭重 50 两，名之曰“元宝”。这是中国货币史上首次将银锭称为“元宝”。此外，元代还铸行“至元通宝”金钱、“大朝通宝”银钱和“元贞通宝”小银钱。

明代仍使用金银铸币，以元宝形的银锭为主，一般大元宝以 50 两为一锭，下面再分小锭。银锭上多铸有文字，大锭上往往铸有地名、重量、银匠姓名等，小锭上有时只铸年号，不铸重量。明代还铸有 50 公斤银锭、500 两铸库银锭、100 两法子等不太常见的银币。英宗正统年间，白银成为正式法定货币，取得了价值尺度、流通手段和支付手段等货币基本职能。明代也曾铸行金银通宝钱，遗留下来的有“永乐通宝”“万历通宝”“天启通宝”等。

清代货币以白银为主，分五种：一为纹银（足纹），是清代通行的标准银两；

① 参见王文成：《宋代白银货币化研究》，云南大学出版社 2001 年版，第 347 页。

② 采自中国人民银行《中国历代货币》编辑组编：《中国历代货币：公元前二十一世纪—公元二十世纪》，第 50 页。

二为元宝，也称“宝银”或“马蹄银”；三为中锭，也叫“小元宝”，重约 10 两（见图 7-11）[①]；四为小锞，也叫“锞子”或“小锭”；五为散碎银子，重量在 1 两以下。此外还有外国流入的银元。光绪年间，清朝也用机器铸造银元，称“龙洋”。[②]

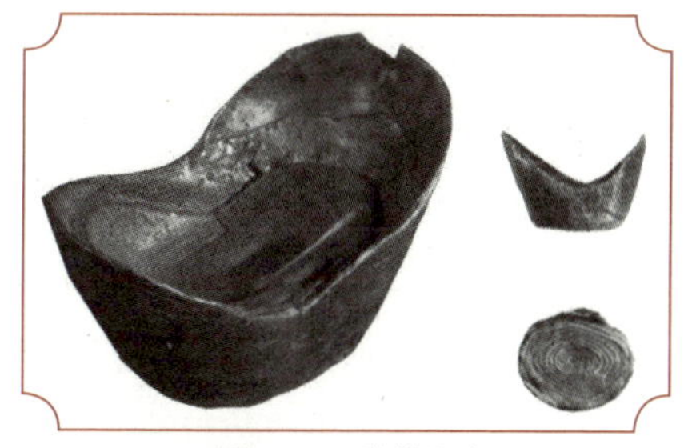

图 7-11　清代元宝

九、铁 钱

铁钱是中国古代以铁为币材铸成的钱币。

最早的铁钱是西汉文帝时铸行的四铢半两铁钱，在湖南、湖北、陕西等地都有发现。宣帝时还铸行过五铢铁钱。王莽货币改革时，曾铸行“大布黄千”“大泉五十”“货泉”等铁钱。东汉铁钱主要流通于东汉初期及桓帝、灵帝以后，币值较低，两枚铁钱相当于一枚铜钱。蜀汉亦曾铸行铁钱。

南朝梁武帝普通四年（523 年）铸铁钱，是中国货币史上第一次由中央政府大量铸造铁钱，也是首次用铁钱代替铜钱，以铁钱为法定本位货币。梁朝铸行的铁钱有铁五铢、大吉五铢铁钱、大通五铢铁钱、大富五铢铁钱等。这引起了铜钱升值，导致“短陌”现象（用 80、70 甚至 35 个铜钱来代替 100 个铜钱）更加普遍。

隋唐时也铸行过铁钱，但铸行量较少。五代各朝始终未曾铸行铁钱，并采取措施禁止铁钱的输入和使用。十国中，后蜀、楚、闽、南唐曾经铸行铁钱。

宋代是中国历史上铸行铁钱数量最多、时间最久的时代。当时专门设有铁

---

① 采自中国人民银行《中国历代货币》编辑组编：《中国历代货币：公元前二十一世纪—公元二十世纪》，第 54 页。

② 参见李如森：《中国古代铸币》，第 601 ～ 692 页。

钱监铸造铁钱，发行总量不下千万贯，流通时间几与宋朝相始终。北宋成都府路、梓州路、利州路、夔州路四路专用铁钱，陕府西路和河东路铜钱、铁钱兼用。铁钱的名称、种类与同时代的铜钱名称、种类基本相同，品类繁多，达数十种。① 南宋铁钱，无论是钱文种类还是铸额、版别，都达到了中国货币史上铸行铁钱的最高峰。南宋铁钱有 31 种，主要在四川、两淮、江西等地流通。与宋朝对立的辽、金、夏三朝也曾铸行铁钱。

元、明两朝基本上没有铸行过铁钱，仅有明末唐王政权曾短暂铸行“隆武通宝”铁钱。清代铁钱也不多，除清初吴三桂铸行的“利用通宝”铁钱外，只有咸丰铁钱影响较大。咸丰铁钱于咸丰三年（1853 年）七月开始试铸，次年三月正式铸造，至咸丰九年（1859 年）七月停铸，共 5 年多时间，分“咸丰通宝”“咸丰重宝”“咸丰元宝”三种。②

十、纸　币

纸币是指代替金属货币进行流通，由国家发行并强制使用的货币符号。中国是世界上最早使用纸币的国家。

世界上最早的纸币是北宋时产生于四川成都的“交子”。它由唐代的飞钱演变而来。宋初，四川专用铁钱，携带不便，随着商品经济的进一步发展，便出现了由商人出具的类似收据形式的楮券，其由商家信用担保，票面金额临时填写，分散发行，式样不统一。宋真宗大中祥符元年（1008 年）前后，成都 16 家富商联合兴办交子铺，发行交子。交子用统一的纸张印制，有版面、图案、花纹等。为方便在更大范围内使用和兑现，便在四川各地设立交子分铺。后因经营不善，

① 参见邱思达：《宋代的铁钱监和铁钱》，《中国钱币》1988 年第 2 期。

② 参见刘森:《中国铁钱》, 中华书局 1996 年版, 第 10 ～ 25 页; 李如森:《中国古代铸币》, 第 487 ～ 577 页。

不能兑现，引起争讼，于是收归官办。

宋仁宗天圣元年（1023 年）设益州交子务，第二年发行官办交子，以 36 万贯铁钱为准备金，中国的国家纸币由此诞生。官办交子仿照商办交子的形制，加盖本州州印，用铜版三色套印，分界（期）发行，3 年一界，界满以新换旧。宋徽宗崇宁四年（1105 年），把纸币改名为“钱引”，除福建、两浙、江南、荆湖、广南外，在各路发行。大观元年（1107 年），改交子务为钱引务。钱引发行数量逐年增多，使其迅速贬值，钱引一缗低时只值数十钱，从而引发了严重的通货膨胀。

南宋初年，民间通行一种类似飞钱便换的“便钱会子”。绍兴三十年（1160 年）改为官办，开始流通于两浙，后通行于东南诸路、两淮、荆湖及四川各地，是南宋最主要的货币。此外，南宋还有通行于陕甘地区军中的“河池银会子”，流通于两淮地区的“淮交”，行用于京西、湖北地区的“湖会”，通行于四川东北数州的“铁钱会子”等地方纸币，使宋代币制更加复杂。（见图 7–12）①

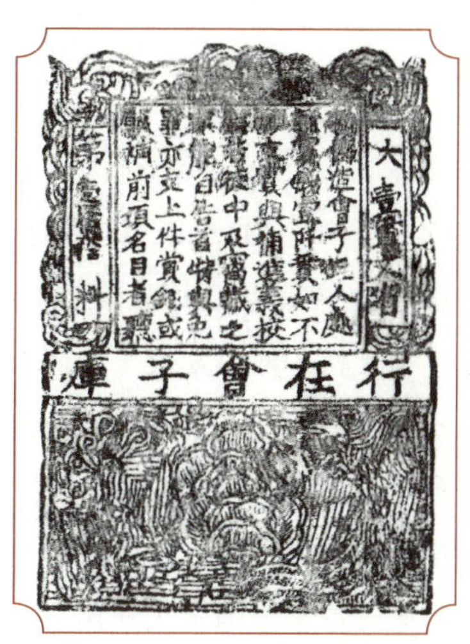

图 7–12　南宋行在会子库版印样

纸币交钞是金国主要货币。海陵王贞元二年（1154 年），设立交钞库，印发交钞，分大钞、小钞二等。大钞分 1 贯、2 贯、3 贯、5 贯、10 贯五等，小钞分 100 文、200 文、300 文、500 文、700 文五等。以 7 年为一界（期），界满后以新钞换旧钞。金代交钞最初币制稳定，信誉较高，流通很广。但不久之后，由于不限制发行量，通

① 采自中国人民银行《中国历代货币》编辑组编：《中国历代货币：公元前二十一世纪—公元二十世纪》，第 71 页。

货膨胀比较严重，纸币信用遭遇严重危机。

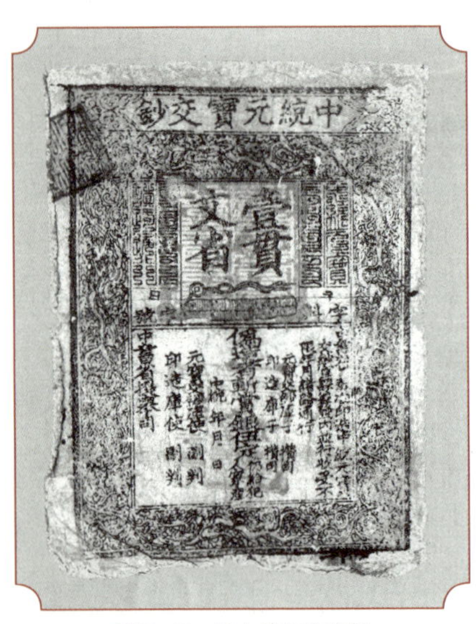

图 7-13　元中统元宝交钞

蒙古太宗八年（1236 年），仿照宋、金交钞办法由各地单独发行交钞，限于本地流通，3 年为一界。元世祖中统六年（1260 年），发行“中统元宝交钞”（见图 7-13）[①]，后又印行“中统元宝钞”。至元二十四年（1287 年），发行“至元通行宝钞”，这是元代最重要的货币。武宗至大年间曾发行“至大银钞”，旋即废除。顺帝至正十年（1350 年）发行“至正交钞”，无准备金，是纸币本位制度。元朝纸币流通很广，在其最强盛的时期，北尽蒙古高原，西贯中亚等都通行无阻。马可・波罗把元朝发行纸币的事情说成是中国皇帝的“点金术”，说这种纸币“用之以作一切给付。凡州郡国土及君主所辖之地莫不通行……各人皆乐用此币”[②]。

元朝在纸币发行、管理方面有比较完备的制度。这一制度是通过世祖至元年间颁行的《整治钞法条画》9 条和《至元宝钞通行条画》14 条加上若干具体的法令规章实现的。主要内容有：朝廷垄断纸币的发行权；纸钞与白银挂钩，拨足钞本，准许民间自由兑换；纸钞不分界，不定期限，不限地区和用途，可在全国永久通用，并准许外国使用；严禁伪造。这些做法对后世产生了深远影响，尤其是无限法偿、用钞本维护钞值等做法直到 20 世纪 30 年

① 采自修晓波：《元代的色目商人》，前插页 1。

② ［意］马可・波罗著，冯承钧译：《马可波罗行纪》，中华书局 1999 年版，第 238 页。

代还为欧美等国家和地区所采用。[①]

明太祖洪武八年（1375 年）开始发行“大明宝钞”，宝钞分 1 贯、500 文、300 文、200 文、100 文六等。宝钞用桑皮纸作原料，1 贯大钞长 1 尺，宽 6 寸，是世界上面积最大的纸币。由于不限定发行量及管理制度的混乱，明中期以后，大明宝钞越来越难以为继，宣德三年（1428 年）停止发行。

清顺治八年（1651 年），仿照明朝纸币制度发行“钞贯”，顺治十八年（1661 年）停止。此后 190 多年间没有发行纸币。咸丰三年（1853 年），设官票所和宝钞局，发行官票和宝钞。官票又叫“银票”，以银两为单位，票面写“户部官票”，有 1 两、3 两、5 两、10 两和 50 两多种。宝钞全名为“大清宝钞”，以制钱为单位，又叫“钱票”“钱钞”，面额分 250 文、500 文、1000 文、1500 文、2000 文几种。清政府规定，凡民间完纳地丁、钱粮、关税、盐课等款，都要使用官票、钱钞，并准许民间自行通用。由于咸丰纸钞并没有得到社会的认可，购买力不断下降，不到十年就成了一捆捆废纸，致使物价腾踊，市场萧条。同治五年（1866 年）七月，官票和宝钞停止使用。[②]

十一、钱 庄

钱庄，又叫“银号”“钱铺”“钱店”，是明清时期的一种金融信贷机构。明中后期到清乾隆中期，其业务主要是银钱汇兑；乾隆中期以后，开始办理存放款业务。

钱庄起源于经营银钱兑换的钱摊。明正统元年（1436 年），开始实行银两和铜钱两种货币并行的制度。由于其使用范围不同，国内贸易与居民生活存在两

① 参见郭彦岗：《中国历代货币》，第 116 ～ 118 页。
② 参见千家驹等：《中国货币演变史》，第 155 ～ 162 页。

种货币兑换的需求。嘉靖至万历年间，产生了兑换银钱的钱庄。具体经营方式是先买入铜钱，再收进银两，兑出铜钱，通过赚取银钱比价差额谋取利润。

清代钱庄有了进一步的发展。乾隆中期，钱庄业务的发展已超出简单货币经营业的范围，初步向信贷机构过渡。它还发行钱票。钱票在一定范围内流通，可异地支付，起着代替货币职能的作用。乾隆年间，上海钱庄的数量和规模已很可观。乾隆四十一年（1776 年），上海设立了钱业公所，有石源隆、三泰源等 25 家钱庄承办公所事务。此后 20 年间，承办公所事务的钱庄数量迅速增加，达到 106 家。嘉庆初年，上海钱庄发展到 124 家。（见图 7–14）①

图 7–14　19 世纪末的上海钱庄

1860 年以后，钱庄业务又有扩展，开始为进出口商人提供信贷，在口岸本地使用庄票，在口岸与内地之间使用汇票。庄票是钱庄签发的本票，可代替现金在市面流通，也被洋行接受，是钱庄向华商提供信用的工具。汇票是钱庄对委托汇款者签发的汇款支付书，即收款人收取款项的凭证。这能在一定期限内给予商人调度资金的便利，促进了中外贸易的发展。

在钱庄业，宁波商人的势力很大，在上海尤为突出。大约从 19 世纪 20 年代开始，宁波商人在钱庄中已发明了“过账制度”，凡与钱庄有往来关系的商人在买卖成交时，不论其数值大小如何，只需要到钱庄去记账，即各行业的资金收支从使用现金改为借助钱庄进行汇转，无须经手

① 参见《嘉庆二年钱业承办祭业各庄名单碑》，上海博物馆图书资料室编：《上海碑刻资料选辑》，上海人民出版社 1980 年版，第 254 ～ 255 页；香港中文大学中国文化研究所文物馆等：《买办与近代中国》，第 228 页。

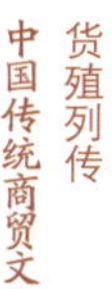

现金。这一制度是近代金融制度的核心，宁波商人的这一做法在世界上首开先河。

钱庄之间庄票的清算方法最初大抵是各自直接划抵。1890 年前后，上海钱庄创造了一种“公单制度”，即每天 14：00，各汇划钱庄汇总其应收之庄票到出票钱庄换取公单；16：00 以后，各钱庄齐集“汇划总会”，互相核算，出入相抵，奇尾零数以现金清偿，其整数则由钱庄另行出票实行划账。这实际上就是各钱庄之间初步实行的票据交换制度。

清末时，钱庄的汇兑业务也因币制改变而消失。宣统二年（1910 年）颁行《国币则例》24 条，确定以银圆为国币的本位制，银两和制钱兑换业务受到很大影响，但仍有部分钱庄经营银钱兑换业务，改称“银钱兑换所”。民国初年，各大银行发行以银圆为单位的银行券，并停止铸造制钱，银钱兑换最终消失。北洋政府时期，钱庄业曾短暂地摆脱清末的颓势，有所恢复，其经营范围还从流通流域扩展到生产领域，为新式企业提供了一些资金。但在现代银行的挤压下，其利润率还是不断下降，逐渐走向没落。[①]

十二、票　号

票号，又称“票庄”“汇号”或“汇兑庄”，是清代到民国时期以经营汇兑业务为主的金融信用机构，为不同地区间资金调拨服务，起着促进商品流通的积极作用。

中国最早的票号是成立于道光初年的山西平遥的日升昌票庄，由日升昌颜料庄演变而来。在票号产生的早期阶段，从业者几乎全是山西商人，其中尤以平遥、祁县、太谷三县的商人最多，实力最强。后来江浙商人和云南商人也开设票号，称为“南帮票号”，但实力远不及山西票号。

① 参见黄鉴晖：《中国钱庄史》，山西经济出版社 2005 年版，第 28 ～ 152 页；张国辉：《晚清钱庄和票号研究》，社会科学文献出版社 2007 年版，第 1 ～ 173 页；吴松弟主编：《中国近代经济地理》第 1 卷，华东师范大学出版社 2015 年版，第 358 ～ 362 页。

票号的发展经历了三个阶段。从道光年间产生到 19 世纪 50 年代末，是初步发展时期。票号出现后，由于信誉良好，组织结构严密，存款安全隐密，获得了迅速发展。1860 年，票号达到 24 家，分支遍及各重要商业城镇。营业对象最初主要是商人，到太平天国运动时期，开始承办清政府官款的汇兑，为其大发展奠定了基础。

19 世纪 60 ～ 90 年代是票号发展的黄金时期。这一时期，票号突破山西帮的垄断，南帮票号不断增设。活动区域延伸到全国边远地区，尤其是向对外通商口岸扩展。票号最盛时，山西有总号 30 余家，全国各地设分号 400 余所，以北京、天津、上海、汉口和重庆最为繁盛，国外如日本东京、俄国莫斯科、印度加尔各答以及新加坡等地也设有分号。票号进一步密切了同政府间的联系，成为其财政支柱。清政府为弥补亏空而增加税收、举借内外债大都经过票号。

1900 ～ 1911 年是票号盛极而衰的时期。1900 年“庚子之役”中，慈禧西逃，银钱、衣物等极其匮乏，票号全力予以资助。事后清廷对票号更加信任，岁入各款大部分存于票号。票号生意尤为兴盛。20 世纪初，由于银行势力迅速扩张，尤其是辛亥革命后，清政府这个最大主顾倒台，票号遭遇发展困境。加上票号墨守成规，经营方向不能适应时代发展之需要，未能筹组成新式银行，故在竞争中逐渐败下阵来，日趋没落。[①]

山西票号在近百年的发展中，在继承旧式金融组织经营之道的基础上，形成了较为完备的管理制度。

首先是汇兑制度。汇兑是汇款者委托票号将其款项支付给收款者的结算制度。晋商票号的汇兑方式主要有票汇、信汇和电汇。票汇是最常用的一种方式，即以汇票的形式办理异地资金的汇兑。汇票有严密的密押，防止伪造。（见图 7–15）[②]

① 参见马敏等:《中国经济通史》第 8 卷下册，湖南人民出版社 2002 年版，第 555 ～ 559 页。

② 采自燕红忠等：《晋商五百年 · 汇通天下》，山西教育出版社 2014 年版，第 28 页。

信汇是采用书信的方式进行汇兑，一般适用于与票号交往较多、汇兑款项比较大的客户。电汇是在光绪中叶邮电事业取得发展的情况下开办的，有自编之密码，对日期、平色、数目等均能用一两个字代替，简便迅速，给票号各分号之间紧要事件的联系、市场行情的传递等带来了极大的便利。山西票号的出现使中国的货币清算制度发生了深刻变化，即从运送现银为主的结算方式逐渐过渡到以汇兑为主的结算方式。这有利于节约社会劳动，标志着中国金融汇兑制度的创立和成熟。

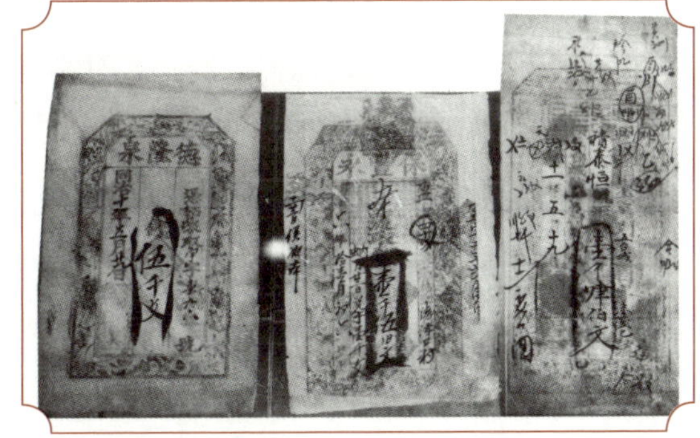

图 7–15　山西票号汇票

其次是总分号制度，即财东独资或合资办票号，其总号设于山西，于全国各大商埠设若干分号，总号与分号之间、分号与分号之间是相互联系、相互支持的关系。由于晋商在长期的远途贸易中设立了广泛的商业网络，总号成立后，票商迅速、方便地将这些分支机构改造为分号，这样，票号就有了总分号制的特征。资本一般都存放在总号中，总分号间可直接通汇或调度资金，并互相接济，灵活运用资金。

再次是资本的筹集和运作制度。票号投资较大，创始资本从数万两到二三十万两不等，因此多为合伙组织，也有独资经营的。东家对组织负无限责任，分号经理甚至其家族对总店也负无限责任。票号一般每三年结一次账，按照投资时各人所入股份分红。票号创立的公积金和风险金的提留制度等也具有超前性，保证了资本的充足率。①

① 参见吕建锁：《浙商钱庄与晋商票号的信用制度比较研究》，中国社会科学出版社 2013 年版，第 119 ～ 125 页。

十三、银 行

银行是按照现代企业制度建立的经营货币信贷业务的金融企业。

中国境内最早设立的银行是外国在华银行，时间在 19 世纪 40 年代。道光二十五年（1845 年），英国丽如银行在香港设立分行，在广州设立分理处，这是在中国设立的最早的外国金融机构。到 19 世纪 50 年代末，有 5 家英国银行先后设立了 14 个分支机构。它们的业务大同小异，都以中外贸易为服务对象，进行商业结算、汇兑及商业性存款和放款。

同治三年（1864 年）创立的汇丰银行是把总行设在中国的第一家外国银行，其香港总行和上海分行分别于次年的 3 月和 4 月开始营业。其用 30 年时间在中国建立起一个北起京、津，南临海口，从上海、广州、台湾到汉口、九江的金融网。其业务主要包括国际汇兑、吸收存款、商业贷款和对清政府的军事政治贷款。

19 世纪 60 年代后，法、德、日、俄、美等国银行纷纷进入中国。从总体上看，它们始终是一支重要的金融侵略势力，凭借不平等条约的保障，在华经营存贷款、把持汇兑、发行钞票、投资企业，并通过对中国政府贷款等，试图在金融上控制中国。

清光绪二十三年（1897 年），中国人自己创办的第一家银行——中国通商银行在上海成立。（见图 7–16）[①] 该行名为商办，实际上是盛宣怀利用和依赖清政府的势力创办起来的。它的内部管理仿照汇丰银行，用人办事均以汇丰银行的章程为准则，业务几乎包括了除国际汇兑以外的所有银行业务。存款主要来源于户部等政府机构和官督商办企业，私人工商业资本和社会存款较少。放款对

① 采自孙慎钦编著：《招商局史稿　外大事记》，社会科学文献出版社 2014 年版，第 60 页。

象主要包括官督商办企业、商业、外国银行、洋行、钱庄等。[①]

图 7–16 中国通商银行（位于上海外滩中山东一路 6 号）

光绪三十一年（1905 年）九月，清政府在北京开办户部银行；光绪三十四年（1908 年）七月改称“大清银行”。这是近代中国的中央银行，也是清末最大的一家华资新式银行。除一般银行业务外，有铸造硬币、发行纸币、代理国库等特权。到宣统三年（1911 年）六月，大清银行在各地设立分行 21 家，分号 35 处。北洋政府时改为“中国银行”。

光绪三十二年（1906 年），随着上海信成银行的设立，中国私营银行开始发展，如四明银行、浙江兴业银行等，其中上海的买办是积极投资与创办新式银行的一个十分活跃的阶层。截至 1911 年，中国共设立 30 家华资新式银行，其中 13 家为官办或官商合办。新式银行的发展在推动工商业发展等方面起到了积极作用。[②]

十四、度

度是指用尺度来测量物体的长短。

古代长度单位很多，其中最常用的是丈、尺、寸、分。它们从产生时起，就构成了十进（退）位关系，1 丈为 10 尺，1 尺为 10 寸，1 寸为 10 分。正是由

① 参见吴承明、江泰新主编：《中国企业史・近代卷》，企业管理出版社 2004 年版，第 173 ～ 178 页。

② 参见吴松弟主编：《中国近代经济地理》第 1 卷，第 362 ～ 366 页。

于其进位合理，使用简便，量值适当，故成为生命力极强、流传甚广的长度单位制。后世具体单位量值虽有不同，制度却无更改，直到中华人民共和国成立后，其才被米制取代。丈以上还有引，1 引为 10 丈。分以下有厘、毫、丝、秒等，与分皆是十退位关系。

除以上长度单位外，古人还常用寻和仞表示长度。诗词中常见“千寻”“千仞”之语。寻，指人伸开两臂之长；仞，指人之身高，均是 7 尺或 8 尺。

古代还有一些专用测长单位，如用于布帛的端（2 丈或 6 丈）、幅（布帛广 2 尺 2 寸，其边曰幅）、匹（4 丈或 8 丈）；用于测量土地面积的步（唐以前为 6 尺，唐以后为 5 尺）、里（唐以后一般为 360 步）、亩（广 1 步，纵 240 步为大亩，纵 100 步为小亩）。

历代长度单位多有变化，以最常用之尺为例。先秦时期，夏 1 尺约为 24.63 厘米；商大尺 1 尺约为 31.1 厘米，小尺 1 尺约为 15.8 厘米；周 1 尺约为 19.7 厘米。春秋战国时，各国尺度不一，齐国 1 尺约为 21.8 厘米，秦国 1 尺约为 23.1 厘米。

秦建立后，统一度量衡，1 尺约为 23.1 厘米。汉承秦制，沿用了秦朝的度量衡制度，直到三国两晋时期。南朝 1 尺约为 24.7 厘米，北朝 1 尺为 25.6 ～ 30 厘米。隋继承了北周的度量衡制度，1 尺约为 29.5 厘米。唐 1 尺约为 30.3 厘米。（见图 7–17）[①] 宋 1 尺约为 31.4 厘米。元 1 尺约为 35 厘米。明清时期，1 尺约为 32 厘米。[②]

图 7–17 唐象牙尺模型图（原长 30.23 厘米，正、背两面用双线等分为 10 个寸格）

古代测量长度的工具直接以度最常用的单位“尺”命名。今天保存下来的历朝历代的尺很多，如两汉尺就有近百支，多为铜质，尺上以各种纹饰分

① 采自陈见东主编：《中国设计全集》第 13 卷《工具类编 · 计量篇》，商务印书馆 2012 年版，第 20 页。

② 参见丘光明等：《中国科学技术史 · 度量衡卷》，第 14 ～ 439 页。

成 10 格，每格为 1 寸。新莽时还出现了卡尺，由固定尺和滑动尺两部分组成，便于测量深度和直径，其外形和测量功能类似今天的游标卡尺。卡尺的出现是古代计量技术的一大突破，比欧洲要早 1700 年左右。（见图 7–18）①

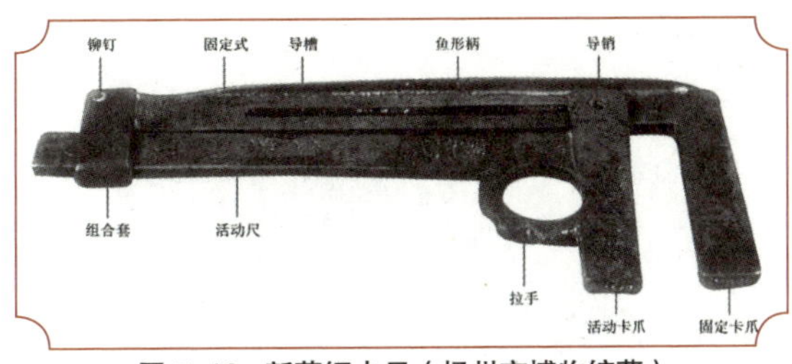

图 7–18　新莽铜卡尺（扬州市博物馆藏）

十五、量

量是指用升、斗来测量物体的多寡。

在古代的量器单位中，最常用的是升和斗，其他还有釜、豆、斛、石等。它们之间的关系十分复杂，历代的单位量值也多有变化。

春秋战国时期，各国量制相差较大。齐国为豆、区、釜、钟，1 钟为 10 釜，1 釜为 4 区，1 区为 4 豆，1 豆为 4 升。这是齐国的公量制度。田氏的私量大于公量，1 钟为 10 釜，1 釜为 5 区，1 区为 5 豆，1 豆为 4 升。田氏以私量贷出粮食，以公量收之，收买人心，最终实现了“田氏代齐”。齐国、邹国、楚国、魏国、赵国、韩国 1 升分别为今天的 205、200、226、225、175、168 毫升。

秦国商鞅变法时，颁布了统一度量衡的命令，并监制一批度量衡器发往秦国各地。现存于上海博物馆的商鞅铜方升便是当时制作的标准量器。经实测，方升的内口径长 12.4774 厘米，宽 6.9742 厘米，深 2.323 厘米，可算得其容积为 202.15 立方厘米，即 200 毫升左右。秦朝建立后，秦始皇颁诏在全国统一度量衡，

① 采自陈见东主编：《中国设计全集》第 13 卷《工具类编 · 计量篇》，第 15 页。

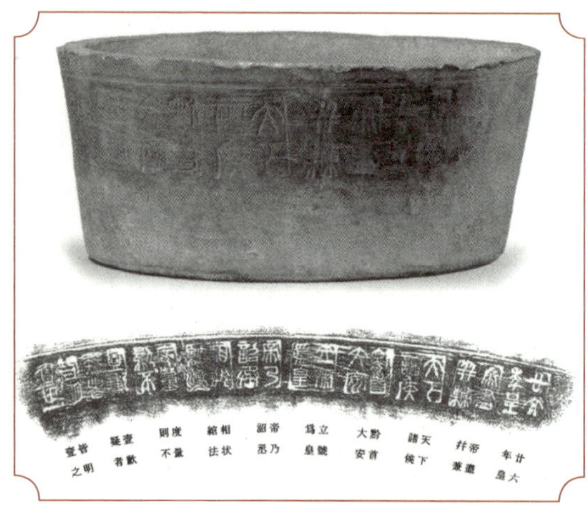

图 7-19　秦诏陶量及其铭文（山东邹城邾国故城出土）

诏书甚至被刻到了量器上（见图 7-19）[①]。秦的量制除升以外，还有斛、斗，1 斛为 10 斗、100 升。

西汉继承秦制，1 升约相当于今 200 毫升。王莽新朝、东汉、三国两晋以至南朝均沿用此制。北朝前期，1 升约为今 300 毫升，后期 1 升约为今 600 毫升。这一时期的量制还有斛、斗、合，1 斛为 10 斗，1 斗为 10 升，1 升为 10 合。另外还有一个单位“石”，与斛相等。

隋统一度量衡，并为唐代所继承，1 升约为今 600 毫升。这时亦有斛、斗，其与升之间都是十退位的关系。

宋代以后，量器的量值越来越大，宋代 1 升约为今 702 毫升，元代 1 升约为今 1003 毫升，明、清两朝 1 升约为今 1035 毫升。从宋代开始，改斛为 5 斗，“石”仍为 10 斗，即 1 石为 2 斛，1 斛为 5 斗，1 斗仍为 10 升，1 升仍为 10 合。

十六、衡

衡是指用权衡来称量物体的轻重。

古代衡器的单位由大到小依次为石、钧、斤、两、铢等，最常用的是斤和两，早在汉代就已确定。1 石为 4 钧，1 钧为 30 斤，1 斤为 16 两，1 两为 24 铢。比

① 采自谢治秀主编：《辉煌三十年：山东考古成就巡礼》，科学出版社 2008 年版，第 148 页。

铢小的单位还有累、黍，1 铢为 10 累，1 累为 10 黍。

唐代重量单位中还新增了一个“钱”。它是从“铜钱”的“钱”转借过来的。唐初的“开元通宝”10 枚重 1 两，此后便约定俗成地把 10 枚铜钱重 1 两作为一个重量的标准，即 10 钱为 1 两，在实际运用上取代了 24 铢为 1 两的汉制。宋代把它列为法定单位，又把长度中的分、厘、毫等借用为重量的小单位，置于钱之下，全部采用十进位，换算较便利，致使原有的铢、累、黍被废置。

历代衡器的量值差别也很大，以最常用的斤为例。周初 1 斤约合今 147.5 克，西周后期和战国时期 1 斤约合今 250 克。如战国“司马成公”青铜权上的铭文记载此权为 120 斤，实测重量为 30350 克，推算当时 1 斤约合今 252.9 克。（见图 7–20）西汉 1 斤约合今 250 克，王莽新朝 1 斤约合今 245 克，东汉 1 斤约合今 220 克。三国两晋及南朝时，1 斤约合今 220 克。北朝前期 1 斤约合今 330 克，后期 1 斤约合今 660 克。隋代 1 斤约合今 660 克。唐代 1 斤约合今 667 克。宋代、元代 1 斤约合今 640 克。明、清两代，1 斤约合今 596.8 克。①

图 7–20　战国青铜权（中国国家博物馆藏）

古代衡器主要有两大类，即等臂式的天平和不等臂式的提系杆秤。天平多是衡梁中部悬吊，称物一端与系权一端分设于衡梁左右等距离的位置上（见图 7–21）；物品重量不是从重量刻度判知，而是由相应的权重判知，因此天平用权往往标刻其自重，且多为某一基本单位重量的整数倍，而古天平衡梁一般没有刻度。（见图 7–22）杆秤是衡杆标刻星度、毫纽往往不设在秤杆中心位置的衡器。

① 以上关于度、量、衡的论述，均参见丘光明等：《中国科学技术史 · 度量衡卷》，第 14 ～ 439 页。

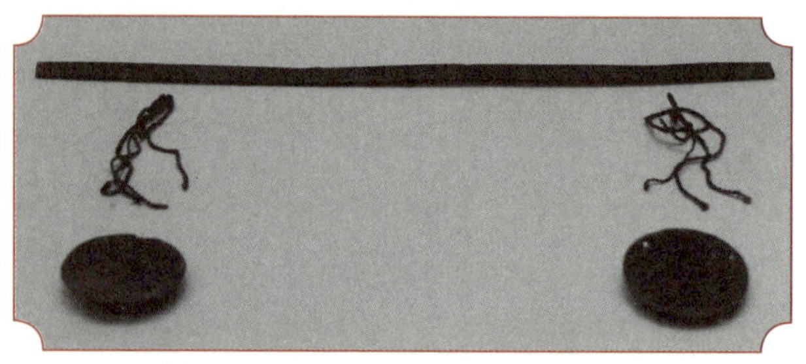

图 7–21 战国楚天秤（中国国家博物馆藏）

秤杆一端系物，毫纽另一侧可随处挂权（俗曰“秤砣”）。杆秤与天平在使用方法上的主要不同是物品的重量不由权重判知，而是由秤砣重量与该砣所悬位置之秤杆刻度值合计读出。这种合计虽略显繁难，但其所得数值更加丰富，更能适合商贸需要。宋代还发明了一种小巧而精致的杆秤——“戥子”。其以当时流行的两、钱、分、厘为权重单位，最大量值是 1.5 钱，分度值为 1 厘。由于小巧灵便，称量精确，其很快便成为金银、药物等贵重物品的专用权器而沿用近千年。①

图 7–22 北魏天平（敦煌壁画）

衡制与衡器并非仅是量度问题，还蕴含着深刻的道德伦理内涵。传统杆秤 1 斤是 16 两，用 16 个星标示。人们就说 1 两位置上的秤星为福星，2 两位置上的秤星为禄星，3 两位置上的秤星为寿星，其余为北斗七星和南斗六星。如果故意短斤少两，就会遭到报应：克扣 1 两的损福，克扣 2 两的伤禄，克扣 3 两的折寿……人们以此来告诫商人要遵守商业道德，不能欺骗顾客。

① 参见郭正忠：《三至十四世纪中国的权衡度量》，中国社会科学出版社 1993 年版，第 20 ～ 25、67 ～ 82 页。

第八章 经营方式

商业经营方式指商品经营活动中采取的方法和形式，具体包括商业资本的筹集和运营方法，所投入的人力、财力、物力等商业经营要素的组合，利润分配及销售形式和策略等。关于销售形式和策略，第九章再介绍，本章只涉及前几个方面。

从独资经营到合伙经营，再到公司制，是包括中国在内的全世界商业资本筹集和运营方式演进的共同道路。这三种形式反映了商业资本筹集和运营方式的进步，但它们之间的关系不是取代性的。就是说，合伙经营出现后，独资经营仍然广泛存在并发挥作用；公司制出现后，前两种形式也依旧在不同层次、不同规模的商业经营中存在并发挥作用。

在中国传统商业的发展历程中，因投入的人力、财力、物力等商业经营要素的组合及分配方式的不同，出现了委托代理、联号、家族经营、买扑等颇能提高经营水平或效率的制度。这些制度在发展过程中产生了一些颇具近代商业经营色彩的具体做法，从而使晚清中国能在本土制度资源的基础上接受并改造西方开创的公司制和股份制等现代化的经营方式，并使之适应中国商业生存的“土壤”。公司制和股份制等因之成为中国商业不断发展的重要制度性因素。中国商业史上也曾产生相对发达的商业信用制度，与前述经营方式一起支撑着商品经济体系的运作。

一、独资经营

独资经营，顾名思义，是由一个人单独出资的经营方式。这是最悠久、最单纯的商业经营方式，经营全靠自有资金，自负无限责任，即自有资财与商业资本没有界限，盈利并入自有资财，亏损不限于商业资本，连自有资财也一并补上。

在传统社会中，独资作为一种最简单、最普遍的资本组织形式，不仅大

量存在于中小工商业中，同时也存在于规模较大的工商业资本中，如贩运商业、矿业中都存在规模较大的独资经济组织。有些独资经济组织的资本规模甚至可以达到白银万两以上。大凡一些规模较小，或者规模虽大，但出资人自始至终拥有较大财力的商人资本大多都采取独资的形式。如明清时期苏州城内著名的孙春阳南货铺，由宁波商人孙春阳于明万历年间独资创立。该店铺面规模宏敞，内设南、北货房及海货房、腌腊房、酱货房、蜜饯房、蜡烛房，从明代创立到清中叶200余年间兴盛不衰，始终由其子孙掌管，没有他姓顶代。

独资经营也有多样化的实现形式。有些独资商人以结伴合帮的方式外出从事贩运，但一般情况下，其资本及经营内容都各自独立、互不相干，彼此间没有财产上的关系，相互间都是独立的商人。明清江西商人中不乏此类各有本金，只是结伴偕行，同“帮”却不同“本”的独资商人。有些商人通过借贷形式得到资本后方能进行经营。在借贷经营的状况下，资本的运营者不论营运状况如何，都必须按照事先约定的利息率向债权人支付借贷利息，至于经营过程中的盈亏则全部由资本的营运人负担。在经商之风较盛的徽州，有些商人所用资本都是从他人处借贷而来，但在经营时，完全是自己所有的样子。这些商人与放贷者是债务人与债权人的关系。[①]

独资经营有产权明晰、权责明确的特点，经营完全由财东决定，成功与否取决于其努力程度和业务管理水平，相对的高度集权使其经营成本较低，“船小好调头”，可灵活调整经营方向，对中小规模的经营特别适合。这是其优势之所在。规模小，发展速度慢，经营风险系于一人，是其劣势之所在。

---

① 参见张忠民：《艰难的变迁：近代中国公司制度研究》，上海社会科学院出版社2002年版，第3～6页。

二、合伙制

合伙制是指两个或两个以上的人共同投资一定数量的资本，共同经营，按事先的约定分配可能获取的利润，并同时承担无限清偿债务责任的制度。

图 8–1　西汉“中舨（贩）共侍约”木牍（湖北荆州凤凰山出土）

合伙制至晚在春秋时代已经形成。1973年，湖北江陵凤凰山 10 号汉墓出土的木牍中有一份“中舨共侍约”（见图 8–1）①，是迄今发现的最早的合伙经商契约。其中规定了合伙的资金来源、入伙条件、惩罚办法、损失共担等合伙制的基本原则，反映了西汉时合伙制的进步。到宋元时期，合伙制已达到了较高水平，既有资本与资本间的合伙，也有资本与劳动间的合伙，还有介于二者之间的混合型的合伙。后世常见的合伙形式此时均已出现。

明清时期的合伙制更加发达。具体表现有：第一，在各行各业中日益普遍，在典当、矿冶、海外贸易等领域的合伙资本已经十分庞大，本银可达数万两甚至更多。第二，合伙时间延长，甚至获得了类似近代企业那样的“永久性”。各行业店铺尤其是一些著名字号中的合伙已经可以超过合伙人的自然寿命而存在，不因合伙人的去世而解散。第三，合伙的一些制度也日趋稳定化和形式化，形成了为某一地区民众认可和遵守的习惯制度。合伙者不再主要以彼此之间的“情投意合”和“同心揭胆”来维系合伙关系，而是通

① 采自彭浩主编：《凤凰山汉墓简牍》，湖北美术出版社 2002 年版，第 5 页。

过订立契约来明确各自的权利、义务，并以之作为约束合伙人行为、规范利益分配的主要依据。合伙者的清偿责任不再都是无限责任制。合伙者按占有资本股份的多少负担清偿责任，而不是一位合伙人负担所有合伙人的债务，这可视为有限责任制的萌芽。此做法当时已被大多数人接受，也得到官府支持。

合伙制在历史上发挥了一定的积极作用。在这种制度下，钱、财、力都是入伙对象，合伙类型的多样化便利了资本的筹集与发展，吸引了更多有经营能力者投身工商业，促进了当时工商业的发展。合伙制发展过程中形成的一些制度或惯例则成为后来股份制企业的“本土性”制度资源，使中国近代较早的一批股份制企业成为传统与近代、中国商业惯例与西方经济制度的混合体。

15 世纪以后，西方在私人合伙的基础上很快衍生出以有限责任制和法人制度为根本特征的股份公司，极大地增加了资本集中的规模与效益。中国的合伙制则基本上没有出现制度创新。直到近代西方公司制传入中国后，中国传统合伙制受到了激发，才有了向公司制转化的契机。①

三、公司制

公司是在生产社会化、经济商品化条件下产生的一种能有效地集合资本、组织生产、扩大企业规模的高级企业组织形式。

晚清中国的公司制并非中国经济发展衍生的结果，而是从西方引进的。当时在中国运作的公司形式包括吸附华股的外国公司、官督商办公司和民办公司三种模式。它们代表了晚清公司制发展的三个阶段。

外国洋行是在中国土地上最早开始运作的公司。它们多为按照西方各国公

① 参见刘秋根：《中国古代合伙制初探》，人民出版社 2007 年版，第 57 ～ 414 页；马敏等主编：《东方文化与现代文明》，湖北人民出版社 2001 年版，第 438 ～ 448 页。

司法规注册成立的合股公司或股份有限公司。为获取最大的利润，洋行充分利用股份公司集资灵活的特点，广泛吸收华股，以华人资本剥削华人。19 世纪五六十年代以后，华商购买外国公司股票之风日盛一日。

官督商办是中国自办公司的最初模式，是洋务派官员对西方公司制度有意识地学习模仿的结果。洋务派创办的“官督商办”民用企业，开启了近代中国公司制实践之先河。较早的官督商办公司有轮船招商公司（见图 8–2）[①]、开平煤矿、上海机器织布局、电报总局、中国铁路公司等。从形式上看，这些企业已具备了现代股份公司的某些特征。

图 8–2　轮船招商总局办公楼（1901 年兴建）

经过二三十年的经营运作，各官督商办企业的弊端日益暴露，呈现出普遍衰败的态势。甲午战后，日益严重的民族危机进一步激发了民族资产阶级自我意识的觉醒，在“挽回利权”和“设厂自救”的爱国热潮中，华商进行资本联合的意识进一步增强。广泛检讨官督商办公司制弊端的社会舆论也进一步促进了民办公司的发展。1895 ～ 1900 年，中国民办企业总资本已达 1972.4 万元。

经济实践表明，官办、官督商办企业均不如民办公司有效。1898 年，清廷颁布了《振兴工艺给奖章程》，首次承认了民办公司的合法地位。为指导和规范公司的运作，清廷于 1904 年颁布了中国第一部公司法——《钦定大清商律 · 公司律》。该法律共 11 节、131 条，第一次对“公司”作了法律界定——“凡凑集资本共营贸易者，名为公司”；规定了公司的四种类型，即合资公司、合资有限

① 采自孙慎钦编著：《招商局史稿　外大事记》，第 40 页。

公司、股份公司和股份有限公司；此外，还对各类公司的创办呈报，对股份公司的股份设立，股票的转让买卖，股东的权利、义务以及公司董事的推选等作了相应规定。针对《公司律》颁行前社会上官办、商办企业往往不甚平等的状况，它还规定以后股权面前人人平等，取消了官股或官局的特殊地位，保护了商民的合法权益，标志着中国公司步入了健康运作的轨道，无疑是近代中国公司制度建设中的一大进步。它在近代中国历史上第一次按照近代无限、有限责任的原则而不是按照出资人或经营人的身份对企业所作的分类规定，在近代中国公司制度演进中具有开创性意义。

《公司律》开了中国公司立法之先河，加上一系列鼓励华商踊跃投资、大办公司的政策、法规相继出台，为民办公司营造了一个较为有利的社会环境，由此迎来了中国民办公司发展的第一个高潮。1904 ～ 1908 年底，在商部注册的公司共 265 家，资本总额 13833.7 万元。

公司制不仅对近代企业的成长和资本扩张及社会经济的发展产生了巨大的推动作用，而且在中国的政治和文化领域产生了不可低估的影响：首先是公司股份均一、股权平等的经营原则和在股东大会基础上形成的“三权（董事会的决策权、经理的业务执行权、监事会或查账人的监督权）分立”的运作机制进一步启发了国人对民主决策和民主管理的认识；其次是造就了近代首批企业家，为民族资产阶级的成长壮大提供了条件。①

四、委托代理制

委托代理制指资本所有者委托专门的经营者替自己经商牟利的经营方式。无

① 参见张忠民：《艰难的变迁：近代中国公司制度研究》，第 58 ～ 70 页；李玉等：《中国近代公司制度史：史学领域的一块处女地》，《社会科学研究》1997 年第 4 期。

论是独资经营，还是合伙的资本组织形式中，都可能存在委托经营。这一制度下，资本的所有权和经营权发生了实质性的分离，由此在资本的治理结构中出现了被称为“财东”的出资人和被称为“朝奉”“掌计”“掌柜”的经理人两个阶层。

需要请专门经理人进行经营管理的首先是那些规模较大，有时还实行跨地域、跨行业经营的大商业字号。即使财东本人颇具经营才能，全部生意都由其直接经营也有极大的难度，若财东是现任官员就更不可能亲自经营了。在这种情况下，遴选经理人代为经营就成为唯一可行的办法。一些经营规模已发展到商业联号组织的商人资本，通常要由财东延请既有经营才能又为自己信任的人员充任各地、各字号的经营者。另外，采矿、盐井、票号等行业都要求经营者具有相当的专门知识和专业技能，而这些技能又不是每一个出资者都具备的，由此必然出现专门的经营管理者和经营管理阶层。在徽商所营典当业中，财东延请使用称为“朝奉”的经理人员的现象十分普遍。

一般情况下，实行了“财东—掌柜”委托代理制的商号，财东在按照委托合约将全部资本及经理事宜交付于经理后，除扩充业务、赏罚同人、处置红利等外，并不过问商号的日常事务，而只是静候经理的年终营业报告。一些商号还规定，财东在全权委托掌柜经营后，自己平时就不能再使用商号名义在社会上活动，也不能在商号内食宿、借钱或指使商号内员工为自己办事。这种基于资本所有权与经营权分离原则下高度信任和权责分明的委托代理制，是传统社会资本组织中最富效率、最为合理的经营制度和治理模式。

为最大限度地调动经理人的经营积极性，财东对经理阶层大多采用固定工薪加红利分成的“约束激励”机制。固定工薪一般不高，对商号经营收入的红利分成才是经理人取得较为丰厚报酬的主要途径。在当时的情况下，财东对于掌柜的红利分成一般采用两种方式：一种是按事先所言明的比例，对经营利润实行直接分成；另一种是采用“顶身股”的办法来长期约束和激励经理人。

顶身股之法首先被晋商采用。晋商的股份有银股、身股之别。银股即财东投入商号或票号的资本。身股又称“顶生意”，即不出资本而以人力顶一定数量的股份，按股额参加分红。在这种办法下，拥有顶身股的经理人或其他中上层职员均可在几年一期的账期分红时，据拥有身股的多少按比例取得一定的身股花红。（见图 8–3）[①] 顶身股之法是委托代理制下十分有效的激励约束机制。身股持有者只有尽心尽力经营，才能在为财东带来效益的同时，也提高自己的收入。分红账期多在 3 年以上，为获得较好的经营业绩和较高的收入，顶身股者势必重视商号的中长期利益，并在较长时期内始终把商号的经营与自身的经济利益联系在一起。这就是顶身股这一激励机制能最大限度调动经营人员的积极性和创造性的原因所在。[②]

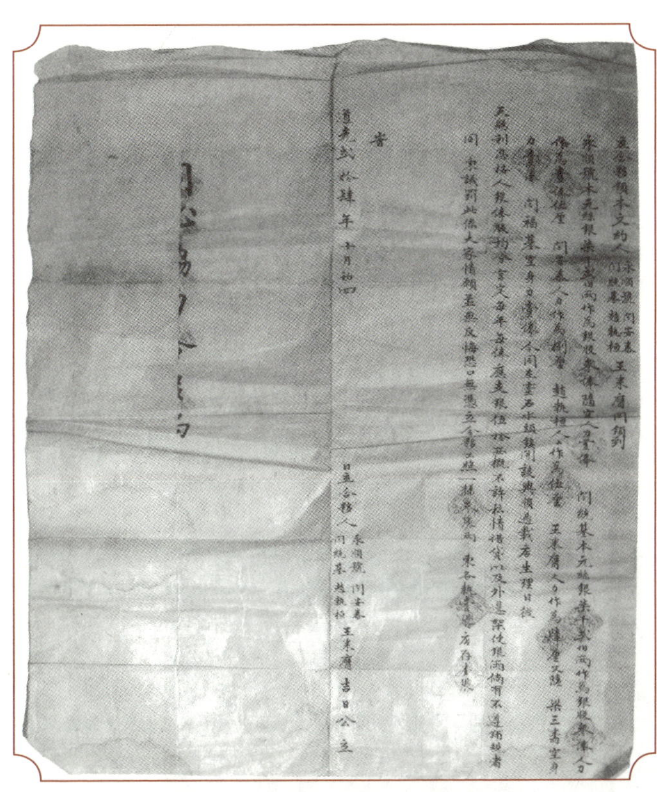

图 8–3 山西灵石水头镇兴顺号设立文约
（清道光二十四年）

① 采自李锦彰：《晋商老账》，中华书局 2012 年版，第 13 页。

② 参见张忠民：《艰难的变迁：近代中国公司制度研究》，第 34 ～ 39 页。

五、联号制

联号制是指大多由一个财东出资（或以一个为主），财东对所经营的分布于各地不同行业的商号实行子母形式的管理制度。[①] 清代的晋商、鲁商等都采用这种方式，且财东往往由某个家族充当。

晋商联号制的总号均设在山西，其除管理总号内部各项事务外，还要对各地分号进行宏观调控。分号遍布各大商埠和城镇，其经理负责业务开拓、资金运用和人员管理。如太谷曹氏所经营的商号便实行联号制，具体通过三个账房进行管理，其中“励金德”账房管理太原、潞安及江南各地的商号（见图 8–4）[②]，“用通玉”账房管理东北的各商号，“三晋川”账房管理山东的各商号。“励金德”管辖的“彩霞蔚”是曹氏规模最大的绸缎庄，“彩霞蔚”又管辖张家口的“锦泰亨”、黎城的“瑞霞当”、榆次的“广生店”、太谷的“锦生蔚”等商号。财东曹氏并不直接过问这些商号的经营和盈亏，而是由“彩霞蔚”负责，“彩霞蔚”则向“励金德”负责。“彩霞蔚”所属“锦泰亨”等商号经理想面见财东，须先由“彩霞蔚”经理引见“励金德”经理，再由“励金德”经理引见财东。曹氏办的各商号虽都是独立核算，但是各商号在上一级商号的领导下，在信息交换、物资采办、

图 8–4　太谷曹氏“励金德”账房旧址

① 参见唐力行：《商人与中国近世社会》（修订本），第 64 页。
② 采自刘亚丽等编著：《晋商五百年·商贾望族》，山西教育出版社 2014 年版，第 34 页。

市场销售上都相互支持，必要时在财政上也可挪款相助。这就形成了一个比较有力的商人集团。[①]

鲁商最著名的联号是章丘旧军孟家的“祥”字号。孟家的商业自清康熙、乾隆年间兴起。到鸦片战争前后，孟家商号除北京瑞生祥、谦祥益及济南庆祥、隆祥四家绸布店外，又增设了北京瑞增祥、瑞林祥，天津瑞生祥和保定庆祥等绸布店。鸦片战争后，“祥”字号得到很大发展，逐渐在全国多个大中城市开设了新店。到清末民初，逐渐形成瑞蚨祥和谦祥益两大系统。瑞蚨祥系统主要有1862年开设的济南瑞蚨祥绸缎店，光绪初年开设的北京瑞蚨祥鸿记布店和天津瑞蚨祥土布批发庄，1893年开设的北京瑞蚨祥绸缎店，1896年开设的烟台瑞蚨祥绸缎店和济南泉祥老号，1904年开设的青岛瑞蚨祥缎店，1908年开设的天津瑞蚨祥鸿记缎店，1911年开设的北京瑞蚨祥西鸿记茶店及光绪初年开设的瑞蚨祥申庄和苏州庄等商号。谦祥益系统主要有清乾隆年间开设的济南隆祥老号、北京谦祥益号、周村恒祥染店，光绪年间开设的汉口谦祥益老号、衡记、西号及清末民初开设的申庄、广州购货庄、日本大阪购货庄等。(见图8–5)[②] 瑞蚨祥和谦祥益两个系统商号的管理模式基本相同。最高层是东家和全局总理，下设地区总理和各店经理，主要通过旬报、月报、

图8–5 北京谦祥益旧照

① 参见张海鹏等主编：《中国十大商帮》，第22页。

② 采自丁维峻：《北京的老字号》，第177页。

年中约算、年终结算和号信等形式对各地商号进行控制。它们都有一定的周转资金，各分店的卖货款都交总店汇往申庄汇存。各店进货绝大部分通过总店由申庄统一采购。分店向总店要货，总店向申庄要货，都不限于存款多少或有无。统一使用周转资金，可使各店在经营上互相调剂，提高资本的周转率。

基于家族形成的联号制经营方式可以使商号在竞争激烈的商战中互相支援、互相帮助，增强自身的竞争力。如北京瑞蚨祥在“庚子之变”中被焚毁后，就是由济南、天津的瑞蚨祥和上海的申庄发货拨款进行接济而复业的，仅天津一处就接济了 15 万两银子。清末有人总结山东人在商业上的成功之道说：“富于团结力，劳动者互相扶助，商人互通缓急，恰如一大公司，其各商店则似支店，互相补给商品，以资流通，而金钱上尤能融通自在。”[①] 这里讲的是山东同乡之间的互相支持，而基于比同乡关系更紧密的家族关系形成的联号制商号之间自然更易互相支持，休戚与共。联号制还有助于形成品牌效应，使分号尽快得到顾客认同，如“祥”字号的商号即是如此。[②]

六、股份制

股份制是指通过发行股票来筹集资金以组织大规模企业经营的资产组织形式，本质上是一种资本组织和运行的新型方式。

中国的股份制不是因自身经济发展而自发产生的，而是由西方传入的。鸦片战争后，外国工商企业开始进入中国。它们把西方已使用多年并有成熟经验的集股筹资之法引入中国，大量发行股票。

1872 年，洋务派核心人物李鸿章指派沙船业巨商朱其昂创办了中国第一家

① ［日］稻叶君山著，但焘译：《清朝全史》，第 693 页。
② 参见谭景玉等：《齐鲁商贾传统・明清卷》，第 307 ～ 310 页。

股份制企业——轮船招商局。该局采取公开向社会招股的方式筹集资金，每股规银 100 两，入股数目不加限制；股东有权参与企业的经营管理，每百股举一商董，作为入股商人之代表，再由众商董推举总董，参与招商局及各分局的领导决策；实行严格的财务管理，每年要编制资产负债表、损益计算书，并在《申报》和《字林沪报》上公之于众，向社会公开，向股东们报告。（见图 8–6）①

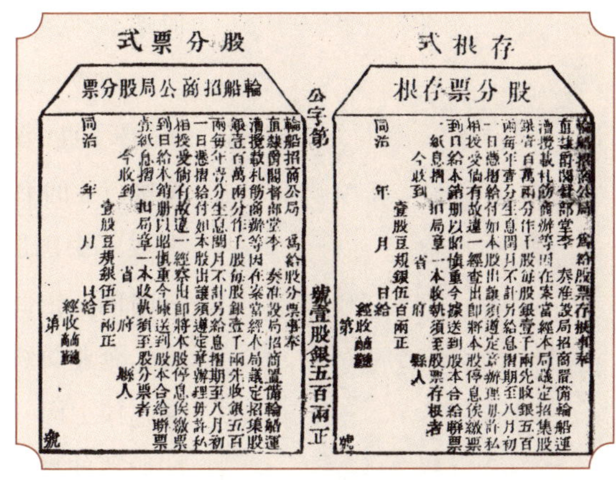

股分票式

輪船招商公局股分票

輪船招商公局　爲給股分票事案
直隸爵閣督部堂李　奏准設局招商置備輪船運
漕攬載札飭商辦等因在案當經本局議定招集股
銀壹百萬兩分作千股每股銀壹千兩先收銀五百
兩每年壹分生息閏月不計另給息摺期至八月初
一日憑摺給付如本股出讓須遵定章辦理毋許私
相授受倘有故違一經察出即將本股停息俟繳票
到日給本銷冊以昭慎重今將送到股本合給聯票
壹紙息摺一扣局章一本收執須至股分票者
今收到　省　府　縣人
壹股豆規銀伍百兩正
同治　年　月　日給
經收
第　號

公字第　號壹股銀五百兩正

存根式

股分票存根

輪船招商公局　爲給股票存根事案
直隸爵閣督部堂李　奏准設局招商置備輪船運
漕攬載札飭商辦等因在案當經本局議定招集股
銀壹百萬兩分作千股每股銀壹千兩先收銀五百
兩每年壹分生息閏月不計另給息摺期至八月初
一日憑摺給付如本股出讓須遵定章辦理毋許私
相授受倘有故違一經查出即將本股停息俟繳票
到日給本銷冊以昭慎重今據送到股本合給聯票
壹紙息摺一扣局章一本收執須至股票存根者
今收到　省　府　縣人
壹股豆規銀伍百兩正
同治　年　月　日給
經收
第　號

图 8–6　招商局股票

作为中国第一家近代股份制企业，轮船招商局所推行的股份制带有许多“中国式”特色。如：管理体制上实行官督商办，企业内部充满官场习气与衙门作风，来自政府的勒索层出不穷；利润分配上实行“官利”（股息）制，不论是否盈利，股息都要预先付出，然后再行结算，余有利润时才进行分配，由此使股金带有借贷资本的特性，许多股东因此并不注重其在企业中的权利与义务。

继轮船招商局之后，集股筹资的办法渐次推广到电信、铁路、工矿等部门。其中电报局和上海机器织布局、开平矿务局等企业招股比较成功。如开平矿务局的股票就非常走俏。1882 年 6 月，市场上甚至出现了争相追逐开平股票的现象，一度有人愿意以每股 237 两的价格收进原值 100 两的

① 采自胡政主编：《招商局画史》，上海社会科学院出版社 2007 年版，第 15 页。

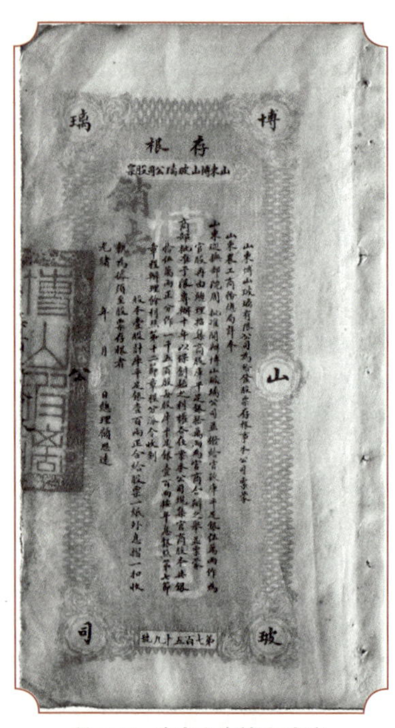
博　璃
存根
山　玻
司

图 8–7　清末山东博山玻璃公司股票存根

股票。（见图 8–7）①

1877 ～ 1883 年，先后有苏、皖、鄂、鲁、热、奉、直、滇、桂等省的纺织、煤炭、铜、银、金等行业的 19 家企业采用招商集股办法集资，形成了中国股份制企业发展的第一个高潮。一时间，招商集股成为一种时尚。各股份公司、企业纷纷在当时的金融中心上海发行股票，使上海一度出现了哄抬股票价格以及抢购股票的现象。由于投资者普遍缺乏股份制的常识，政府又无法规约束股份制企业，因此，第一次股份制热潮中隐伏着深刻的危机。1833 年，上海发生金融风潮，市场急剧动荡，洋务企业股票价格猛跌，如开平股就暴跌至 29 两的低点。

伴随着股份经济在中国的发展，清末完全由私人合股开办的企业也如雨后春笋般出现。这类股份制企业由于没有官方的掣肘，实行了更为严格的经营管理制度，企业管理的民主化、科学化色彩更浓。如张謇发起创办的大生资本集团，从 1896 年筹建起，每年都有一份详细的"账略"和"说略"。前者是围绕着盈亏计算与分配的会计报告之一，后者是系统反映一年来企业经营活动全过程及其结果的会计报告。

进入民国以后，股份制企业得到了更大的发展，股份公司从 1913 年的 992 家增加到 1917 年的 1024 家。1947 年，中外各种股份公司仅经国民政府经济部核准设立登记者即有 2555 家。其营业种类以经营国内外贸易一类为最多，次为

① 采自政协博山区委员会编：《博山历史文化遗产》第 2 辑，2011 年，第 317 页。

金融业和运输业。公司所在地以上海为最多，重庆、天津、北京、青岛、汉口等市，浙江、江苏、四川等省次之。①

七、家族经营

家族是中国传统社会结构的基础，其与商人的经营活动相结合，形成了一种以血亲族属关系为纽带、依托家族力量进行资本筹划和管理的经营方式，即家族经营制或家族式经营。

过去学者多认为传统家族制度会压抑和阻碍商品经济的发展，但这无法解释 16 世纪以后商品经济最发达的长江三角洲地区家族活动相当活跃的状况，也无法解释明清以降徽州家族建设极为发达背景下徽商的发展等问题。近些年，越来越多的学者认为，家族与商品经济并非水火不容，而是对经营活动具有促进作用，如借助家族势力经商，能大大增强商人的竞争力，甚至认为明清时期“没有任何组织比家族和宗族更适合于为商业企业提供一种制度性基础”②。这种经营方式在明清时的徽商、鲁商等群体中都很常见。从以上商人群体的经营实践看，家族制度并非完全是商业发展的限制性因素，其对商业经营活动的发展也不乏支持作用。具体表现在：

第一，家族对商业资本筹集的支持。基于血缘关系形成的家族伦理可为商人提供某种信任机制，使得家族内部在商业资本上的支援和帮助成为商人资本筹集的重要方式。

徽人经商的原始资本多与宗族有关。凡官有余禄或商有余资者，往往资助族人业贾。有的是家族内部合伙从事需要资金较多、规模较大的生意。如万历

① 参见邹进文：《近代中国的股份制》，《历史档案》1995 年第 3 期。

② ［英］科大卫著，周琳等译：《近代中国商业的发展 · 作为公司的宗族》，浙江大学出版社 2010 年版，第 79 页。

年间，祁门郑氏兄弟叔侄郑元祐等集资 12 股往江西贩木。也有委托族贾附资经营的，如明清之际歙商江国政业贾淮阴，亲友因他为人谨慎厚道，附本数千金与他合资经营。还有族人合资经商的，如明代徽商程锁联络全族内“贤豪者”10 人，每人出资 300 缗，贾于吴兴新市。总之，徽人得到族人资助或贷款经商的事例举不胜举，有的家族甚至把这一点写到了家训族规中。[1]

一些山东商人非常注意选择族内有心计经商者予以资助。明代潍县人徐从谨善于经商，并热心救助族内贫弱者，若发现族内子弟之有心计者，便会资助以本钱。清代临朐商人李岫青对族人中比较贫穷但有才能者，都会给予资金让其经商，赖以致富者达 10 余家。

第二，家族在人力上对商业经营的支持。“择人而任时”是商业经营成功的重要条件。在传统社会，最能得到信任的首先就是族人。族人是传统商人在经营中最重要的人力支持。

徽商的合伙者多以族人为主。明中期的歙县人方廷珂到开封经商致富后，族中子弟只要稍稍懂得商业经营者均随其前往经商，获提携者有几百家。据明末休宁人金声说，歙县、休宁两县人经商，往往带领其亲朋好友一起进行，只要有一家经营成功，就不止一家可保证温饱，其大者能养活千百家，小者亦能养活十数家。他们雇佣的伙计大多为族人。

山东商人在选择店员、伙计时往往首先选择族人。位于北京前门外的正阳楼由山东掖县人孙振清与其子孙学仁于道光年间创办。后来，孙学仁认为本家兄弟比外人可靠，便把堂兄弟孙学礼、孙学智、孙学信和孙学士都从老家带到北京，又开设了正明斋饽饽铺等。他就是利用同乡或族人来从事商业经营的。有的是整个家族都投身商业，如清代商河人展汝霖与诸兄拉车服贾，到晚年财累巨万，子侄辈也都以经商为业。

① 参见唐力行：《商人与中国近世社会》（修订本），第 74 页。

第三，家族势力在商业竞争中的作用。排斥竞争，建立垄断可最大限度地提高利润率。徽州坐贾对地方市场的垄断主要通过控制城镇市集的全部贸易或把持某一行业的全部业务来完成。这种垄断往往需要家族的全力支持。徽人外出经商，在城镇市集落脚后，其族人和乡党即随之而来。他们通过举族移徙经商，在一些城镇市集建立起垄断组织。长江中下游一带有“无徽不成镇”之说，指的就是徽商对地方市场的垄断。

徽商在建立区域性垄断时，往往通过联结家族势力造成人力、财力上的优势。如黟县商人朱承训在江西吴城镇经营金融典当业，他对觅业而来与失业而贫的乡人皆因才推荐。这就使族人乡党势力不断发展，从而达到排斥异己的目的。徽商对城镇的垄断，还可以从他们占籍的人数来看。如山东临清占籍者九成皆徽商。

徽商在建立行业性垄断时，也离不开家族势力的支持。以典当商为例，典商大多为休宁人，他们的竞争策略是族人、乡党从事同一行业，凭借雄厚的资本，采取一致行动，降低典利，挤垮本薄利高的异邦商人。

对周游天下的徽州行商来说，正确判断与预测瞬息万变的市场行情是其获利的前提。这种判断和预测往往依靠副手及在各地经商的族人提供信息，因此徽州行商十分重视编修族谱。在某种意义上，族谱就是徽州行商的联络手册，四方诸族是他们取得可靠商业信息的重要来源。①

到了近代，家族经营有了新的形式。家族制度与公司制结合，产生了不少家族公司。凡是能以家族的力量（毋论是控股还是不控股）左右公司发展的大政方针以及掌握实际的经营管理的公司，都应算作家族公司。握有公司的控股权，或虽在名义上未能掌握公司的控股权，但在实际上却能以家族力量的影响最终实现对董事会、股东会的控制，都应该视作能够左右公司发展的大政方针。至

① 参见唐力行：《商人与中国近世社会》（修订本），第 75 ～ 82 页。

图 8–8　周学熙像

于“掌握实际的经营管理”是指家族成员进入公司的最高管理层，并且在最高管理层中占有优势比例，在公司的日常经营管理中掌握实际的权力。20 世纪初，家族公司曾成为公司制演进过程中的主流形态。当时出现的荣氏家族的福新、茂新、申新公司，郭氏家族的永安公司，简氏兄弟的南洋烟草公司以及周学熙（见图 8–8）系统的公司企业都是家族公司。

八、商业信用

商业信用指买卖双方在交易过程中以延期付款或预收货款的方式进行的信贷行为。延期付款即赊买赊卖，是最基本的商业信用。预收货款是发展了的派生的商业信用。

至晚从春秋时候开始，就已出现了商业信用性质的赊买赊卖。汉代商品经济要比以前发达得多，赊买赊卖的现象随之增多。唐代商业信用也很发达，除官府和籴粮草中普遍存在外，民间消费领域尤为突出，酒店楼肆往往有赊卖的习惯。如白居易诗云：

忆昔羁贫应举年，脱衣典酒曲江边。
十千一斗犹赊饮，何况官供不著钱？①

宋代是中国古代商品经济发展的高峰时期，商业信用随之空前兴旺发达，

① （唐）白居易著，顾学颉校点：《白居易集》卷二八《府酒五绝 · 自劝》，中华书局 1979 年版，第 650 ～ 651 页。

在广度和深度上都超过了前代。当时的商业信用可分为民营和官营两种。

宋代民营商业信用最基本的形式是赊卖赊买。商人或生产者向消费者零售商品时常采用赊卖赊买方式，豪商大贾向中小商人“分卖”、批发商品也经常搞赊卖。虽然在宋代占主导地位的交易方式仍是现钱买卖，但是从苏轼、苏辙的言论和吴自牧的《梦粱录》等书的记载看，当时至少在某些城市、某些行业中，民间的赊卖赊买已经相当普遍，现钱交易反而退居第二位。以前十分罕见的预付货款现象在宋代民间也滋长起来。如在四川产茶区、福建荔枝产区等专业化商品生产比较发达的地方，商人和消费者向生产者预付货款的现象已相当普遍。

宋代官营的商业信用主要有：(1) 政府向民间提供的信用赊卖，其中最著名、影响最大的是市易法。市易司的商品绝大部分是以赊卖方式销售。另外，赊卖茶、盐的规模也比较大，持续时间较长。(2) 从宫廷到地方州县，向民间购买物品时都存在赊买。有些赊买是公平交易，有些则是对民间工商业者和农民的巧取豪夺。其中最重要的是市籴粮草中的赊籴制度。(3) 官营的预付货款。一是民间的茶商、盐商向官府预付货款，对各种禁榷物品实行钞引制后，这种现象尤为突出。二是官府收购麻布、绸绢、茶叶、食盐、矿冶品、军需粮草等物品时，有一种向生产经营者预付货款或工具、食物的制度。典型是“和预买绸绢”制度，但其后来却变成了一种官营高利贷盘剥或赋税剥削。

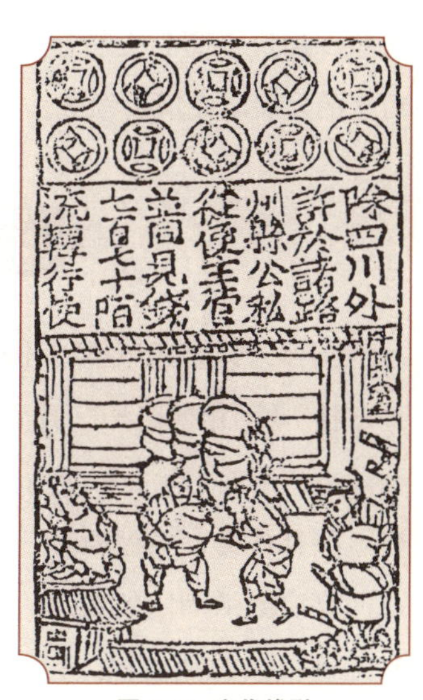

图 8–9　宋代钱引

随着商业信用的发展，宋代商业领域出现了一些新现象，也形成了一些新的矛盾和问题。一是出现了茶引、盐钞引、矾钞引及见钱公据、钱引（见图 8–9）[①]、关子、会子等大量的信用证券，

① 采自中国人民银行《中国历代货币》编辑组编：《中国历代货币：公元前二十一世纪—公元二十世纪》，第 71 页。

或用来提货，或用来取钱，或钱物并取，总之都是在官府与民间的商业信用中充当中介物。二是形成了证券交易市场，出现以买卖交引为特征的交引铺，尤以北宋京城开封和南宋京城临安的交引铺最负盛名。三是“牙人”阶层的发展，牙人队伍壮大起来。[①]

明清时期，商业信用继续发展，但在内容或形式上没有多大变化，最大的进步就是深入各行各业、各个地区。仅就民间商业信用来说，商人与商人之间、商人与生产者之间、商人与消费者之间以及生产者与生产者之间都较为普遍地建立了商业信用关系。

商业信用是商品经济发展到一定程度的产物，其随着商品经济的发展水平不断提高，而商业信用的发展反过来又促进了商品经济的发展。在生产领域，买方向生产者事先提供货款，生产者可用来购置原料、工具，支付雇工的雇值，也可购买生活必需品，有利于商品生产的顺利进行。在流通领域，缓解了“钱荒”现象，加快了商品交易速度，甚至在一定程度上推动了纸币在宋代的产生及其后来的发展。在消费领域，有助于增加消费，从而拉动商品经济的发展。

九、买扑制

买扑，又称“扑买”“扑断”等。从字面上看，买即购买；扑，一般认为“争到曰扑”“手相搏曰扑”，即竞争、搏斗以决胜负之义。买主互出高价竞争于卖主面前，其角逐之状类似于力士相搏，买扑或因此而得名。

买扑作为商业经营的一种方式，是指民户自愿通过经济手段或自由竞争方式向官府缴纳固定的钱物，从官府手中买断一定时限、一定地域范围之内的某些经济领域的独占权（包括生产权、经营权和管理权）或产权（包括所有权、

① 参见姜锡东：《宋代商业信用研究》，河北教育出版社1993年版，第1～25、230～235页。

使用权、收益权和处置权），然后通过自己的精打细算和悉心经营来分割某些利润，从而实现官民分利互赢的经济现象。

买扑制始于唐末或五代时期，此后的宋、金、元诸朝均存在，但以宋代买扑最为昌盛，涉及面最广，影响最大，而金代大概只短暂地存在于坑冶业中，元代主要是买扑天下赋税。宋代买扑的范围很广，在酒、盐、茶、矾、醋、坑冶、商税、津渡等特许经营及官田宅的经营、政府购买等经济领域内都很普遍，其中酒坊场务的买扑最为集中地反映了买扑制的基本内容。

脚店

正店

图 8–10　北宋的酒店（宋 · 张择端《清明上河图》局部）

酒坊场务的买扑从北宋初年就已开始，到大中祥符前后有了较大发展。（见图 8–10）主要表现在：

首先是地域的扩大，不仅在东南等经济发达地区实行，而且扩大到沿边地区。到熙宁年间，更是在全国广泛推行。

其次是买扑期限由一年一界扩大到了三年一界，并一直延续到南宋。分界制

具有保证官府与买扑民众权益相对稳定的作用，在一界之内，不论买扑者经营状况如何，都必须向官府交纳约定的课额，官府也不能随意终止买扑民众的经营管理权。

再次是实封投状法的创立。实封投状类似于今天的招投标制度。其程序为：由官府依照以前的价格对坊场估定一个价格，在要闹处张榜公布，任人在此基础上添价承买；买扑民户要如实填写状，向官府提供自己的真实姓名、买扑价格、充作抵当的田宅等物业数量、保人姓名及其财产数量等，密封后交给官府；官府按投状顺序予以登记后封存；期满之日当众开拆，出价高者即获得承买权，若最高价不止一人，则按投状顺序，先下状者获得承买权。这一制度一直延续到南宋时期，其间只是略有调整。

实封投状法实际上是官府将竞争因素引进承买过程，以确保自己获得最大的收入。宋人俗语云："欲得富，赶着行在卖酒醋。"[①] 可知时人本就把卖酒当成发家致富的捷径。在实封投状法下，一些民户为确保获胜，往往不对坊场进行客观评估，而是漫天加价，甚至有加至10倍者，后来却无法盈利，难以完成课额，终致抵当的田宅被官府籍没，全家流离失所。实封投状法下的买扑是一项以公开、公平、自愿为原则的官民分利互赢的制度，虽在实施中因为官府干预和买扑者的不冷静导致了一些社会问题，但其适应了商品经济发展的趋势，从制度设计的角度看应予以肯定。[②]

---

① （宋）庄绰：《鸡肋编》卷中，中华书局1983年版，第67页。

② 参见李华瑞：《宋代酒的生产和征榷》，河北大学出版社2001年版，第198～227页；许沛藻：《宋代买扑坊场管理制度述略》，邓广铭等主编：《中日宋史研讨会中方论文选编》，河北大学出版社1991年版，第64～77页；杨永兵：《宋代买扑制度研究》，人民出版社2012年版，第1～140页。

第九章 经营策略

经营策略是指商人在长期的经营实践中，基于对商品经济运行规律的把握，总结出的一些行之有效的管理经验和营销技巧。虽然各地商人因生活地域不同，所受的文化熏陶各异，但在中国这样一个长期大一统的国家中，各地区之间的经济、文化交流日益密切，不同地区商人的经营策略呈现出趋同之势，甚至可以说存在某些共性。

基于儒家的伦理规范，传统良商多奉行“重义轻利”的思想，故能坚守“君子爱财，取之有道”的古训，更加注重通过自己艰辛的劳动获利，并能在经营中坚守诚信——既包括商人品质上的诚信，也包括产品质量上的诚信。

从先秦时期开始，以范蠡、白圭等为代表的早期传统商人在经营实践中就形成了对商业经营规律的初步把握，并总结出了一些行之有效的经营策略，核心是“候时转物，贱入贵出”。这一点被后世诸多商人奉为圭臬，并成功地应用于商业经营之中。

历代商人在从业中围绕着人员管理、待人接物、产品宣传等也积累了一些优秀的经验，不少做法直到今天仍未过时，足以供现代经商者学习和借鉴。

本章以经商谚语或俗语为题，列举了传统商人七个方面的经营策略。限于篇幅，文中多以明清时期影响极大、取得极高成就的徽商、晋商和在商业史上长盛不衰的鲁商为例加以说明。

一、“不将辛苦意，难得世人财”

明代小说《金瓶梅》第十六回中李瓶儿说过一句很有见地的话：“买卖不与道路为仇。”即主张做生意要勤快，不要怕多跑路。第五十九回中韩道国之妻王六儿则随口引用了俗谚“不将辛苦意，难得世人财”，亦是强调做生意必须能忍受各种艰辛，否则是无法成功的。这两句话应是当时比较流行的俗话，所以他们才能随口说出。由这两句话可知，商人应该具备的一个重要品质就是不怕吃苦，不惧艰辛。

徽商在商业经营中就表现出不畏艰辛、努力开拓的进取精神。从明中后期开始，徽商的足迹不仅遍及各通都大邑及繁华市镇，而且远至偏僻乡村及荒漠、海岛，形成徽商遍天下的局面，出现了“无徽不成镇”之说。徽商在商场上亦是不屈不挠，愈挫愈勇，“徽之俗，一贾不利再贾，再贾不利三贾，三贾不利，犹未厌焉”[①]。现代著名学者胡适曾将这种精神概括为“徽骆驼”精神，即是对徽商拼搏进取的形象概括。这样的例子很多，如休宁人朱世荣经商于江河湖海间，屡屡失利，又屡屡东山再起，可谓徽商顽强精神之典型代表。他幼遇祖父经商失意，家贫如洗，11 岁始学做生意。23 岁时，以数年经商所得娶妻成婚。不久妻子病故，再续娶丁氏，致使积蓄用尽，生意乏本。他靠变卖丁氏陪嫁的衣服首饰，方才筹得资金往巢县开设典当铺营生。在巢县啼河，他废寝忘食，忍受常人难以忍受的艰辛与苦难，出入数百里，虽雨雪也不乘车马。一日，行至大通湖内，遇深雪迷路，误入沟中，脚被坚冰划破，皮破五寸，血流不止，大病一场，两月后方才痊愈。45 岁时，在典当盈利较微、无法继续的情况下，他没在困难面前退缩，而是与他人合伙前往芜湖做起了获利较大的铜坊生意。然而，人有旦夕祸福，三年后，铜坊因官事而歇业。这次变故依然没能使朱世荣屈服。他又化整为零，先后与昆弟在芜湖合伙开设炼珠铺，同许氏合资开设铜锡等货的专卖店，还亲自做起了贩卖芜湖铜器到苏州的长途贩运贸易。[②]

晋商亦有不畏艰辛、敢于冒险的精神。他们拉着骆驼，千里走沙漠，冒风雪，犯险阻，北走蒙藏边疆;横波万里浪，东渡东瀛，南达南洋，充分表现了不畏艰辛、坚韧不拔的精神。杀虎口是晋商赴包头的必经之地，但那里盗贼猖獗。有民谣为证 :“杀虎口，杀虎口，没有钱财难过口，不是丢钱财，就是刀砍头，过了虎口还心抖。”晋商非但没有因此退缩，反而越去越多，势如潮涌，以非常的气魄

① （清）倪望重等修:《祁门倪氏族谱》卷下《诰封淑人胡太淑人行状》，清光绪二年刻本。

② 参见卞利:《明清徽州社会研究》，安徽大学出版社 2004 年版，第 141 ～ 142 页。

与胆略在清代开辟了一条以山西、河北为枢纽，北越长城，贯穿步步艰难、站站险阻的蒙古戈壁大沙漠，到库伦，再至恰克图，进而深入俄境西伯利亚，又达欧洲腹地彼得堡、莫斯科的国际商路，这是古代丝绸之路衰落后在清代兴起的又一条陆上国际商路。[①]

图 9–1　清后期《送报图》

鲁商勤于吃苦的精神在其创业过程中发挥了重要作用，不仅使其很快就在经商地立足，而且使其控制了一些需要付出艰辛劳动才能有所成的行业。在清代，鲁商在上海的一些行业中有很大的势力。即使在上海通商以后，山东商人仍能凭借其勤苦耐劳的精神而不被挤垮。清末有人就称：“吾乡之商于斯者，犹循旧轨。力与为敌，以朴为经，以勤为纬，尚能矗立于中外互市之秋。”[②]关于鲁商勤于吃苦、不惧辛劳的精神（见图 9–1）[③]，民国时人夏仁虎在其《旧京琐记》卷九《市肆》中说：

> 北京工商业之实力，昔为山左右人操之，盖汇兑银号、皮货、干果诸铺皆山西人，而绸缎、粮食、饭庄皆山东人。其人数尤众者为老米碓房、水井、淘厕之流，均为鲁籍。盖北京土著多所凭藉，又懒惰不肯执贱业，鲁人勤苦耐劳，取而代之，久遂益树势力矣。

① 参见张正明：《晋商兴衰史》，第 135 ～ 136 页。

② （清）吕海寰：《创修山东会馆碑》，上海博物馆图书资料室编：《上海碑刻资料选辑》，第 196 页。

③ 采自《中华古文明大图集》编辑委员会编：《中华古文明大图集·通市》，第 196 页。

二、“诚招天下客，誉从信中来”

诚信是中国传统文化中的重要伦理原则，孔子就强调“人而无信，不知其可也”，“言必信，行必果”。[①] 它的含义很广，包括待人诚实、守信、重诺、童叟无欺、不欺暗室等。商人也把诚信当成必须遵循的准则。“诚招天下客，誉从信中来。”各地商人都试图凭借诚信经营来提高声誉，以招徕更多的顾客。总之，诚信是传统商人极为重要而又非常突出的品质之一，也是基本的经营策略，核心精神就是要求人们言行一致，摒弃欺诈行为。

讲究诚信是徽商的优良传统。在明清时期的数百年中，徽商正是依靠诚信经营，逐渐发展成为经济实力和人数规模最大的一个地域商人集团。这样的例子不胜枚举。如明末清初的歙县商人江国政早年在淮阴经商，因为人忠厚老实，亲友纷纷筹资作为股金投入其产业，以期获利。后因战乱，其财物被抢掠一空。他回乡后，立刻卖尽家产来偿还亲友的资金，即使家徒四壁也未后悔。清代歙县商人吴南坡以“人宁贸诈，吾宁贸信，终不以五尺童子而饰价为欺”[②] 为原则来指导经营。他因此赢得了很高的信誉，经营的“南坡布”深受顾客信任和欢迎。久而久之，顾客买布，只要看见是他的铺面，不管精恶长短，买了就走。

鲁商非常注意在商业交往中讲究诚信，为自己创立良好的声誉，以此吸引更多的新老顾客。宋金之际章丘人王京家中有一橘园，收购其橘者预付了货款的 1/3，后来橘因霜而凋落，王京就将货款全都退还。明代历城商人刘龙因讲究诚信、重视然诺而受到各地到济南贸易的商人的尊重，争相与他交易，其生意随之大兴，用了 10 年时间从“小贾”发展成“中贾”，又用了 20 年时间成为“大贾”。

---

① 《论语》之《为政》《子路》。

② 《古歙岩镇镇东磡头吴氏族谱·吴南坡公行状》，张海鹏等编：《明清徽商资料选编》，黄山书社 1985 年版，第 279 页。

晋商称雄商界的一个重要秘诀就是笃守信用，珍惜信誉。晚清官员郭嵩焘云：“中国商贾夙称山陕，山陕人之智术不能望江浙，其権算不能及江西、湖广，而世守商贾之业，惟其性朴而心实也。”[①] 讲究诚信对经营票号的晋商尤为重要。山西票号以汇兑业闻名天下。咸丰三年（1853 年），江南河道总督杨以增称：“各省银号汇兑银两盈千累万，仅以一纸为凭者，信也。”[②] 讲究诚信不欺的例子在晋商中有很多，以至于《清朝续文献通考》卷六五《国用考三 · 银行》中称：“山右巨商所立票号，法至精密，人尤敦朴，信用最著。”（见图 9–2）[③]

图 9–2　山西平遥日升昌票号（现为中国票号博物馆）

有学者以为传统商人多是道德型、情感型的商人，缺乏具备法治内涵的契约精神，这实际上是夸大了契约的作用。契约最终还是要靠人来执行，不守契约的商业欺诈行为极为常见，因此讲究诚信意义重大。讲究信用的道德约束是建立社会信用体系的基础，契约或法律只是制度保障，只有将两者结合起来，才能建立起符合商业发展要求的商业信用体系。[④] 在法律等制度保障不很完备的传统社会，诚信对商业发展更加重要。我们不否认亦有诚信商人被人欺骗的现象，但其损失的恐怕只是一时的“小利”，换来的可能是更加长远的“大利”。

---

① （清）郭嵩焘：《养知书屋文集》卷二八《铁路议》，清光绪十八年刻本。

② 中国人民银行总行参事室金融史料组编：《中国近代货币史资料》第 1 辑上册，中华书局 1964 年版，第 378 页。

③ 采自刘亚丽等：《晋商五百年 · 商贾望族》，第 100 页。

④ 参见朱正昌：《齐鲁商贾传统 · 总序》，齐鲁书社 2014 年版，第 11 ～ 12 页。

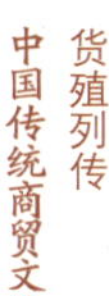

三、“嘴硬不如货硬”

“嘴硬不如货硬”，讲的是商品质量在经营中的重要性。商品质量是指商品满足用户使用要求所具有的特性，包括性能、寿命、安全性和经济性等多个方面。商品质量是商业经营的生命。市场竞争在很大程度上表现为产品质量的竞争。只有质量好的产品才能保持较强的市场竞争力和较高的市场占有率，从而获得更大的经济效益。

早在先秦时期，商人对商品质量问题已有清醒认识。春秋时期的范蠡用计然之策，提出“务完物”的主张，强调要贮藏好货物，对不易保存、容易腐败的食物不要久留。

中国手工业品生产历来重视商品质量，并由此形成了“物勒工名”传统。山东临淄出土的许多齐国陶器上都有陶文，字数多少不一，三字以上者都包括制陶者的地址和姓名。① 后世的陶瓷生产中沿袭了这种习惯。山东淄博寨里北朝青瓷窑址出土的窑具上刻有“静”“李静”“侯”“高经”“安”等铭文。从内容上来看，这些铭文无疑都是人名或姓。这种不在产品上而在窑具上刻铭的情况，说明它不是商品上的商标，而很可能是陶瓷业工人在产品上所做的记号，以此让陶瓷业工人表示对自己烧制的产品的质量负责②，表明了经营者对产品质量的高度重视。

保证产品质量是提高市场竞争力的基本条件，若再能做到价格相对低廉，在市场上则几乎无往而不胜。北宋兖州莱芜人吕规利用当地冶铁业发达、取材便利的优势，招募工徒，伐木为薪，冶铁制器，所制铁具“视他工尤精密”。吕

① 参见张龙海：《从临淄陶文看“物勒工名”之传统》，张龙海主编：《齐俗研究》，齐鲁书社 2001 年版，第 111 页。

② 参见王恩田：《山东淄博寨里北朝青瓷窑址调查纪要》，文物编辑委员会编：《中国古代窑址调查发掘报告集》，文物出版社 1984 年版，第 355 ～ 359 页。

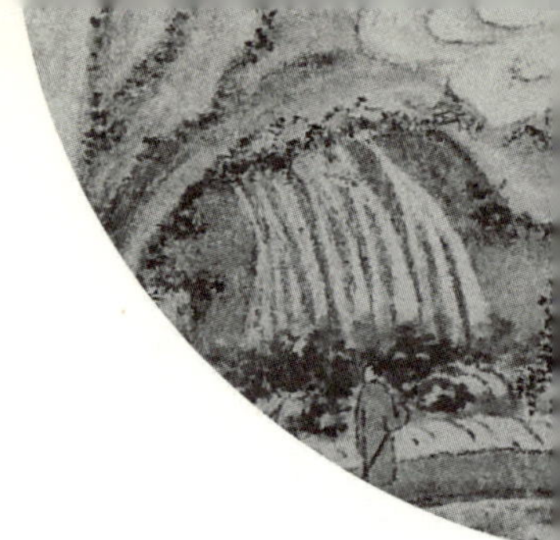

氏作坊所产铁器比起其他作坊来尤其精良，更为突出的是，其产品还保持着极高的性价比：制作精良的产品，价格却相对低廉，一般只有别人产品价格的 1/3。正是因为优良的产品质量和低廉的价格，其产品取得了极高的市场占有率，“凡东州之人，一农一工，家爨户御，其器皆吕氏作也”①。吕氏作坊的产品几乎独占了整个山东市场，获利巨大。

不以伪劣产品售人，是众多商人提高声誉和获得良好口碑的重要手段。清乾隆年间，休宁商人吴鹏翔在汉口购进 800 斛胡椒，后来验明这批胡椒有毒，原主恐事情败露，要还钱退货。吴鹏翔为防止原主将有毒胡椒转卖别人，竟将这批胡椒尽数买下，全部予以销毁。清末祁县乔家在包头开设的复盛商号专门经营胡麻油，信誉度很高，但有一次从包头运大批胡麻油往山西销售，经手者为牟取暴利，在油中掺假，掌柜发现后立即更换以纯净无暇的好油。这些商人虽然一时有所损失，但换来的却是千金难买的良好口碑。

中国不少行业中都有延续数百年的老字号，其得以产生的关键是产品的质量，其得以延续的基础是长期的信誉。老字号都非常重视产品的选料、生产、检验等各个环节，以求生产出质量优异的商品来维护自己的声誉。

老字号药店尤其注重选择地道药材，精心炮制。清康熙年间创办于北京的同仁堂可谓典型代表。该店创办人乐凤鸣从一开始就提出了“炮制虽繁，必不敢省人工；品味虽贵，必不敢减物力”②的原则，并为后世经营者所遵循。为保证药品的疗效，在制作成药时，其严格遵守古训，无论是选料，还是剂量，都不敢有丝毫苟且。大山参、鹿茸等专门到营口的药市上采买，制丸药所用的蜂蜜由专门的蜜行供应。在遵照古方炮制上也不惜工本。药制成后，一般要存放一两年再出售，如虎骨酒要在缸里存储 2 年，再造丸和蜜封好后要存放 1 年。

---

①（宋）李昭玘：《乐静先生李公文集》卷二九《吕正臣墓志铭》，《宋集珍本丛刊》第 27 册，线装书局 2004 年版，第 754 页。

②（清）同仁堂编：《同仁堂药目》卷首乐凤鸣序，清光绪十五年刻本。

存放时间越久，药味越纯，药效也越高。这虽要增加设备和场地，并占用大量资金，但为保证质量，同仁堂一直坚持不变。（见图 9-3）[①]

图 9-3　北京同仁堂旧照

一些食品业老字号和日常用品老字号在质量上也是严格要求。山东济宁玉堂酱园从选料到生产、销售等各个流程无不严格要求，宁愿增加成本，也要保证质量。为保证原料基地的稳定和鼓励原料生产者的积极性，酱园收购原料时所出价钱都要高出市价。在生产过程中，对生产酱菜需要的甜面酱每年都要进行更新。新酱味鲜，糖分适度，可使生产出的酱菜色泽光润，味香质脆，鲜嫩可口。酱油的制作要求年代越久越好。酱园制作酱油一般日照三伏甚至更长时间，以保证生产的酱油味道鲜美，醇厚挂碗。

创始于清乾隆年间的胡开文徽墨店到光绪年间达到全盛，店肆遍及歙县、屯溪、上海、南京、汉口、天津、北京、安庆、芜湖、苏州、杭州等地。其之所以能迅速扩张，很大程度上与重视产品质量有关。胡开文制墨，遵循南唐以来的制墨古法，由老店统一配方监制，选料严格，从不以次代优；各项工序一丝不苟，以保证质量。在第二代传人胡余德时，曾造出一种可在水中久浸不散的墨。有一次，一位顾客购买胡家的墨后，不慎将其掉入河中，捞起后发现墨已开始溶化了。胡余德得知后，立即进行调查，发现该批墨锭未按成规生产，便要求所属店坊停售这批墨锭，并高价收回已售出的墨锭予以销毁。此举虽使胡家在经济上暂时受了损失，却保住了产品的声誉。[②]

① 采自丁维峻：《北京的老字号》，第 120 页。
② 参见韩天衡等：《文玩赏读》，上海人民出版社 2005 年版，第 48 页。

四、“候时转物，贱入贵出”

商业经营活动的实质就是商品买入与卖出。要获得经营的成功，商人在经营中要根据地点、时间、季节、年景、气候、交通等客观条件的变化选择经营不同的商品，根据价格、供求等市场条件的变化趋势掌握商品吞吐的时机，作出符合市场规律的经营决策，不失时机地买进卖出，时机一到则不能犹豫，这就是“候时转物，贱入贵出”。

早在先秦时期，这一经营策略就已广泛应用于商业经营实践，并得到了一定程度的总结。

春秋时期的范蠡采用计然之策，“九年之中三致千金”。具体策略有：一是“与时逐”。“时”主要指市场行情变化的趋势和规律性，“与时逐”就是指认识这种趋势和规律性，以把握贱买贵卖的最佳时机。二是“知贵贱”。他通过市场供求关系的变化来预测商品价格的高低，“论其有余不足，则知贵贱”。如果“有余”，即供过于求，价格就会跌落；如果“不足”，即供不应求，价格就会上涨。价格的变化也会影响供求状况，从而导致价格自身向相反的方向转化，即“贵上极则反贱，贱下极则反贵”。若商品价格很高，经营者都能得到高利润，就会刺激这种商品的供给不断增长，终致供过于求而引起价格反跌；反之，如商品价格过低，就会引起需求的增长和供给的萎缩，终致供不应求而使价格回涨。有鉴于此，他提出要看准时机，“贵出如粪土，贱取如珠玉”，即当价格上扬时要像对待粪土一样及时出售，当价格下跌时要如同珍爱珠玉一样及时收购。市场的供求变化与价格涨落有直接关系，想在商业经营中取胜就必须充分预测市场供求变化和价格涨落行情，采取比市场变化先行一步的措施。三是“旱则资舟，水则资车”[①]。即天旱时高亢的地区农业受损失较大，而低洼多水的地区则收获

① 《史记·货殖列传》。

较好，所以要利用舟船到低洼多水的地区去收购丰富而价格低廉的商品；反之，水涝之年低洼地区受灾重，而高亢地区则状况较好，因而要用车辆去高亢地区贩运商品。[①]

战国时人白圭则在经商实践中总结出了一套更为完整和更有理论色彩的“治生之术”，中心内容是预测市场行情变化，然后据以进行经营决策。他主张“乐观时变”，即预测市场行情变化，在此基础上，做到“人弃我取，人取我与”。“人弃我取”是指对于供过于求、人们不愿问津的商品，要趁机大量买进。“人取我予”则是指当自己手中存储的某些商品供不应求、价格大涨时趁机卖出。他还主张“趋时若猛兽鸷鸟之发”[②]，即决策必须迅速及时地加以贯彻，不可迟疑观望，以致坐失良机。[③]

范蠡和白圭等提出的上述经营策略受到后世商人的推崇，并被普遍运用到商业经营的实践之中。徽商对记载范蠡、白圭等事迹的《史记·货殖列传》推崇备至，积极从中汲取经商经验。歙县商人黄莹读《货殖列传》，从中悟出经商不能靠欺诈手段，而应认真揣摩市场上物品供求关系与价格变化的规律。休宁商人汪可训弃儒经商，曾两次专心阅读《货殖列传》，从中体会经商之道。

历代山东商人中有不少都是奉行上述策略的典型。唐代郓州人程少良以抢劫商旅起家，后来“洗手”，转而“以其资废举贸转”。“废举贸转”就是程少良的经营策略。此语最早出自《史记·仲尼弟子列传》对子贡（见图 9–4）商业经营策略的描述：“子贡好废举，与时转货赀。”“废”就是卖出货物，选择物贵时卖出；“举”就是收进货物，选择货物价格低贱时大量购进；“贸转”就是贸易转运，将货物从产地运至各地销售，或将贵物抛售后购进贱物，以待将来涨价获利。程

① 参见赵靖主编：《中国经济思想通史》（修订本）第 1 卷，北京大学出版社 2002 年版，第 315 ～ 320 页。

② 《史记·货殖列传》。

③ 参见赵靖主编：《中国经济思想通史》（修订本）第 1 卷，第 320 ～ 324 页。

图 9–4 子贡像

少良已深谙“废举贸转”的商业经营之道，能够根据市场行情来选择经营对象，以求获取厚利。元代郓城人李瑞“处市井中，遂商贾为业，知人弃我取、人取我与之机”[①]。所谓“人弃我取、人取我与”就是根据市场行情的变化，有选择性地选取商品进行经营，在某种商品无人要，供过于求，价格低廉时大量收购，到人人收购，供不应求，价格转高时再大量出售，从中获取厚利。明代章丘人王凤云 18 岁时便四处贸易。他虽然年轻，但“善识货物，又善与时消息”[②]，即善于掌握商品行情和市场信息，所以经营起来非常顺利。其他商人往往盈亏不定，而他却每每盈利。

徽商是“候时转物，贱入贵出”的典范。明万历《休宁县志》卷一《舆地志 · 风俗》称当地人携带资金往来于各都会，“因地有无以通贸易，视时丰歉以计屈伸。诡而海岛，罙而沙漠，足迹几半宇内”，意即休宁人根据各地出产及年景等因素来决定自己经营的商品种类，足迹遍及半个中国。明代歙县人程澧决定经商时，曾游历各地，东至松江，沿海至扬州，又北抵京师和河北。通过远游，他对各地市场状况有了深入了解。他认为江南地区棉织业发达，可做棉布生意；扬州位于天下之中，可经营盐；自己家乡土地瘠薄，可从事典当业。正是由于对市场状况的准确分析，他的家产增加了数倍，并带动程氏宗族一起致富。

要“候时转物，贱入贵出”，就必须准确地把握商机，但商机存在于市场之中，不会主动进入人们的视野，也不会主动变为财富，而是需要人们去发现和捕捉。

① （元）胡祗遹：《紫山大全集》卷十七《承直郎江西等处榷茶都转运司副使李公神道碑》，《四部丛刊》本。

② （明）李开先著，卜键笺校：《李开先全集 · 闲居集》卷七《处士王治祥墓志铭》，文化艺术出版社 2004 年版，第 563 页。

通过准确了解市场动态去认识和把握商机就成为商业经营成功的基本条件。

北魏洛阳的大商人刘宝在经商过程中建立了遍及各地的商业信息传递网络。他在全国各州郡都会之处都建有宅院，各养马10匹，专供传递各地商品信息之用，凡舟车所通、人迹所至之处都有其产业。他甚至能控制各地市场上盐、粟等大宗商品的价格，豪富可与王侯相比。

清代晋商亦非常注重商业信息的搜集，且其渠道颇具特色。晋商的大型商号多采用联号制，总号都会要求各分号按时反馈商情动态，当各地分号了解到市场信息后，便通过信函报告总号，一般是三五日一函。信函内容十分广泛，凡与商业经营及金融有关的信息都在其中。为保守秘密，各家信函都有自己的暗语，一旦信函失落，得者也难晓其意。遇有重要情报，分号须派专人日夜兼程向总号亲口汇报，绝不让点滴信息落入他人之手。与徽商多靠宗族集会等机会交流信息，要受到宗族内部诸多主观因素影响不同，晋商联号间的信息报告制度是企业管理中客观的硬性制度，更能保证商业信息及时有效的传递，更具有经济效率。①

五、“为商之要，在于得人”

常言说：“天时不如地利，地利不如人和。”在影响事业发展的诸多因素中，人的因素最为关键。许多事情的成败莫不与是否善于用人和发挥人才的作用有关。商业经营亦是如此。春秋时的范蠡就曾提出“择人”和“不责于人”的原则。前者强调在经营中要选择合适的人选；后者强调对选用者要用其所长，而不要求全责备，只要其人能胜任自己的本职工作，一般缺点无须多作计较。战国时期的白圭则提出，一名合格的商人要具备智、勇、仁、强四种素质。“智”就是

① 参见刘建生等：《明清晋商与徽商之比较研究》，山西经济出版社2012年版，第661～663页。

要通权变，权衡时机，出奇制胜；“勇”就是善决策，决策时要有决心和魄力；“仁”就是能“取予”，要遵守“人弃我取，人取我与”的基本原则；“强”就是要有耐心，别轻举妄动。若缺乏这些才能，在复杂多变的市场竞争中就无法胜任经商之事。[①]后世商人多能遵循这些原则。

明清时期，商业经营规模不断扩大，商人单靠个人的力量已很难完成采购、运输、销售等商业经营的所有环节，需要充分发挥经营团队的作用，从而使自己的经营获得成功。一些经营规模较大的商人已经役使大量伙计。他们选择伙计时除注重其德行外，还特别注意考察其有无经营才能。明代山东历城商人李宝在这一方面就很突出。他仔细考察里中有才能之子弟，令其经商，人人累至千金。

精明的商人不仅善于发现人才，而且善于使用人才。主要表现在以下两个方面：

首先是用人不疑，大胆放心地给伙计以充分发挥能力的空间，发挥其创造力，从而使其给东家带来巨大的利润。这突出地表现在对职业经理人的使用上。

前文已述及晋商经营中的经理制，徽商也很注意职业经理人的使用，不少富商大贾往往并不直接从事经营，而是聘请代理人或副手替自己经营。歙县商人许翁在江、浙两省设典肆40余所，每个典肆均聘有管事经理，许翁自己则长年居于家乡。有些徽商只管大的经营策略的制定，或坐镇总店，至于分店则择人管理。明嘉靖年间，休宁商人孙从理在吴兴经营典业，因经营得法，生意非常兴隆，于是又陆续设立了许多分店，并十分谨慎地选择多名掌计，分别管理。职业经理人受聘于东家，负责主持经营活动，一般不受东家的限制，有着较充分的商品经营自主权。[②]

山东济宁玉堂酱园原为苏州一戴姓商人所开，后被当地大官僚世家孙家和开药店的冷家合资买下。道光七年（1827年），孙、冷两家从伙计中挑选了精明能干的梁圣铭任总经理，具体负责酱园的经营。他们对梁圣铭非常信任，店中生产

---

① 参见吴慧主编：《中国商业通史》第1卷，中国财政经济出版社2004年版，第232页。

② 参见周晓光等：《徽商与经营文化》，上海世界图书出版公司1998年版，第29～30页。

经营、管理及人事和财务方面的一应事务都交由其全权处理。孙、冷二东家对酱园的具体业务不再干涉。梁圣铭在东家的支持下，进行了一系列改革：量才用人，从伙计中选拔管理人员；提高产品质量，引进新品种；实行“规矩牌”管理制度，严格管理和约束全店员工。为增加花色品种，他选派了一名聪明能干的伙计到苏州某酱园学习制作豆腐乳的技术，用了 1 年多的时间方才把配方及制作技术学到手。梁圣铭又加以改进，最终生产出了口味、色泽均优于江南的豆腐乳，使玉堂酱园的产品有了“味压江南”的美誉。经过梁圣铭的精心经营，玉堂酱园逐渐成为当时济宁生产制造业中独一无二的大字号（见图 9–5）①，从而进入了孙、冷两家合资经营阶段的黄金时代。②

图 9–5　清末民初山东济宁玉堂酱园的老招牌

其次是恩威并用，既通过严明的规章来约束团队成员的行为，也注意以情义笼络人心，使其乐为己用，调动其积极性。

俗语云：“本钱好求，伙计难得。”③许多精明的商人都注重以情义笼络人，对伙计表现出充分的尊重，以增强其向心力。如明代山东聊城商人傅完贞对其门下高姓和徐姓两位主管非常尊重，经常到其家中探望，握手交谈，欢若平生，丝毫没有主人居高临下的样子。清代山东益都人丁瓒设肆于市，肆中伙计有偷

① 采自济宁市档案局编著：《济宁档案馆藏集珍》，山东美术出版社 2005 年版，第 127 页。

② 参见张正宽、时家驹：《京省驰名　味压江南——记玉堂酱园》，政协山东省济宁市委员会文史资料研究委员会编：《济宁文史资料》第 4 辑《工商史料专辑》，1987 年，第 1 ～ 15 页。

③ （清）阎湘蕙辑：《谚语类钞》卷四《工贾》，山东省图书馆藏 1937 年钞本。

货物者，有人劝其将该伙计赶走。他说："这是我的过错。他家中人口多，所得工钱不能赡家，才做出这样的事情。"丁瓒不仅没有将伙计赶走，反而给其双倍工钱。这必然会让伙计为其竭尽心力。

从总体上看，明清时期的徽商在用人上更多的是以宗族关系的亲疏来考量，大量使用族内人员和奴仆。晋商（特别是一些票号、大商号）在用人上普遍坚持所有权与经营权分离的原则，票号所有者经过严格考察和考核，重金聘用经理，并将票号全权委托经理经营。经理不是同宗之人，有的晋商甚至有意"避亲用乡"。经理拥有人事大权，东家绝不插手票号事物，也不过问日常盈亏，逢到账期（三五年不等）经理向财东报告盈亏。[①] 鲁商在用人上虽然也重视同乡关系，但和前两者相比要灵活一些。他们用人不分亲疏远近，也不管是同乡还是近亲，只要有才能都可以重用，但是在激励机制方面，较之晋商的制度还有一定的差距。

六、"人无笑脸休开店，说话和气招财多"

消费者的需要是商家生存的关键和发展的动力。通过提供优质、完善的服务来满足消费者的需要就成了商家提高竞争力的重要内容。俗语云，"人无笑脸休开店，说话和气招财多"，强调的就是对顾客要热情接待。这在服务业和零售业中表现得尤为突出。这些行业中的商人在与客商打交道时，要求伙计对顾客一定要笑脸相迎，对顾客的问题要做到有问必答，给顾客一种宾至如归的感觉，以期留住更多的回头客，保持商号的兴旺。

元代山东地区有一方姓盗贼，遇赦还家后，更名易姓，到曹州委身于贾肆，"怡声伛体，口不二价"[②]，暗地里伺机再行盗窃。"怡声"，就是声音非常柔和；"伛

① 参见王世华：《双子星座：徽商、晋商比较研究》，《安徽师范大学学报》2005 年第 6 期。

② （元）王德渊：《鲁盗说》，李修生主编：《全元文》第 31 册，凤凰出版社 2004 年版，第 20 页。

体”，就是弯着腰。他之所以采取这种态度，固然与其心里有鬼有关，但轻声细语，对人和气热情，小心谨慎，应该是当时贾肆从业者的典型神态和职业要求。

明清时期出现了《生意世事初阶》《贸易须知》等诸多介绍经营知识和经验的商业书。它们既是初学经商者的入门指南，也是商人培养学徒的基本教材。这些书的内容被不断地增删调整，甚至被某些地区的商人改易为更符合当地人方言习惯的版本。这表明其中所述已成为各地商人的基本信条。这些书中都有强调热情待客的内容。下文以清中叶王秉元的《生意世事初阶》为例加以说明：

首先，在整个交易过程中都要热情接待。顾客进店时，店员要“挺身站立”，神态要“礼貌端庄”，回答问话要“言谈响亮”，给顾客留下良好的印象。洽谈生意时，要“谦恭逊让，和颜悦色，出口要沉重，有斤两”，“大凡言语之中，不可浇漓刻薄，诡诘奸诈，兼之有碍他人短处，最要留心”。言语要适度，“交易虽要言谈，却不要太多，令人犯厌。须说得得当。你若多言，不在理路上，人反疑你是个骗子”。

其次，接待顾客时要耐心谨慎地应酬，不能使顾客心生不满。最重要的是不能以貌取人，“不论贫富奴隶，要一样应酬，不可藐视于人。只要有钱问我买货，就是乞丐花子，都可交接。哪里是应酬人，不过以生意为重，应酬钱而已”；“不可性急，性急则生意难成。三言两语，将几句呆话说完，及至结局，没得对答”，生意不成往往是“言谈未到”之故。对那些批评货差的顾客，应本着“褒贬是买主，说话是闲人”的认识婉言解释。对那些还价不到本的顾客，“亦要迁就软跌，必须笑容相待，推之以理，详之以情”，“不可因还价不到本，就抛去不理他”。

再次，讨价还价时要随机应变，灵活应对。做生意，手既不能太紧，也不能太松。“生意过滥则伤本，太紧则无人投奔，须要看人活变。如有所图者，作今日不成钱，还有下次扳本，不可不深察也。”“正经生意，也要慷慨大方些、泼绰些。不可格外苛刻，做出名声，才有些主顾投奔。”报价亦有技巧，要“留点推扳”，即留有余地和退步。对于只是随便问价、并无真心实意要购货者，店

员可按照本价给他一看，即使用“请客之法”。倘若有人听到报价后要来购买，也得卖给他，从此以后说不准还会有联系和交易，这叫“拉主顾”。[①]

以上经验虽是据 18 世纪以前商业经营的实践形成的，但待人接物乃至讨价还价的论述直到今天也不过时，对商业经营尤其是零售业仍有很强的指导意义。

七、“卖瓜的不说瓜苦，卖盐的不说盐甜”

“卖瓜的不说瓜苦，卖盐的不说盐甜”，讲的是商业经营者夸赞自己的商品，极力为之做广告。商业广告作为传递商品信息和推销商品的一种手段，是商品交换发展到一定阶段的产物，并随着商业的发展而不断进步。

在传统社会中，商业广告主要有如下几种形式：

第一，市声广告。吆喝叫卖，敲击乐鼓，吟唱歌谣，可以引起人们有意或无意的注意。市场上此起彼落的叫卖声，常被称为“市声”。市声广告主要指叫卖广告或响器广告，是最原始、最简便的广告形式，主要为走街串巷的小商小贩所采用，几与商业贸易同时产生。

传统的吆喝叫卖和单纯的音响广告，尽管具有简朴韵律，但不断重复，未免失之单调乏味，难以吸引人。在宋代以后民间说唱艺术流行的背景下，谋求生计的商人想方设法地利用说唱艺术创造出丰富多彩的招徕艺术。《水浒传》第七十四回中燕青曾扮作山东货郎：

> 腰里插着一把串鼓儿，挑一条高肩杂货担子，诸人看了都笑。宋江道：“你既然装做货郎担儿，你且唱个山东货郎转调歌与我众人听。”燕青一手拈串鼓，一手打板，唱出货郎太平歌，与山东人不差分毫来去。

这里提到的“货郎太平歌”就是指货郎的韵语说唱招徕市声，是当时挑担叫卖

① 参见郭孟良编译：《从商经》，湖北人民出版社 1996 年版，第 174 ～ 209 页。

杂货的货郎做生意时的一种惯用方式。（见图 9–6）货郎用作代声的器物在某一地区大都约定俗成，相对固定，特色鲜明，易于辨识，且深为民众所熟悉。燕青通过吟唱，都能把货郎的特征显现出来，可见其独特的韵律、词曲和乐器具有十分明显的行业标识作用。

清光绪《祥符县志》卷九《市集·行货》中用浅显、生动的文字记述了清代开封小贩使用响器广告的热闹情况：

> 有摇小鼓，两旁自击，卖簪珥、女笄、胭脂、胡粉之属者；有鳞砌铁叶，进退有声，磨镜、洗剪刀者；有摇郎当，卖彩线、绣金者；有小旗招飐，携巾箱卖零星绘帛者；有阁阁折声，执杓卖油者；有拍小铜钹，卖豆末者……有入夜击小钲卖饧者。

图 9–6　清·金尊牟《货郎图》

第二，招幌广告。招幌是“招牌”与“幌子”的复合式通称，是工商业及其他各行各业向社会宣传经营内容、特点、信誉及档次等信息以招徕生意的标识性广告方式，是一种特定的行业标识和信誉标志，也是一种通过视觉传播的传统广告民俗。①招幌主要以图案、造型和文字符号传播招徕信息。许多约定俗成的招幌，以其特有的简明标识广告作用引导消费。比较原始的招幌应当是实物招幌，即经营什么就展示什么。这样虽有较强的局限性，但却具有取材方便、简便易行、成本低廉、直观明了的优点。（见图 9–7）

① 参见曲彦斌主编：《中国招幌辞典》，上海辞书出版社 2001 年版，第 2 页。

图 9–7　明代的招幌（明·仇英《南都繁会图》局部）

招幌广告中，以酒店招幌最为常见。唐宋诗歌中有大量关于“酒旗”的描述。宋元时酒店幌子的名目日益增多，《水浒传》里写了 60 多家酒店，单是招幌就有酒旗、酒望、酒帘、酒筛、招旗、草帚等不同名目，不仅使人望而知其为酒家，还可大体区别出酒店的规模及消费档次。

明清时期，招幌更加丰富多彩（见图 9–8），商人更加注重店铺的字号。清人朱彭寿收集店铺字号常用的吉利字作了一首诗：

顺裕兴隆瑞永昌，元亨万利复丰祥；
泰和茂盛同乾德，谦吉公仁协鼎光。
聚益中通全信义，久恒大美庆安康；
新春正合生成广，润发洪源厚福长。①

这些字大都含有兴旺、发达等含义，寄托着商人的美好愿望；有些字具有突出仁德、重视道义、追求和谐等内蕴，体现了商人在经营上的道德追求。

第三，印刷广告。这是古代最先进的一种广告形式。它是在印刷术发明并得到广泛应用的基础上发展起来的。宋代，随着活字印刷术的发明和雕版印刷业的不断发展，出现了工商业印刷广告。

现存于中国国家博物馆的北宋济南刘家功夫针铺广告印刷铜版，是迄今发现的世界上最早的工商业印刷广告实物，充分体现了宋代商业广告的水平，是古代广告技术发展的一个重要标志。这块铜版上方横刻的是“济南刘家功夫针铺”八

① （清）朱彭寿著，何双生整理：《安乐康平室随笔》卷六，中华书局 1982 年版，第 273 页。

个字；中间重点突出商品标记，是一幅白兔捣药的图案，左右两侧刻有“认门前白兔儿为记”的标注；下方有七行小字——“收买上等钢条，造功夫细针，不误宅院使用。客旅兴贩，别有加饶。请记白”，对产品的质量、制作和使用效果等进行宣传。该广告不仅画面布局合理，构图严谨，借神话传说作为商标图案，而且对产品的用料、质量、制作方法和代销的优惠条件都作了说明，文字翔实具体而又简明扼要。这个铜版既可用来印刷广告传单及招贴，又可用来印刷包装纸或产品说明书，一举多得。（见图 9–9）①

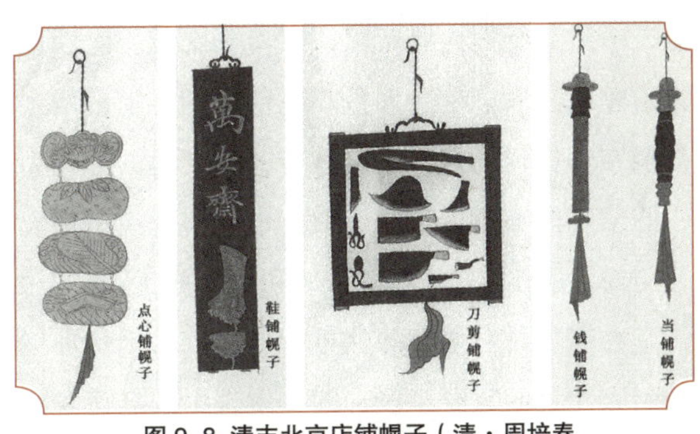

图 9–8 清末北京店铺幌子（清・周培春《京城店铺幌子图》，清稿本）

从中国商业广告的发展历程来看，宋元时期是一个重要阶段。这一时期，不仅是广告形式更加丰富，广告技巧和广告内容也有很大发展。

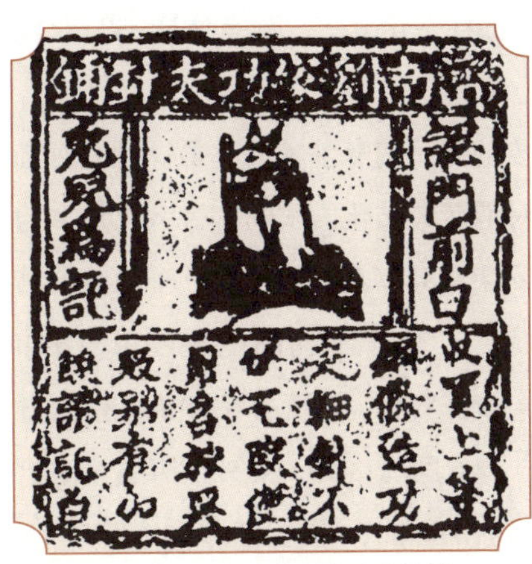

图 9–9 北宋济南刘家功夫针铺广告铜版拓片

在广告形式上，印刷广告的出现为广告提供了先进的传播手段，使广告突破了时空的限制，较之以前的口头广告不仅寿命长，而且传播范围广。印刷广告出现以前，各地广告的形式都长期保持着初始形态——或借助手写、手画，或借助人声和其他肢体语言。对商品信

① 采自田自秉等编：《中国工艺美术史图录》，上海人民美术出版社 1994 年版，第 829 页。

息，一般只能凭人脑记忆，靠口头交流。由于口头广告无法记载，再加上各地方言差别较大，绝大多数广告信息的传播范围很有限。市声广告、招幌广告等只能在销售现场进行广告宣传，所产生的影响力较为有限。印刷广告的出现使一些信息能够得以长久保留，也能够脱离销售现场，被人携带到遥远的地方进行传播，还能够被大量复制，极大地扩大了广告的传播范围。

在广告技巧上，除注重营造良好的消费环境和利用名人效应外，巧设悬念是引人注目的重要手段，即在广告中故意设置疑团，吊起受众的胃口，以唤起他们对广告内容的兴趣和关注。宋元时期已有一些成功的案例,其中以《水浒传》第二十三回中景阳冈酒店的“三碗不过冈”最为典型。“三碗不过冈”，酒家通过精心构思，表面上劝客人少喝为佳，但实质上仍是要多卖酒。他以三碗为限，声称喝他的酒超过三碗就会醉倒，过不得景阳冈，这恰好激起了客人的逆反和好奇心理，许多人就想试一试，看你酒家是不是吹牛。客人要是醉了，走不了更好，再赚他一份住店钱。短短的“三碗不过冈”五个字，竟有这样一箭双雕的作用，令我们不得不赞叹店家的精明。

在广告内容上，宋代以前，商业广告宣传的商品信息基本上都是针对消费者的物质需求，但从宋代开始，出现了一些针对消费者文化需求的广告，比较多的是书籍广告。如绍兴二十二年（1152 年）临安荣六郎书籍铺刻《抱朴子内篇》书后有如下文字：“旧日东京大相国寺东荣六郎家，见寄居临安府中瓦南街东，开印输经史书籍铺。今将京师旧本《抱朴子内篇》校正刊行，的无一字差讹，请四方收书好事君子幸赐藻鉴。绍兴壬申岁六月旦日。”（见图 9–10）此外还有文艺演出广告。金元之际的散曲家杜仁杰曾写过一套著名的散曲，叫《〔般涉调 · 耍孩儿〕庄家不识勾栏》，生动传神地描写了当时一个农民到城里“勾栏”看戏的所见所闻：

当村许下还心愿，来到城中买些纸火。正打街头过，见吊个花碌碌纸榜，不似那答儿闹穰穰人多。

〔六煞〕见一个人手撑着椽做的门，高声的叫“请，请”，道“迟来的

满了无处停坐”。说道“前截儿院本《调风月》，背后么末敷演《刘耍和》。高声叫，“赶散易得，难得的妆哈”。①

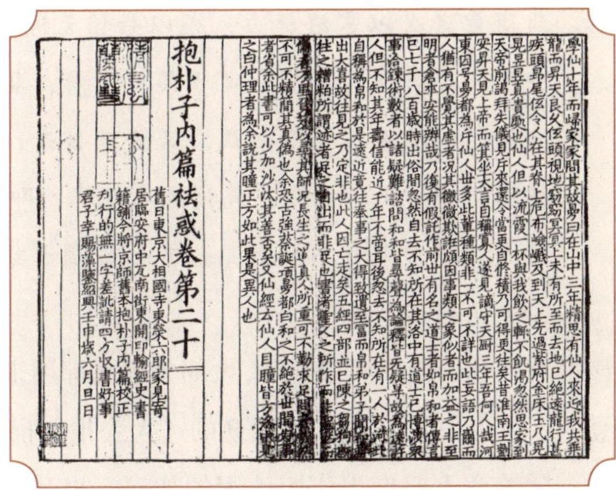

抱朴子内篇袪惑卷第二十

舊日東京大相國寺東榮六郎家見寄居臨安府中瓦南街東開印輸經史書籍鋪今將京師舊本抱朴子内篇校正刋行的無一字差訛請四方收書好事君子幸賜藻鑒紹興壬申歲六月旦日

图 9–10 《抱朴子内篇》书后广告（南宋刻）

第一首曲写农民进城买纸钱香火还愿，偶然发现街头挂着“花碌碌”的纸榜，即演戏的招子，就是演出时挂在街头的相当于海报的演出广告，许多人围在那里观看。第二首曲写农民看到用细长木条搭成的勾栏门口，一个人在高声招徕顾客，从他的吆喝中知道这次演出的两个剧目是院本《调风月》和么末（即杂剧）《刘耍和》。他还故意制造紧张气氛，高声招揽顾客道：“请！请！晚来的恐怕连地方也没得坐了。”后面又大喊：“赶散场的散乐容易看到，而像这样精彩的杂剧演出却很难赶上！”这两句是吸引观众的语言。可见，这家勾栏在进行广告宣传时把吆喝广告与书面文字广告结合起来，从听觉和视觉上对消费者进行双重刺激。

从明代到清前期，商业广告更加普遍，内容更加丰富，但形式和技巧基本上没有超过宋元时期。晚清时期，随着近代新式报刊的大量出现，商业广告有了新的传播媒介，报刊广告逐渐成为广告的主要形式。对报刊广告的优长之处，上海最早的中文报纸《上海新报》在 1862 年 5 月 28 日的创刊号上发布启事称：

大凡商贾贸易，贵乎信息流通。本行印此新报，所有一切国政、军情、市俗利弊，生意价值，船货往来，无所不载。类如上海地方，五方杂处，

① 孔繁信：《重辑杜善夫集》，济南出版社 1994 年版，第 66 ～ 67 页。

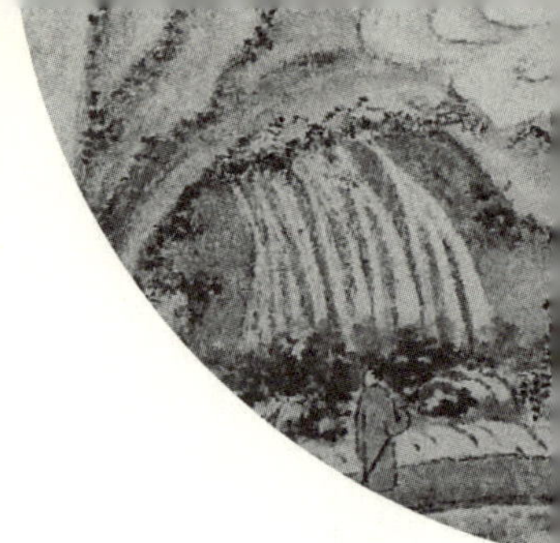

为商贾者或以言语莫办，或以音信无闻，以致买卖常有阻滞。观此闻报，即可知某行现有某货，定于某日出售，届期亲赴看货面议，可免经手辗转宕延，以及架买空盘之误。又开店铺者，每以货物不销，费用多金，刷印招贴，一经风雨吹残，或被闲人扯坏，即属无用，且如觅物、寻人、延师、访友，亦常见有招贴者，似不如叙明大略，印入此报，所费固属无多，传闻更觉周密。

该报除刊登少量新闻报道外，大部分版面都用来刊登广告。1872年创办的《申报》登载广告也很多。1902年创刊的《大公报》很长时间都是用一半版面刊登广告。

随着商人对广告作用认识的加深，报刊商业广告越来越多。许多广告手法新颖，用词巧妙，在布局上也独具匠心，并关注消费者追求实惠、好奇、求新求异的心理，从生硬介绍推销走向以说服为主，广告的作用和效果日益显现。正如上海一首竹枝词形容的那样："纷纷登报为招徕，何业何方择日开。只要价廉兼物美，一经上市便增财。"[①]总之，广告在商业中的地位越来越重要，并逐渐形成了广告业这一新的行业。

① （清）颐安主人：《沪江商业市景词》卷四《登报招生意》，清光绪三十二年石印本。

第十章 商人信仰

商人信仰是商人在经营活动中对超自然和超社会力量的崇拜。作为一个社会群体，商人的信仰与其他社会群体的信仰有相同的一面，但由于其职业的主要特征是获取财富，故其信仰亦有特殊的一面，即主要围绕着财富的获取与使用开展。商人崇拜的神祇千姿百态，极为庞杂，大致可分为三类：一是商业祖师神及各行各业的行业神。各行业均有信奉祖师的习俗，民间甚至有“三百六十行，无祖不立”的说法。各行业的祖师大都直接或间接地开创、扶持、保护过本行业，是行业内颇有名望者。二是能使其获得更多财富的财神，具体有文财神、武财神、活财神之分。三是妈祖、金龙四大王等能保佑其出行平安顺利的神祇。

商人信仰表现出鲜明的功利性与实用性，一切信奉的出发点与立足点都是为了发财致富、禳灾祈福等实际利益。商人信仰鲜少排他性，只要能满足当下需要并有可能带来现实利益，几乎来者不拒，各种神祇都可在商人的信仰世界中和平相处。商人信奉的各类神祇既是其在变幻无常的商海中拼搏的重要精神支持，也是其团结同业、联络感情的重要纽带，还是增强行业规范权威的重要手段和激发从业者敬业精神的动力。

一、商业祖师

传统社会中被广泛信奉的商业祖师有两位，一位是范蠡，另一位是白圭，均为春秋战国时期著名的大商人。二人凭借独特的从商经历、卓越的商业才能和先进的商业理念流芳后世，泽被深远，被商人奉为祖师。

范蠡，字少伯，春秋时期楚国宛邑（今河南南阳一带）人。（见图 10–1）曾任越国大夫，辅佐勾践兴越灭吴。后急流勇退，隐于今山东境内的陶地，自号“陶朱公”。他既善于用人，又长于把握商机，19 年间三致千金，累财巨万，却心怀善念，周济贫穷。司马迁在《史记·货殖列传》中对范蠡的经商之道给予了高度评价。

范蠡既善聚财，也能散财，以财富为生存手段而非目的，加上他高超的经营智慧，使陶朱公式的经营逐渐成为理想状态的商事活动，不仅受到世人的敬仰，更为后世商人所崇奉。

图 10–1 范蠡像

东汉末年，在范蠡的家乡出现了最早奉祀范蠡的祠庙。北魏郦道元《水经注》卷三一记载，宛南 30 里有一名为“三公城”的小城，城侧有东汉末年在故宅基址上建的范蠡祠。北宋初年成书的地理总志《太平寰宇记》卷一四二中亦有范蠡祠甚是严整的记载。可见自汉末至北宋初年，范蠡祠庙在其家乡一直存在。此外，在范蠡曾活动过的浙江、山东等地，至晚在宋代已建立了祭祀他的祠庙。

从宋代开始，人们把对范蠡的奉祀和财富联系起来。当时送穷祈财的仪式中有“蕉船从此逝，相共送陶朱”[1]之说，陶朱公被引入到民间祈财活动中。元明时期，借助戏曲、传说等文学形式，范蠡逐渐家喻户晓。[2]

明清时期，商业活动日益繁盛，范蠡作为政治人物的形象渐渐隐去，其智取财货、三散千金的智慧商人形象日渐凸显。陶朱公成了商人的楷模与偶像。清代江浙的民间商会奉范蠡为商祖，每年挂像祭祀。绍兴民间于农历五月十一日举行庙会，祭祀范蠡大夫。《陶朱公经商术》《陶朱公经商十八忌》《陶朱公养鱼经》《陶朱公商训》《陶朱公致富全书》等许多托名陶朱公的致富商业书大量印刷流传，甚至连会计记账簿也以“陶朱录”命名。在山东，人们传说范蠡每到一地都教人如何做生意，给他们提供本钱，并告诉他们“钱能生一，一能生十，

---

① （宋）陈元靓：《岁时广记》卷十三《月晦 · 送穷鬼》，《十万卷楼丛书》本。

② 参见徐迅：《财神》，岳麓书社 2012 年版，第 41 ～ 44 页。

十能生百，无穷无尽”的道理，这就是生意的来历。

白圭，战国时期周（今河南洛阳）人，曾任魏相，后辞官经商，逐步形成了自己的经商理论，最重要的是“人弃我取，人取我与”。他能根据市场行情及变化规律买进和卖出货物，不仅可以利用丰歉、季节差价获取丰厚利润，还客观上调节了商品的供求与价格，对生产者和消费者都有益处。

白圭在商业经营中建树颇丰，终成一代巨贾，也获得了后世的认可与尊奉。司马迁《史记·货殖列传》中就说“天下言治生祖白圭”，可见早在西汉时人们就尊奉白圭为治生祖师了。白圭的经商理念对后世影响深远，明清时期的徽商在经营中就保留了许多白圭遗风。一些地方为之建庙，如河南陕县的温塘村就有一座祖师庙，供奉白圭，中华人民共和国成立前一直由该村高姓、师姓人家轮流主持祖师庙赛会事。① 直到民国时期，不少商业店铺中仍供奉白圭。

二、行业神

行业神是各行业从业者供奉的保佑自己和本行业利益，并与行业特征有一定关联的神灵。行业神又分祖师神和保护神两类，前者是该行业的创始祖师，后者则是以保护该行业为己任的神灵。

行业神崇拜开始较早，隋唐时已见文献记载，唐德宗时人赵璘所撰《因话录》卷三中就记载茶贩奉祀陆羽，唐宪宗时人李肇所撰《唐国史补》卷下记载经营酒库者奉祀杜康。宋元时期，随着行会的发达，祖师崇拜趋向繁荣。当时理发业的行业经典《净发须知》中就提到其祖师有罗真人、陈七子和李处士。元朝曾在各地大举建三皇庙来供奉医家祖师。明清时期，行业神崇拜达到鼎盛，不仅数量多，而且祭拜活动极为昌盛。近代以后，许多传统行业衰退，附着在这

① 参见曲景义主编：《温塘村志》，中州古籍出版社 2004 年版，第 276 页。

些行业上的行业神崇拜也随之衰退和消亡。

中国传统的行业神信仰主要有四个特点：

首先是庞杂性。具体表现有二：一是一业多神。不少行业同时供奉少则一个，多则几十个行业神。如：货郎供奉许仙、蓝采和；茶业供奉陆羽、卢仝、裴汶、灶神、唐明皇、姚吉等；酒业供奉杜康、仪狄、刘白堕、焦革、葛仙、李白、酒仙童子、二郎神等；银钱业供奉赵公明、招财童子、关公、秦裕伯、老君等；厨业供奉汉宣帝、灶君、易牙、詹王、彭祖、雷祖大帝、关公、诸葛亮、梅翁等；屠宰业、肉铺业供奉樊哙、张飞、关羽、玄天上帝、三圣财神等；度量衡业供奉伏羲、神农、黄帝；盐业供奉管仲、蚩尤、张飞、葛洪、张道陵、炎帝等30余位神仙。二是多业一神。即某一对象被若干个不同行业奉为行神。如：鲁班被木匠、瓦匠、石匠、棚匠、扎彩匠、雕匠、竹篾匠、皮箱行、造船工、造车铺等多个行业奉为祖师；黄帝被帽业、鞋业、成衣业、弹花业、丝织业、医药业、工匠等业奉为祖师；老君被铁匠、铜匠、锡匠、金银匠、补锅匠、采煤业、兑换商等奉为祖师；吕洞宾被制墨业、理发业、医药业、魔术业等奉为祖师；关公、赵公明更被无数行业视为行业神。

其次是附会与随意性。行业神多取材于历史人物或神话、传说、小说、宗教故事、寓言中的人物。人们对他们加以渲染或附会，使他们都有与本行业相关的事迹可寻。按业内人士的共同观点，祖师应是该行业的创始者，但实际情况却大相径庭。除孔子之于教育，蔡伦之于造纸，黄道婆之于纺织等少数事例外，多数祖师都有牵强附会之嫌。老君与冶炼本无关系，只因小说中八卦炉之描写便被“信手拈来”；传说关公会用刀，于是其就成了屠夫、理发师、厨师等操刀者的行业神。有些附会比如齐桓公之于扇业，鬼谷子之于眼镜业，业内人都无法理解和解释清楚其崇祀的理由。行业神崇拜还表现出明显的随意性，如把小说、戏曲中的虚构人物当作真实人物来供奉；有些祖师神是在该行业兴起后的人物，却被强行奉为创始祖师；有些行业是晚近才有的，

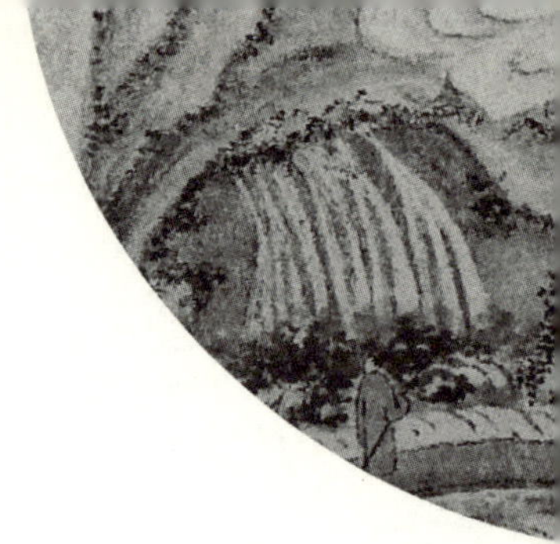

却把祖师推至遥远的古代。如闻仲是《封神演义》中虚构出来的人物，却被一些行业当作祖师祭奠；墨业的祖师吕洞宾是唐代人，而在他之前早已有了制墨业；烟草业兴起于晚明时，祖师却被安插到诸葛亮身上。

图 10–2　天津蓟县鲁班庙

再次是地域性。行业神中有些具有“举国通祀”的性质，如全国各地的建筑业都奉鲁班为祖师（见图 10–2），塾师都奉孔子为祖师，染业都奉梅葛二仙为祖师，但大多数行业神都有地域上的特点与局限。这种地域性主要表现为两种情况：一是同一行业在各地所祀的行业神不同。如酒业在多数地区都祀杜康，在杭州却多祀二郎神；陶瓷业祖师，景德镇奉童宾，宜兴奉范蠡，石湾奉舜帝，东北、湖南奉陶正；理发业祖师，北方奉罗祖，南方多奉吕洞宾，南京奉关公，有些地方则奉卢天赐或黄帝。二是某种行业神的供奉只流行于特定地区或范围内。如对盐神的供奉流行在产盐区，对窑神的供奉流行在产煤区或陶瓷业发达的地区，对蝗神的供奉只流行于受蝗灾的地区，拉踏张也只是天津海货业供奉的祖师，扶桑只是四川内江一带蜜饯业供奉的祖师。

最后是时代性。某些行业历代所祀行业神并不统一，如宋代书吏奉仓颉为祖师，清代书吏奉萧何、曹参为祖师。随时代变化，所奉对象有时还呈递增状态，如唐代茶业奉陆羽为祖师，后世增添了卢仝等。

行业神的祭祀地点比较灵活。可在神庙或神殿祭祀，大的行业组织都建有神庙，并以所奉之神命名，如老君堂、神农殿、鲁班馆、文昌阁、梅葛祠等。不过多数时候，行业神庙与会馆、公所结合在一起承担祭祀功能，全行业举行的祭祀典礼往往要在该处举行，典礼之后还常伴有庆祝活动。还可在从业活动地点祭祀，如茶铺将祖师神像供在炉灶上，药店将药王供奉在店里。亦可在家中设祀，供奉祖师神像、神龛、牌位等，如蚕农家中设蚕神神龛，伶人家中设冀宿星君牌位。

祭神时间有固定与专门之分。固定时间包括神诞日、神忌日、年节等，专门时间则多在成立行会、入行、开业、收徒、出师、议事等时。正式祭神是全行业的大事，参与者应沐浴甚至斋戒，祭神时要衣冠光鲜，神前要供三牲、金箔元宝、果品等。大的行会组织在神诞日祭祀神灵前一般还要举行迎神活动。

行业神崇拜与行业禁忌紧密相连。商人多敬财神，故忌讳亵渎神灵，不允许直呼财神关羽、比干等名讳。香蜡铺卖财神像，包括其他神像，忌讳说“卖”，必须说“请”，否则便被视为对神不敬。商人对本行业祖师爷亦不得直呼名讳，甚至连谐音字也要避讳。如建筑业奉鲁班为祖师，传说鲁班小名叫“双儿”，因此木匠、瓦匠、泥匠等在盖房期间不能说“双”字，给房顶上瓦时，也忌讳排双行。①

三、文财神

中国传统财神有文、武之分。容貌富态，白面长须，头戴宰相纱帽，身着红袍玉带，手执如意，身携聚宝盆，足蹬元宝，这是典型的文财神形象。

① 参见李乔：《行业神崇拜：中国民众造神运动研究》，中国文联出版社 2000 年版，第 1 ～ 577 页；庄华峰：《中国社会生活史》，第 276 ～ 278 页；宋长琨：《儒商文化概论》，第 278 ～ 279 页。

图 10–3　文财神像（清代山东潍坊年画）

（见图 10–3）[①]文财神主要有两位，都是先秦时著名的文臣：一位是商朝末年的比干，另一位是曾任越国大夫的范蠡。

比干是沬邑（今河南淇县）人，商纣王的叔父。纣王荒淫无度，横征暴敛，暴虐无道，比干直言进谏，卒为纣王剖心而死。周灭商后，武王派大臣到牧野修葺了比干墓地。后世儒家将其视为忠贞正直的道德典范。河南卫辉有宏大的比干庙，始建于北魏，重建于明代，至今保存完好。（见图 10–4）

图 10–4　河南卫辉比干庙

比干不是腰缠万贯、富可敌国的巨商，史籍中也未见其善于理财的记载。他之所以被奉为财神，首先与其自身的品格有关。他生性耿直，公正无私，人们相信他掌管财富必定公平可靠。明代神魔小说《封神演义》的推动作用也不可忽视。在这部广为流传的小说中，比干被剖心后，饮用了姜子牙所留的符水，得以活命，成了无心之人。正因为无心，处理事情就会无心无向，不偏不倚。民间又流传有“财帛无心，有德斯昌”的说法，正与无心比干吻合，故后人奉其为“无心”财神。[②]

---

① 采自潍坊市寒亭区文化局等编：《潍坊民间孤本年画》，山东画报出版社 1999 年版，第 9 页。

② 参见徐春燕：《比干与财神文化》，林宪斋主编：《比干文化研究》，河南人民出版社 2012 年版，第 139 ～ 140 页。

民众巧妙地将“无心”比附为“公正”，在比干身上寄托了许多对平等与公正的期望，使之成为民间社会理想的模范财神。

文财神比干被世人广为传颂和敬奉。清代，每年的农历七月二十至二十二日，河南方城一带的商家都要在城隍庙捐资举办财神会祭祀比干，每家店铺少者捐铜钱500文，多者不限。在民间，比干不仅被奉为文财神，而且还被皮革业、熟皮作坊业尊为祖师。

另一位文财神是被誉为商人祖师的范蠡。范蠡善于聚财且乐于施财，在所有财神中是唯一一位生前真正与财富有关的神灵，最具财神气质。民间至今流传着他烧制聚宝盆的传说。有歌谣唱道：“琉璃窗，朱漆门，堂上供着大财神；大财神，出凡尘，三聚三散越王臣；越王臣，富贵身，手里捧个聚宝盆；聚宝盆，天下闻，财源滚滚满乾坤。”这里的“大财神”就是范蠡。

四、武财神

中国民间信奉的武财神主要有两位：一位是赵公明，另一位是关羽。

赵公明又称“赵玄坛”或“赵元帅”，其形象经历了从鬼到神的华丽转变，在众多财神中最为奇特。在最早记录其名字的东晋干宝的《搜神记》一书中，他是一名索取人命的鬼将。一直到宋朝，他都被视作冥司鬼王、冥神、瘟神等，是危害人间、令人恐惧生厌的恶神形象，与财神招财纳福的特征相去甚远。

元明之后，赵公明身份大变，在将其当成瘟神的同时，视其为善神、福神的传说也在民间流传开来。元明间成书的《三教源流搜神大全》卷三《赵元帅》称：

> 其服色头戴铁冠、手执铁鞭者，金遘水炁也；面色黑而胡须者，北炁也；跨虎者，金象也……讼冤伸抑，公能使之解释公平；买卖求财，公能使之宜利和合，但有公平之事，可以对神祷，无不如意。

后世广为流传的玄坛赵元帅执鞭骑虎的形象即据此绘制而成。此时赵公明已

从一个危害人间的瘟鬼恶神彻底转变成一个身兼数职、造福社会的善神了。

赵公明真正登上财神宝座享受民间香火还是在《封神演义》流传开来之后。在该书中，姜子牙并没有封任何人为财神，赵公明仅被封为“金龙如意正一龙虎玄坛真君”，职权只是“迎祥纳福，追捕逃亡”[①]。民间之所以认为姜子牙封了赵公明为财神，主要缘于他手下统率的招宝天尊、纳珍天尊、招财使者、利市仙官四位司财小神。既然手下小神都掌管财富，那么赵公明定是大财神无疑。[②]

图 10–5　武财神像（清代苏州桃花坞年画）

明清以来，各地多建有财神庙，塑赵公明像以祀之。头戴铁冠，一手执铁鞭，一手执元宝，黑面浓须，身跨黑虎，全副戎装，是民间供奉的武财神最常见的形象。他周围还常画有聚宝盆、珠宝、珊瑚之类，以强化财源辐辏之效。（见图 10–5）[③]俗以三月十五日为财神诞生日，多设献祭之；或以阴历正月初五为财神赵公明生日，届时也有商家置办鱼、肉、水果、鞭炮，供以香案，迎接财神。

传统银钱业供奉赵公明最为普遍，许多钱业公所、会馆内都建有奉祀赵公明的神殿。南昌钱业会馆设有财神殿，内供赵公明和招财童子神像，香火鼎盛，

① （明）许仲琳:《封神演义》第九十九回《姜子牙归国封神》，上海古籍出版社 2000 年版，第 895 页。

② 参见吕微：《隐喻世界的来访者——中国民间财神信仰》，学苑出版社 1995 年版，第 22 ～ 33 页。

③ 采自马书田、马书侠：《全像福寿财神》，江西美术出版社 2008 年版，第 183 页。

终年不断。每逢财神诞日，要举行隆重的拜寿礼，各钱庄都会来祝寿，并将一件俗称“赵爷袍”的特制绒衣送至会馆焚与赵爷换袍。[①] 宁波钱业商人也崇信赵公明，每年正月初五，各钱庄经理照例要到钱业会馆中拜祀。清末，赵公明的财神形象还多次被印在钞票上，上海和囒银行发行的纸币背面就印有赵公明画像。许多钱庄票上也有赵公明像。[②]

关羽，字云长，河东解（今山西运城）人，三国时蜀汉名将。在财神谱系中地位最高，是一位既受官方与民间双重推崇，又贯通儒、释、道三教的神祇。清代有一幅对联概括了关羽在传统社会中的历史地位和巨大影响：

> 儒称圣，释称佛，道称天尊，三教尽皈依。式詹庙貌长新，无人不肃然起敬。
>
> 汉封侯，宋封王，明封大帝，历朝加尊号。矧是神功卓著，真所谓荡乎难名。[③]

关羽虽作为全能保护神被奉祀，但成为财神比较晚，约略是在清代。山东潍坊有这样一个传说：乾隆帝早朝上殿，常闻身后有甲靴之声。一日早朝，又听到这种声音，便回头问：“身后何人保驾？”答曰：“二弟云长。”为同享福贵，乾隆便封关羽为财神，故关帝庙门上常贴有“汉为文武将，清封福禄神”的楹联。

关羽被尊奉为财神的原因主要有二：一是据说他年轻时，以贩卖布匹为业，精于理财，尤擅长会计业务，曾设簿记法，影响深远。二是商人谈生意做买卖，最重信用和义气；同时，也希望有一个威灵有力、公正信义的人来主持公道，作为其发财致富的守护神。综合考量，重义气、讲信用、轻财富的关羽自然是

---

① 参见彭寿山：《解放前南昌市钱庄概况》，政协江西省委员会文史资料研究委员会编：《江西文史资料选辑》第 7 辑，1981 年，第 134 页。

② 参见曲振涛等：《外国货币侵华与掠夺史论（1845 ～ 1949）》，中国财政经济出版社 2008 年版，第 318 ～ 319 页。

③ 王楚香编：《古今楹联大观》卷五《庙祀・武庙》，上海文明书局 1936 年版，第 13 页。

最理想的人选。[1]当然，社会各界也希望商人坚守诚信经营，以关羽为榜样来维护商业道德秩序。

明清时期，在国家力推与民间努力下，修建了数量众多的关帝庙，几遍天下。北京是全国关庙最多、最集中的地方，东北仅27个县就有关庙122座，内蒙古、西藏、新疆等边地也都建起了关庙。[2] 遍及全国的关庙不少都是由商人捐资修建的。作为关羽的家乡人，山陕商人在兴建关庙方面用力最勤，成效最大。每到一地，他们就建起关庙作为同乡联系之所。清末的小城归化就有晋商所建关庙7座。

明清时期的商人会馆大多祀有关羽像。山陕商人兴建的会馆中，关羽更是必不可少的神灵。山陕会馆因此多被称为“关帝庙”。如建于清乾隆八年（1743年）的山东聊城山陕会馆中，关公大殿是整个会馆建筑群的中心。商人还多在关帝祭日举办庙会，既祭祀了神灵，又推销了商品。庙会日期依各地关庙情况确定。最常见的是传说中的关帝生日五月十三日，全国大多数关庙都要在这一天举行庙会。另传六月二十四日为关羽受封日，不少关庙也在这一天举行庙会。庙会虽交流货物，但祭关公、信关公以求其护佑生意兴隆、财源广进仍是核心内容。[3]

海外华商也将关羽奉为武财神。17世纪以来，凡到日本的华商家家供奉关羽。印度尼西亚、马来西亚、菲律宾、新加坡等华人、华侨集中经商的地方，几乎所有商铺都供奉关公神像，祈求其庇护，招财进宝。

五、天后

天后，也称“妈祖”。关于其来历，最常见的说法称其为福建莆田人，生

---

① 参见殷伟等：《中国财文化》，云南人民出版社2005年版，第22～23页。
② 参见蔡东洲等：《关羽崇拜研究》，巴蜀书社2001年版，第206～220页。
③ 参见蔡东洲等：《关羽崇拜研究》，第286～289页。

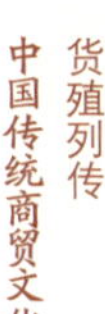

于北宋建隆元年（960年）三月二十三日。父林惟慤，母王氏，妈祖为其第六女。她从出生至满月一声不哭，父亲因此给她取名“默”。13岁时，有道士授其“玄微秘法”。她颇能领悟要旨，依法修炼，从而能驾云飞渡大海，拯救海难。她还常为人治病消灾，被称为“神姑”。雍熙四年（986年）九月九日，林默道成，白日飞升。后仍频频显灵，救助遇难海船，由此被民众信奉。妈祖信仰于宋初在福建沿海形成。（见图10–6）

图10–6 妈祖像（福建湄洲岛）

北宋末年，妈祖获得了国家的正式承认。宣和五年（1123年），其被封为“灵应夫人”，赐庙额“顺济”。此后受到历代敕封。南宋光宗时晋为“妃”。元世祖时被尊为“天妃”。明末改为“元君”。康熙二十三年（1684年）晋封为“天后”。道光二十二年（1757年）加封为“天后圣母”。从宋至清，妈祖历经30余次册封，地位日益尊崇。南宋对妈祖褒封14次，平均不到8年就晋封一次。元朝对妈祖的褒封有5次，均为庇护漕运而加封。明朝仅对妈祖褒封2次，是历代褒封次数最少的。清朝对妈祖的褒封达15次，大大超过前朝，并且封号字数之长，规格之高，也都空前绝后。这种来自官方的尊崇扩展了妈祖的信仰范围，也造成了更广大的香火气象。①

从社会功能上看，天后的形象主要有三：福建地方之神、国家的公务之神和全国的海商之神。

天后本是福建沿海的地方神。随着沿海贸易及运河流域商贸的兴盛，商人成了天后信仰传播的主要力量。南宋绍熙二年（1191年），闽商沈法询在宁波建

① 参见陈国强主编：《妈祖信仰与神庙》，福建教育出版社1990年版，第39～55页。

立妈祖庙，这是第一座有确切记载的闽商在福建以外地区兴建的妈祖庙。此后，福建以外的海商信奉妈祖的现象日益普遍，在船上设立妈祖神龛成了各地商船的共同习俗，而各地商人建立的妈祖庙也越来越多。①

天后作为国家的公务之神，主要帮助国家执行其若干重要职能，如平叛、救荒和保护国家水上运输的平安等。元代定都北京，粮食仰给于江南，国家大兴海运，但由于风涛不测，便寄希望于妈祖保佑。山东的密州、胶州、登州等都是海运的重要码头和物资转运口岸，妈祖信仰亦随着海运至迟在元代传到了这些地方，如蓬莱阁天后宫和宁海州天后宫等在元代就已建立。

从明后期开始，随着沿海民间贸易及运河流域等商贸的兴盛，商人成了天后信仰传播的主要力量。明清时期，山东沿海的烟台、威海、青岛等地都建有天后宫，其中多座天后宫由商人修建或重修。随着海运的衰落，漕运的兴起，运河流域的德州、济宁等地也建起了天后宫，甚至连不通水运的周村也出现了商人修建的天后宫。截至清末，中国沿海沿江地区计有商人会馆 561 座，其中兼天后宫者 291 座，分布在京、津、辽、鲁、沪、苏、浙、闽、粤、皖、川、渝、滇等 19 个省的 200 多个商埠。②

明清时期，不少商人会馆都奉祀天后，不同地区的商人对其重视程度也不相同。闽粤会馆一般将天后供奉在主殿，如建于明弘治年间的北京汀州会馆的主院大殿里就供奉着天后娘娘。每逢九月初九天后升天日和三月二十三天后诞日，都会举行隆重的祭祀仪式，演剧及酒宴持续数天。其他会馆多是将天后放在后殿或偏殿，一般也不见有规律地进行祭祀的记载。③（见图 10–7）

清中后期，在商业发达的城市，天后信仰逐渐摆脱了会馆性质与官方色彩，

---

① 参见李伯重：《“乡土之神”、“公务之神”与“海商之神”：妈祖形象的演变》，《中国社会经济史研究》1997 年第 2 期。

② 参见黄浙苏：《信守与包容——浙东妈祖信俗研究》，浙江大学出版社 2011 年版，第 95 页。

③ 参见彭泽益编：《中国工商行会史料集》，第 883 页。

深入当地民间，祭拜天后变成地方民俗。浙江嘉兴乍浦镇总税户不过一千五六百户，皆崇祀天后。在清中期的上海，农历三月二十三日妈祖诞辰已成为全民性节日，在沪的闽、粤富商无不竭其财力以奉之，灯彩辉煌，笙歌喧天，即使是远乡僻处的百姓都成群结队往观。在天津，妈祖庙被称为“娘娘宫”，妈祖诞辰是远近数百里善男信女咸集的盛大庙会日，他们“携男挈女求圣母，焚楮那惜典钗环，愿赐平安保童竖”，附近村民也不顾“三月村庄农事忙，忙中一事更难忘，携儿偕伴舟车载，好向娘娘庙进香”。[①]

图 10-7　清绘《妈祖显圣图》

妈祖信仰还随着海外贸易的发展传播到海外，近如日本、东南亚，远至美洲都建有供奉妈祖的商人会馆。截至清末，马来西亚有 35 座、新加坡有 9 座、泰国有 11 座、越南有 7 座、印尼有 12 座、日本有 7 座、美国有 2 座，共 83 座。[②]

六、金龙四大王

金龙四大王是明清时期在运河区域有广泛影响的河运保护神，原型是南宋会稽（今浙江绍兴）人谢绪。他生前乐善好施，隐居于金龙山，忠于宋室，于宋亡时投水而死。时人敬其气节与情操，将他葬于金龙山麓，并塑像立庙祭祀。

① （清）张焘撰，丁绵孙点校：《津门杂记》卷上《天后宫》，天津古籍出版社 1986 年版，第 76 ～ 77 页。

② 参见黄浙苏：《信守与包容——浙东妈祖信俗研究》，第 95 页。

相传他曾在徐州段黄河吕梁洪显灵帮助朱元璋作战，故被朱元璋封为“金龙四大王”。清代有一副对联生动描述了他的职能和民众对他的信奉：

权司工贾农商，服美食甘，众庶庆安居而有喜。

职掌江淮河汉，波平浪静，舟航赖稳载以无虞。①

明永乐年间迁都北京后，大兴漕运，但黄河的冲决泛滥严重威胁着漕运安全。谢绪非常灵验，祷无不应，“凡河流淤塞，力能开之；舟将覆溺，力能拯之”②，其作为河运保护神的特征日渐突出。景泰七年（1546 年），朝廷下令于张秋沙湾单独建设金龙四大王祠，改变了其以往作为河神陪祀的身份，被列入国家正祀。隆庆六年（1572 年），正式敕封谢绪为“金龙四大王”。清朝建立后，依旧需要大量从江南漕运粮食，故继续对其加以册封。从顺治二年（1645 年）河道总督杨方兴奏请为其加封“显佑通济”四字始，至光绪五年（1879 年）漕河总督文彬奏请加封“溥佑”二字为止，封号共达 44 个字，打破了封号突破 40 个字不复加的常例，将金龙四大王信仰推向了顶峰。（见图 10–8）③

图 10–8　金龙四大王（清代天津杨柳青年画）

在官方力推下，金龙四大王信仰迅速传播开来，各地出现了数量众多的金龙四大王庙。明清时期，运河区域共建庙 150 余座，河南沿黄府州建庙 54 座，其影响力遍及整个黄河流域并扩及江南地区。④ 由于不少商品运输都要依赖水路，

① 王楚香编：《古今楹联大观》卷五《庙祀 · 金龙四大王庙》，第 27 ～ 28 页。

② 康熙《钱塘县志》卷十三《祠庙》，清康熙刻本。

③ 采自王树村编著：《中国传统行业诸神》，外文出版社 2004 年版，第 176 页。

④ 参见王元林等：《国家祭祀视野下的金龙四大王信仰》，《暨南学报》2009 年第 2 期。

为祈佑人身和货物安全，商人对金龙四大王信奉尤虔，成为信仰传播最有力的推动者。不少大王庙都是商人出资兴修的。明万历三十二年（1604 年），杭州商人闻镰等在汶河南岸的旧窖口渡修建了大王庙。清康熙十四年（1675 年），山西茶商韩四维等在卫河西浒的广济桥旁建了一座大王庙。[①]

明清商人还多在会馆中设神龛或厅堂祭祀金龙四大王。聊城山陕会馆中所祀水神即为金龙四大王。雍正十三年（1735 年），山西商人在北京建晋冀会馆，中厅供奉关夫子像，左间供奉火神和金龙四大王，右间供奉玄坛财神。清代北京行会已定期祭祀金龙四大王，如银号业约定一年中须四次演戏敬神，其中九月十七日所祀神灵即为金龙四大王。[②]

山东济宁作为运河重镇，对金龙四大王尤其敬仰，不仅建有宏阔壮伟的金龙四大王庙供人拜谒，于春秋祭日举行隆重的祭祀活动，还把大王神变成了自己的乡土神。济宁商人每到一地经商，总会在会馆中供奉金龙四大王。康熙六十年（1721 年），济宁商人于苏州府盛泽镇捐资修建了济宁会馆，馆中正殿供奉金龙四大王神，故又称“大王庙”。此庙从乾隆到嘉庆年间先后五次重修，每次都有众多山东商人捐资，所用砖瓦木料及工匠皆从家乡远道运来。金龙四大王庙逐渐在浒墅关、南浔、周庄等江南市镇出现并传播开去。清洪亮吉有诗记当时江南金龙四大王崇拜之盛：

五色牙旗按五方，东西北庙爇真香。
更穿白马司徒港，去谒金龙四大王。[③]

金龙四大王不仅有原型，在现实世界中还有法身，即一条长不及 3 寸的黄

---

① 参见王云：《明清时期山东运河区域的金龙四大王崇拜》，《民俗研究》2005 年第 2 期。

② 参见《正乙祠新议条规额》，彭泽益选编：《清代工商行业碑文集粹》，中州古籍出版社 1997 年版，第 39 ～ 44 页。

③ （清）洪亮吉撰，刘德权点校：《洪亮吉集·更生斋诗》卷三《续竞渡词十首》，中华书局 2001 年版，第 1271 页。

色小蛇，黄河和运河沿线官民都能辨识。每当神驾来临，要立即上报官府，地方官会亲自率属吏迎接，一面唱祝辞，一面把小蛇放进一个精致的盘子里，后用官轿抬至大庙内供奉祭祀。每祭都要演戏酬神，以防运河会有不测。

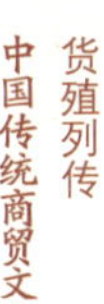

主要参考书目

1. 吴慧主编：《中国商业通史》第 1 ～ 5 卷，中国财政经济出版社 2004 ～ 2008 年版。

2. 田昌五、漆侠主编：《中国封建社会经济史》第 1 ～ 4 卷，齐鲁书社等 1996 年版。

3. 齐涛主编：《中国古代经济史》，山东大学出版社 2016 年版。

4. 龙登高：《中国传统市场发展史》，人民出版社 1997 年版。

5. 丁长清：《中国古代的市场与贸易》，商务印书馆国际有限公司 1997 年版。

6. 刘玉峰：《中国历代经济政策得失》，齐涛主编：《资政通鉴》，泰山出版社 2009 年版。

7. 马伯煌主编：《中国经济政策思想史》，云南人民出版社 1993 年版。

8. 张海鹏、张海瀛主编：《中国十大商帮》，黄山书社 1993 年版。

9. 王兆祥、刘文智：《中国古代的商人》，商务印书馆国际有限公司 1995 年版。

10. 田兆元、田亮：《商贾史》，上海文艺出版社 1997 年版。

11. 唐力行：《商人与中国近世社会》（修订本），商务印书馆 2006 年版。

12. 刘秋根：《中国古代合伙制初探》，人民出版社 2007 年版。

13. 郭彦岗：《中国历代货币》，商务印书馆 1998 年版。

14. 千家驹、郭彦岗：《中国货币演变史》，上海人民出版社 2014 年版。

15. 黄鉴晖：《中国钱庄史》，山西经济出版社 2005 年版。

16. 丘光明等：《中国科学技术史·度量衡卷》，科学出版社 2001 年版。

17. 郭正忠：《三至十四世纪中国的权衡度量》，中国社会科学出版社 1993 年版。

18. 姜锡东：《宋代商业信用研究》，河北教育出版社 1993 年版。

19. 黄纯艳：《宋代海外贸易》，社会科学文献出版社 2003 年版。

20. 曹琳：《明代商人商业经营研究》，中国社会科学出版社 2013 年版。

21. 晁中辰：《明代海外贸易研究》，故宫出版社 2012 年版。

22. 范金民：《明清江南商业的发展》，南京大学出版社 1998 年版。

23. 郭蕴静等：《明清商人社会》，山西古籍出版社 2001 年版。

24. 张忠民：《前近代中国社会的商人资本与社会再生产》，上海社会科学院出版社 1996 年版。

25. 张国辉：《晚清钱庄和票号研究》，社会科学文献出版社 2007 年版。

26. 张忠民：《艰难的变迁：近代中国公司制度研究》，上海社会科学院出版社 2002 年版。

27. 王日根：《中国会馆史》，东方出版中心 2007 年版。

28. 李乔：《行业神崇拜：中国民众造神运动研究》，中国文联出版社 2000 年版。

29. 张海鹏等主编：《徽商研究》，人民出版社 2010 年版。

30. 张正明：《晋商兴衰史》，山西古籍出版社 1995 年版。

31. 黄鉴晖：《山西票号史》，山西经济出版社 2002 年版。

32. 陈学文：《龙游商帮研究》，杭州出版社 2004 年版。

33. 谭景玉：《齐鲁商贾传统·魏晋隋唐宋元卷》，齐鲁书社 2014 年版。

34. 谭景玉等：《齐鲁商贾传统·明清卷》，齐鲁书社 2014 年版。

后　记

2015年深秋，奉导师马新教授之命，我开始了《货殖列传：中国传统商贸文化》的撰写。前些年，我曾作为主要的学术组织者对齐鲁商业文化进行过系统研究，由此对中国商业文化有了一定了解，原以为在其基础上撰写此书不会太难，但实际的撰写过程证明我的想法是错的。此书花费的精力和时间都超出了我的预计，以至于迟迟不能完成，最终不得不邀请两位朋友施以援手，齐廉允撰写了第二、三、五、十章除“鲁商”和“闯关东”外的条目，张晓波提供了第七章的部分初稿。我撰写了其余部分，并对全部书稿作了修订，选配了大部分插图。

本书在撰写过程中参考了学界的大量论著，已尽可能地在文中作了注明。需要特别说明的是，若相关注释放在某一段或某一条目的结尾，则表示前面数段甚或整个条目都参考了那些论著，而非仅是该段或该条目的最后一段有所参考。全书最后仅列出了主要参考书目，其他论著随文列出。

限于篇幅，本书对传统商人的生活和社会活动、商人精神、商业典籍与文学、商业理论等未能加以介绍，深盼日后可以完善。限于学养，所列条目难免挂一漏万，叙述也肯定会存在诸多不足，深望学界师友和读者给予批评指正。

谭景玉

2016年11月初稿，2019年7月修订

图书在版编目（CIP）数据

货殖列传：中国传统商贸文化 / 谭景玉，齐廉允著．—2 版．—济南：山东大学出版社，2019.9
（2020.7 重印）
（中国文化四季 / 马新主编）
ISBN 978-7-5607-5706-3

Ⅰ．①货…　Ⅱ．①谭…　②齐…　Ⅲ．①商业文化—研究—中国　Ⅳ．① F72

中国版本图书馆CIP数据核字(2017)第002851号

责任编辑： 王立强
装帧设计： 牛　钧

出版发行　山东大学出版社
社　　址　山东省济南市山大南路 20 号
邮政编码　250100
发行热线　（0531）88363008
经　　销　新华书店
印　　刷　山东华鑫天成印刷有限公司
规　　格　787 毫米 ×1092 毫米　1/16
　　　　　17.25 印张　241 千字
版　　次　2019 年 9 月第 2 版
印　　次　2020 年 7 月第 3 次印刷
定　　价　49.00 元